U0115907

錢穆評傳

總　序

　　中華學術，源遠流長。春秋戰國時期，諸子並起，百家爭鳴，呈現了學術思想的高度繁榮。兩漢時代，經學成為正統；魏晉之世，玄學稱盛；隋唐時代，儒釋道三教並尊；到宋代而理學興起；迨及清世，樸學蔚為主流。各個時代的學術各有特色。綜觀周秦以來至於近代，可以說有三次思想活躍的時期。第一次為春秋戰國時期，諸子競勝。第二次為北宋時代，張程關洛之學、荊公新學、蘇氏蜀學，同時並興，理論思維達到新的高度。第三次為近代時期，晚清以來，中國遭受列強的凌侵，出現了空前的民族危機，於是志士仁人、英才俊傑莫不殫精積思，探索救亡之道，各自立說，期於救國，形成中國學術思想史上的第三次眾說競勝的高潮。

　　試觀中國近代的學風，有一顯著的傾向，即融會中西。近代以來，西學東漸，對於中國學人影響漸深。深識之士，莫不資西學以立論。初期或止於淺嘗，漸進乃達於深解。同時這些學者又具有深厚的舊學根柢，有較高的鑑別能力，故能在傳統學術的基礎之上汲取西方的智慧，從而達到較高的成就。

　　試以梁任公（啟超）、章太炎（炳麟）、王靜安（國維）、陳寅恪四家為例，說明中國近代學術融會中西的學風。梁任公先生嘗評論自

己的學術云：「康有為、梁啟超、譚嗣同輩……欲以構成一種不中不西即中即西之新學派……蓋固有之舊思想既根深蒂固，而外來之新思想又來源淺觳，汲而易竭，其支絀滅裂，固宜然矣。」（《清代學術概論》）所謂「不中不西即中即西」正表現了融合中西的傾向，不過梁氏對西學的了解不夠深切而已。梁氏自稱「適成為清代思想史之結束人物」，這未免過謙，事實上梁氏是近代中國的一個重要的啟蒙思想家，誠如他自己所說「為《新民叢報》、《新小說》等諸雜誌……二十年來學子之思想頗蒙其影響……其文條理明晰，筆鋒常帶感情，對於讀者別有一種魔力焉」。梁氏雖未能提出自己的學說體系，但其影響是深巨的。他的許多學術史著作今日讀之仍能受益。

　　章太炎先生在《菿漢微言》中自述思想遷變之跡說：「少時治經，謹守樸學……及囚系上海，三歲不覿，專修慈氏世親之書……乃達大乘深趣……既出獄，東走日本，盡瘁光復之業，鞅掌餘間，旁覽彼土所譯希臘德意志哲人之書……凡古近政俗之消息、社會都野之情狀，華梵聖哲之義諦、東西學人之所說……操齊物以解紛，明天倪以為量，割制大理，莫不孫順。」這是講他兼明華梵以及西哲之說。有清一代，漢宋之學爭論不休，章氏加以評論云：「世故有疏通知遠、

好為玄談者，亦有言理密察、實事求是者，及夫主靜主敬、皆足澄心……苟外能利物，內以遣憂，亦各從其志爾！漢宋爭執，焉用調人？喻以四民各勤其業，瑕釁何為而不息乎？」這是表示，章氏之學已超越了漢學和宋學了。太炎更自讚云：「自揣平生學術，始則轉俗成真，終乃回真向俗……秦漢以來，依違於彼是之間，侷促於一曲之內，蓋未嘗睹是也。乃若昔人所謂專志精微，反致陸沉；窮研訓詁，遂成無用者，余雖無腆，固足以雪斯恥。」太炎自負甚高，梁任公引此曾加評論云：「其所自述，殆非溢美。」章氏博通華梵及西哲之書，可謂超越前哲，但在哲學上建樹亦不甚高，晚歲又回到樸學的道路上了。

王靜安先生早年研習西方哲學美學，深造有得，用西方美學的觀點考察中國文學，獨闢蹊徑，達到空前的成就。中年以後，專治經史，對於殷墟甲骨研究深細，發明了「二重證據法」，以出土文物與古代史傳相互參證，達到了精確的論斷，澄清了殷周史的許多問題。靜安雖以遺老自居，但治學方法卻完全是近代的科學方法，因而取得卓越的學術成就，受到學術界的廣泛稱讚。

陳寅恪先生博通多國的語言文字，以外文資料與中土舊籍相參

證，多所創獲。陳氏對於思想史更有深切的審見，他在對於馮友蘭《中國哲學史》的《審查報告》中論儒佛思想云：「佛教學說，能於吾國思想史上發生重大久遠之影響者，皆經國人吸收改造之過程。其忠實輸入不改本來面目者，若玄奘唯識之學，雖震動一時之人心，而卒歸於消沉歇絕⋯⋯在吾國思想史上⋯⋯其真能於思想上自成系統，有所創獲者，必須一方面吸收輸入外來之學說，一方面不忘本來民族之地位。」這實在是精闢之論，發人深思。陳氏自稱「平生為不古不今之學，思想囿於咸豐同治之世，議論近乎曾湘鄉張南皮之間」，但是他的學術成就確實達到了時代的高度。

此外，如胡適之在文化問題上傾向於「全盤西化論」，而在整理國故方面作出了多方面的貢獻。馮友蘭先生既對於中國哲學史進行了系統的闡述，又於40年代所著《貞元六書》中提出了自己的融會中西的哲學體系，晚年努力學習馬克思主義，表現了熱愛真理的哲人風度。

胡適之欣賞龔定庵的詩句：「但開風氣不為師。」熊十力先生則以師道自居。熊氏戛戛獨造，自成一家之言，讚揚辯證法，但不肯接受唯物論。馮友蘭早年擬接續程朱之說，晚歲歸依馬克思主義唯物

論。這些大師都表現了各自的特點。這正是學術繁榮，思想活躍的表現。

百花洲文藝出版社有鑒於中國近現代國學大師輩出，群星燦爛，構成中國思想史上第三次思想活躍的時代，決定編印《國學大師叢書》，以表現近代中西文明衝撞交融的繁盛景況，以表現一代人有一代人之學術的豐富內容，試圖評述近現代著名學者的生平及其學術貢獻，凡在文史哲任一領域開風氣之先者皆可入選。規模宏大，意義深遠。編輯部同仁建議我寫一篇總序，於是略述中國近現代學術的特點，供讀者參考。

張岱年

1992年元月，序於北京大學

重寫近代諸子春秋

《國學大師叢書》在各方面的關懷和支持下，就要陸續與海內外讀者見面了。

當叢書組編伊始（1990年冬）便有不少朋友一再詢問：為什麼要組編這套叢書？該叢書的學術意義何在？按過去理解，「國學」是一個很窄的概念，你們對它有何新解？「國學大師」又如何劃分？……作為組織編輯者，這些問題無疑是必須回答的。當然，回答可以是不完備的，但應該是明確的。現謹在此聊備一說，以就其事，兼謝諸友。

一、一種闡述：諸子百家三代說

中華學術，博大精深；中華學子，向以自強不息、厚德載物之精神著稱於世。在源遠流長的中國學術文化史上，出現過三個廣開風氣、大師群起的「諸子百家時代」。

第一個諸子百家時代，出現在先秦時期。那時，中華本土文化歷經兩千餘年的演進，已漸趨成熟，老莊、孔孟、楊墨、孫韓……卓然穎出，共同為中華學術奠定了長足發展的基脈。此後的千餘年間，漢儒乖僻、佛入中土、道教蘗生，中華學術於發展中漸顯雜陳。宋明時

期，程朱、陸王……排漢儒之乖、融佛道之粹、倡先秦之脈、興義理心性之學，於是，諸子百家時代再現。降及近代，西學東漸，中華學術周遭衝擊，文化基脈遇空前挑戰。然於險象環生之際，又一批中華學子，本其良知、素養，關注文化、世運，而攘臂前行，以其生命踐信。正所謂「鐵肩擔道義，妙手著文章」，康有為、章太炎、嚴復、梁啟超、王國維、胡適、魯迅、黃侃、陳寅恪、錢穆、馮友蘭……他們振民族之睿智，汲異域之精華，在文、史、哲領域篳路藍縷，於會通和合中廣立範式，重開新風而成績斐然。第三個諸子百家時代遂傲然世出！

　　《國學大師叢書》組編者基於此，意在整體地重現「第三個諸子百家時代」之盛況，為「第三代」中華學子作人傳、立學案。叢書所選對象，皆為海內外公認的學術大師，他們對經、史、子、集博學宏通，但治學之法已有創新；他們的西學造詣令人仰止，但立術之本在我中華從而廣開現代風氣之先。他們各具鮮明的學術個性、獨具魅力的人品文章，皆為不同學科的宗師（既為「經」師，又為人師），但無疑地，他們的思想認識和學術理論又具有其時代的共性。以往有過一些對他們進行個案或專題研究的書籍面世，但從沒有對他們及其業

績進行過集中的、整體的研究和整理，尤其未把他們作為一代學術宗師的群體（作為一個「大師群」）進行研究和整理。這批學術大師多已作古，其學術時代也成過去，但他們的成就惠及當今而遠未過時。甚至，他們的一些學術思想，我們至今仍未達其深度，某些理論我們竟會覺得陌生。正如第一代、第二代「諸子百家」一樣，他們已是中華學術文化傳統的一部分，研究他們，也就是研究中國文化本身。

對於「第三代諸子百家」及其學術成就的研究整理，我們恐怕還不能說已經充分展開。《國學大師叢書》的組織編輯，是一種嘗試。

二、一種觀念：一代人有一代人之學術

縱觀歷史，悉察中外，大凡學術的進步不能離開本土文化基脈。但每一代後起學子所面臨的問題殊異，他們勢必要或假古人以立言、或賦新思於舊事，以便建構出無愧於自己時代的學術。這正是「自強不息、厚德載物」之精神在每一代學子身上的最好體現。以上「三代」百家諸子，莫不如是。《國學大師叢書》所沿用之「國學」概念，亦當「賦新思於舊事」而涵注現時代之新義。

明末清初，王（夫之）、顧（炎武）、黃（宗羲）、顏（元）四傑

繼起，矯道統，斥宋儒，首倡「回到漢代」，以表其「實學實行實用之天下」的樸實學風，有清一代，學界遂始認「漢學」為地道之國學。以今言之，此僅限「國學」於方法論，即將「國學」一詞限於文字釋義（以訓詁、考據釋古文獻之義）之範疇。

《國學大師叢書》的組編者以為，所謂國學就其內容而言，係指近代中學與西學接觸後之中國學術，此其一；其次，既是中國學術便只限於中國學子所為；再次，既是中國學子所為之中國學術，其方式方法就不僅僅限於文字（考據）釋義，義理（哲學）釋義便也是題中應有之義。綜合起來，今之所謂國學，起碼應拓寬為：近代中國學子用考據和義理之法研究中國古代文獻之學術。這些文獻，按清代《四庫全書總目》的劃分，為經、史、子、集四部。經部為經學（即「六經」，實只五經）及文字訓詁學；史部為史志及地理志；子部為諸子及兵、醫、農、曆算、技藝、小說以及佛、道典籍；集部為詩、文。由此視之，所謂「國學家」當是通才。而經史子集會通和合、造詣精深者，則可稱為大師，即「國學大師」。

但是，以上所述仍嫌遺漏太多，而且與近現代學術文化史實不相吻合。國學，既是「與西學接觸後的中國學術」，那麼，這國學在內

涵上就不可能，也不必限於純之又純的中國本土文化範圍。尤其在學術思想、學術理論的建構方式上，第三代百家諸子中那些學貫中西的大師們，事實上都借用了西學，特別是邏輯分析和推理，以及與考據學有異曲同工之妙的實證方法，還有實驗方法、歷史方法，乃至考古手段……而這些學術鉅子和合中西之目的，又多半是「賦新思於舊事」，旨在建構新的學術思想體系，創立新的學術範式。正是他們，完成了中國學術從傳統到現代的轉型。我們今天使用語言的方式、思考問題的方式……乃得之於斯！如果在我們的「國學觀念」中，將他們及其學術業績排除在外，那將是不可理喻的。

至此，《國學大師叢書》之「國學」概念，實指：近代以降中國學術的總稱。「國學大師」乃「近現代中國有學問的大宗師」之意。因之，以訓詁考據為特徵的「漢學」，固為國學，以探究義理心性為特徵的「宋學」及兼擅漢宋者，亦為國學（前者如康有為、章太炎、劉師培、黃侃，後者如陳寅恪、馬一浮、柳詒徵）；而以中學（包括經史子集）為依傍、以西學為鏡鑑，旨在會通和合建構新的學術思想體系者（如梁啟超、王國維、胡適、熊十力、馮友蘭、錢穆等），當為更具時代特色之國學。我們生活在90年代，當取「一代人有一代人

之學術」（國學）的觀念。

《國學大師叢書》由是得之，故其「作人傳、立學案」之對象的選擇標準便相對寬泛。凡所學宏通中西而立術之本在我中華，並在文、史、哲任一領域開現代風氣之先以及首創新型範式者皆在入選之列。所幸，此舉已得到越來越多的當今學界老前輩的同情和支援。

三、一個命題：歷史不會跨過我們這一代

中西文明大潮的衝撞與交融，在今天仍是巨大的歷史課題。如今，我們這一代學人業已開始自己的學術歷程，經過80年代的改革開放和規模空前的學術文化積累（其表徵為：各式樣的叢書大量問世，以及紛至沓來名目繁多的學術熱點的出現），應當說，我們這代學人無論就學術視野，抑或就學術環境而言，都是前輩學子所無法企及的。但平心而論，我們的學術功底尚遠不足以承擔時代所賦予的重任。我們仍往往陷於眼花繚亂的被動選擇和迫不及待的學術功利之中難以自拔，而對自己真正的學術道路則缺乏明確的認識和了悟。我們至今尚未創建出無愧於時代的學術成就。基於此，《國學大師叢書》的組編者以為，我們有必要先「回到近現代」──回到首先親歷中西文

化急劇衝撞而又作出了創造性反應的第三代百家諸子那裡去！

　　經過一段時間的困惑與浮躁，我們也該著實潛下心來，去重新了解和領悟這一代宗師的學術生涯、為學風範和人生及心靈歷程（大師們以其獨特的理智靈感對自身際遇作出反應的閱歷），全面評價和把握他們的學術成就及其傳承脈絡。唯其貫通近代諸子，我們這代學人方能於曙色熹微之中，認清中華學術的發展道路，了悟世界文化的大趨勢，從而真正找到自己的學術位置。我們應當深信，歷史是不會跨過我們這一代的，90年代的學人必定會有自己的學術建樹。

　　我們將在溫情與敬意中汲取，從和合與揚棄中把握，於沉潛與深思中奮起，去創建有中國特色的社會主義新文化。這便是組織編輯《國學大師叢書》的出版宗旨。當我們這代學人站在前輩學術鉅子們肩上的時候，便可望伸開雙臂去擁抱那即將到來的中華學術新時代！

錢宏（執筆）

1991年春初稿

1992年春修定

序

　　錢賓四先生是本世紀在思想文化界具有深遠影響的國學泰斗。早在40年代初期的學生時代，我就懷著赤子虔誠之心，手抄、默誦他的名著《國學概論》和《國史大綱》，極大地喚起了我的愛國熱情和求知渴望。時光雖已過去五十多年，接受的思想影響儘管來自多方面，但錢先生在我少年心靈中播下的儒家思想的文化種子卻仍然保持著活躍生機，未嘗死滅。今年暑假，有幸第一次讀到郭齊勇、汪學群同仁撰寫的《錢穆評傳》手稿，油然興起了我對他老人家的思慕仰望之情，並以《評傳》為指引線索，如饑似渴地粗讀了他生前的一些主要著作，於是對錢老的德業文章、學術思想，有了比過去更深一層的認識。

　　錢先生不僅是思想深邃、著作宏富的著名學者，而且更是一位德高望重、堪稱楷模的一代人師。他粹然儒者氣象，時刻不忘「喫緊做人」：「數十年孤陋窮餓，於古今學術略有所窺，其得力最深者莫如宋明儒。雖居鄉僻，未嘗敢一日廢學；雖經亂離困厄，未嘗敢一日頹其志；雖或名利當前，未嘗敢動其心；雖或毀譽橫生，未嘗敢餒其氣；雖學不足以自成立，未嘗或忘先儒之矩矱，時切其向慕；雖垂老無以自靖獻，未嘗不於國家民族世道人心，自任以匹夫之有其責。」

（《宋明理學概述・自序》）這種「未嘗敢」的緊迫感來自他對「國家民族世道人心」的責任感。為了迎擊民族虛無主義的狂潮，他義憤填膺，激情滿懷，終其生誨人不倦，著述不止，全身心地投入到中華民族傳統文化的發掘、疏理與弘揚的事業之中。他把「孔曰成仁，孟曰取義」的古訓詮釋為為了正義事業而勇於承擔、敢於犧牲、樂於創造的道德精神。他認為這種高尚的道德精神就是人生的生命、價值之所在。有了這種精神就會有對正義事業的嚮往與追求，就會現實化為有益於社會、國家、民族的德業與事功，就會在宇宙乾坤面前顯現人性的尊嚴、人格的偉大。對於這一人生真義，他志好之，樂言之，力行之，直到九六高齡臨終前三個月還以「天人合一」這一儒家傳統人生哲學問題「專一玩味」，由於最終「澈悟」而感到「快慰」。錢老確乎實踐了儒家傳統頌揚的那種「生由乎是，死由乎是」的「德操」之美。

在學術的殿堂上，錢先生既是功底深厚的專才，又是視野開闊的通儒。他把經、史、子、集熔於一爐，超越了今文經學與古文經學、程朱理學與陸王心學、宋學與漢學、義理與考據的紛爭，把國學研究提高到一個新的水準。就思想方法而論，他辯證處理了個別與一般的

關係，而且首先是通過對個別材料的詳細佔有，然後抽引出其本身固有的內在義蘊。他的一些一新耳目、震驚學壇的創見都是通過這一途徑辛苦探求出來的。入乎其內，才能出乎其外；立足於下，才能昂首於上。沒有這種腳踏實地的鑽研精神，所謂思想淵源、學派關係、範疇演變、發展圓圈等等，都可能流於空想臆斷。用純主觀性的概念演繹來整理國故，其成果的可靠性是值得懷疑的。以錢老的《論語新解》為例，其目的不過是「以時代之語言、觀念加以申述，以期成為一個人人可讀之注」。但他為了準確把握《論語》「本義」，對宋儒義理、清儒考據詳加比較參照，既不失之太淺，也不求之過深，務求把《論語》所涵義蘊闡發得恰到好處，以細針密縷之功夫，作平正篤實之文章。他善於守成，勇於創新，嚴於求是。這種認真對待文化傳統的科學態度是值得提倡的。

錢先生終生研究中國傳統文化，但他不是醉心古董的書齋學者，而是具有強烈的現實感的歷史學家。他是為了解決中國今天的問題而去了解中國的昨天和前天的。民族虛無主義者把中國傳統說得漆黑一團，一無是處，認為要革新，只有盡變其「常」，走全盤西化之路。錢先生與此針鋒相對，對祖國傳統文化充滿了「溫情與敬意」，愛護

傳統，尊重傳統。與西方文化比較起來，他強調中國文化在宇宙觀、人生觀、思維方式、行為方式及文化精神、歷史走向等方面所具有的特殊性。在古與今、因與革的關係方面，他強調中國文化傳統的自身發展具有因革損益的變異性，經過過去「遞傳數世數十世數百世血液所澆灌，精肉所培壅」的積累與變異，才可能在今天「開此民族文化之花，結此民族文化之果」。因此，現代化是自身傳統的現代化，是具有中國傳統自身特色的現代化，「非可以自外巧取偷竊而得」（參見《國史大綱·引論》）。正如《錢穆評傳》作者所云：「他的字裡行間浸透了血和淚，浸透了深厚的民族悲情和歷史意識，充滿了對過去的思念和敬意，對未來的企盼和信心。」錢先生關於傳統與現代化關係問題的種種見解是值得認真思考的。

以上所談，只是我對錢先生思想的點滴認識。欲知其詳，請看《錢穆評傳》。這是目前中國大陸第一部評述錢先生思想與生平的專著。作者苦心力索，憑著他們的洞識，從大量材料中疏理出傳主的思想體系，自成條貫，頗具特色。這對進一步分析錢先生思想，乃至深

化對當代思想文化的研究，都有極重要的參考價值。

李德永

1994年8月序於武漢大學

英文提要

P R É C I S ———

Qian Mu（1895-1990）, styled Binsi, a native of Wuxi, Jiangsu, prominent historian, thinker, educationist and scholar. This work is a comprehensive introduction to the cultural life and academic career of Qian Mu, a famous great master of Chinese study, and to his national compassion, sense of anxiety, sublime personality and erudition of learning, and a profound review of his peculiar insight into history and culture, comparative study of the West and China, philosophy of life and his achievements of studying four thousand years history of culture and thought in China with special method and contribution. Author's guideline runing through the work is to reconstruct and carry forward the cultural spirit of Chinese nationality, which makes reading the book an exciting matter.

This work consists of 9 chapters.

Chapter 1 is a biographical introduction to Qian Mu, a master scholar of Chinese study in contemporary time. Chapter 2 is a brief sketch of Qian Mu's views of history, nationality, and culture, and a general review of his conception of the spirit of Chinese culture as humanism, unificationism and historicism, and of his basic ideas of the cultural history of China, including the position of Confucianism in Chinese culture.

Chapter 3 is a commentary narration of Qian Mu's studies and propositions concerning classical Confucian texts, mainly his opinion regarding the debates between Old Text School and New Text School initiated in the Han Dynasty. By historical method and through textual research, he demonstrated that the assertion that Liu Xin forged Old Text was resulted from sectarian bias of the scholars in the Qing Dynasty and hence would collapse of itself.In addition, he had special contributions in studying Four Books (four Confucian classics).

Chapter 4 consists of comments on Qian Mu's study in pre-Qin (Dynasty) schools. His achievements are affirmed in investigating the biographical facts concerning pre-Qin master thinkers, the relationships of them to their teachers, friends and followers, and the origin and change of their thought. Significant is his excavation of the standpoints stressing the common people implicit in Confucianism and Mohism. Besides, wonderful is his textual research on the life and writing of Lao Tzu.

Qian Mu's thought and methodological idea of history are reviewed in

Chapter 5. His view of history, the concept'integration of the Past and the Future in to a comprehensive Present'implies that'history is meanwhile the present'. In this chapter, Qian Mu's achievements are exposed in researches on general history, cultural history, and branch history (including political, social, economic and learning history and historical geography), and it is appreciated that he argued against the mistake of transplanting the phases of Western history to frame the history of China.

Qian Mu's studies in School of Laws and Norms (li xue) of the Song and Ming Dynasty are expounded in Chapter 6. Qian Mu gave a special position in the development of Confucianism to School of the Song Dynasty. School of the Song was different from School of Laws and Norms in the sense that School of the Song bore the magnificance of restoring the common people viewpoint existed in pre-Qin time, whereas School of Laws and Norms devoted to the cultivation of mind and temperament. Qian Mu's studies and views on Zhu Xi and Wang Yangming, as well as on Confucianism of the Song and Ming Dynasty as a whole, had his own style.

Chapter 7 is a survey of Qian Mu's researches on the thinkers of last four hundred years. He objected the dualist separation between the School of Song and that of Qing, and set up anintimate link between them.Moreover, his collation and reformulation of the history of thought from the Qing Dynasty to the beginning of 20th century was not short of deep insights.

Qian Mu was not only an expert profound in some fields, but also a Confucian master with wide knowledge. Having incorporated studies in Confucian texts, history, pre-Qin schools of learning and other subjects, he went beyond the controversies between School of Old and New Text, between School of Laws Norms advocated by Cheng and Zhu and School of Introspection originated by Lu and Wang, between Han School and Song School, and between meaning inference and textual evidence, so as to have promoted Chinese study to a higher level.

Qian Mu's philosophy of life is summarized in chapter 8. He was excellent at suming up various sorts of conceptions of life in history of China and articulating them into a healthy and vivid theory of life of his own style, incorporated his reflection on his personal experience of life and his comparison with western philosophy of life.

Chapter 9 introduces Qian Mu's views of comparative study of Chinese and Western culture.It seemed to him that Chinese and Western culture were at variance with each other in that the former maintained the unity of man and the world, the conformation of man to the world, the latter saw man as opposite to the world and the conqueror of the world, furthermore, the former laid stress on harmony and totality, the latter on analysis and isolation, the former was anintroversive and agricultural civilization with morality as the fundamental, the latter was an extroversive and commercial civilization with materiality as the fundamental. China and the West were of pecularity of its own respectively and ran in different ways in worldview, philosophy of life, ways of thinking, patterns of behaviour, cultural spirit and history. He stated with emphasis that Chinese and Western cultures should be compared and evaluated objectively against the background of the total process of world history.

Appendix is a chronological list of Qian Mu's biography. His academic activities and writings are clearly displayed.

This is the first book in present Mainland of China which provide with a systematic and comprehensive introduction and commentary of Qian Mu's life and thought.

The book is written by Guo Qiyong and Wang Xuequn. Mr. Guo is a native of Wuchang, Doctor of philosophy, profeser of Department of Philosophy, Wuhan University. He has devoted himself to the study of modern Neo-Confucianism for many years and is the author of An Investigation of Xiong Shili's Thought, Philosophy of Culture, and others.

Mr. Wang is a native of Fengxian, Hunan, graduated from Bejing University, M.A of Philosophy, lecturer of Social Science Faculty, Normal University of the Capital.

目　錄

CONTENTS

第一章

文化生命與學術生命

錢穆先生是我國現代著名的史學家、思想家、教育家。他於清光緒二十一年（1895年）六月初九（西曆7月30日）生於無錫，於1990年8月30日卒於臺北，享年96歲。這位世紀老人以其博學精思、著作等身而享譽世界，是20世紀中國不可多得的一位國學泰斗！

　　錢先生原名恩，字賓四，民國元年（1912年）改名穆。錢家世居江蘇省無錫縣南延祥鄉嘯傲涇七房橋村。先生家世貧苦，幼時喪父，中學畢業即無力求學，以自學名家。他自1912年始，在鄉村任小學教師；1922年後，在廈門、無錫、蘇州等地任中學教師；1930年，他由顧頡剛先生推介，入北平燕京大學執教，從此躋身學術界。抗戰以前，先生任燕京大學、北京大學、清華大學、北平師範大學教授，講授先秦及近三百年來學術思想史，出版有關著作，其學術名流地位已逐漸確立。抗戰軍興，他隨北大南渡，以強烈的民族感情和憂患意識，潛心著《國史大綱》。這部著作於1940年出版之後，風行全國，成為各大學通用的歷史教科書，極大地鼓舞了廣大青年學子，激發了他們抗日救亡的熱忱。抗戰八年，先生先後在西南聯合大學、成都齊魯大學、嘉定武漢大學、遵義浙江大學、華西大學、四川大學等校主講文史課程，極具影響。抗戰勝利後，1946年至1949年，他曾執教於昆明五華書院、雲南大學、無錫江南大學、廣州私立華僑大學。先生於1949年移居香港，當年及次年與唐君毅、張丕介等先生在艱危困苦之中正式創建新亞書院，並親任院長。自此，錢、唐諸先生慘澹經營的新亞書院成為護持祖國傳統文化的重鎮，造就了許多人才，培育了可貴的新亞精神。20世紀50年代，他曾獲香港大學名譽法學博士稱號。20世紀60年代，他曾應邀講學於美國耶魯大學，獲耶魯大學名譽

人文學博士稱號，亦曾講學於馬來西亞大學。先生於1967年離開香港，定居臺北，曾被選為臺灣「中央研究院」院士、臺北中國歷史學會理監事，任臺北中國文化大學教授及臺北故宮博物院特聘研究員。

錢賓四先生博通經史文學，擅長考據，一生勤勉，著述不倦。先生畢生著書七十餘種，共約一千四百萬字，為我們留下了寶貴的精神財富。他在中國文化和中國歷史的通論方面，多有創獲，尤其在先秦學術史、秦漢史、兩漢經學、宋明理學、近世思想史等領域，造詣甚深。錢先生在現代學術史上佔有重要的一席，他的皇皇巨著《先秦諸子系年》、《中國近三百年學術史》、《國史大綱》、《朱子新學案》等等，以及關於中國學術思想史的其他研究成果，為中國傳統文化的創新作出了不可磨滅的貢獻，而且自身已成為寶貴的歷史遺產，對後世學者已經並必將繼續產生重大的影響。

錢先生不僅僅是一位專才，一位學問家，一位史學巨擘，而且是一位通儒，一位著名的思想家。他的學術著作和講演不僅僅有學術的、學理的價值，而且有深刻的思想性和哲理性。他以誨人不倦、著述不倦的一生，以整個的身心、全部的生命，捍衛、弘揚我們中華民族歷史文化傳統的精華，抗拒著工業化、商業化的現代社會對人性的肢解，抗拒著歐風美雨狂飆突進時代所造成的民族文化生命的衰亡。他肩負著「為往聖繼絕學」的使命，是我們民族真正的脊樑！

20世紀是我國傳統精神資源飽受摧殘的世紀。無論是西化派還是蘇化派，無論是自由主義還是激進主義，都把民族文化視為現代化的

絆腳石，不加分析地毀辱傳統，極大地傷害了民族精神之根。在這種潮流面前，錢先生與他的同道從不同的角度維護民族精神，護持「中國性」，張揚民族個性，抉發傳統文化的精華，加以創造性的重建。這需要何等的氣魄和膽識啊！20世紀的學術思想史昭示我們，真正深刻的、有識見的思想家，不是浮在潮流表面的聲名赫赫的人物，而是潛光含章，剖視時俗之弊，把握了民族精神底蘊的人物。錢先生正是這樣的人！

錢先生宣導對中華民族歷史文化傳統滿懷「溫情與敬意」的態度，反對偏頗的民族虛無主義。他指出，歷史是一種經驗，一個生命；民族精神即文化精神，也即歷史精神。他還指出：「歷史與文化就是一個民族精神的表現。所以沒有歷史，沒有文化，也不可能有民族之成立與存在。如是，我們可以說：研究歷史，就是研究此歷史背後的民族精神和文化精神。我們要把握這民族的生命，要把握這文化的生命，就得要在它的歷史上去下工夫。」[1]他認為，歷史生命與文化生命在變化中有持續，在持續中有變化。「研究文化生命，歷史生命，該注意其長時間持續中之不斷的變化，與不斷的翻新。要在永恆中有日新萬變，又要在日新萬變中認識其永恆持續的精神，這即是人生文化最高意義和最高價值之所在。」[2]他主張吸收、融合世界各國文化新精神以求「變」求「新」，同時致力於發掘中國文化系統的獨特性，對中國文化的生命力抱著無比堅定的信心。他致力於重建中華人文精神，重建中國人對中華民族的感情和對中國歷史的尊

1　錢穆：《中國歷史精神》，1964年香港增附三版，第6頁。
2　錢穆：《中國歷史精神》，1964年香港增附三版，第6頁。

重，堅信中國文化調整和更新的動力必定來自自身文化系統的內部，希冀「能於國家民族之內部自身，求得其獨特精神之所在」，作為「國家民族永久生命之泉源」。[3]

錢先生的生命是與民族歷史文化的生命血肉相聯的。陳寅恪挽王國維，吳宓贈陳寅恪，都有「文化神州系一身」之說。同樣的，作為民族文化的托命者，錢穆先生亦是「文化神州系一身」的人物。他的生命洋溢著強烈的責任感和使命感，以民族文化的振興為己任。

錢穆一生把為學與做人密切地結合起來，更強調如何做人，首先是如何做一個堂堂正正的中國人。他的一生大半是在中華民族危亡和中國文化日漸衰弱的年代中度過的。他不辭辛勞地講學、辦學、教書育人、著書立說，把全部的愛心、全部的情感、全部的智慧、全部的生命都奉獻給了中華民族的文化偉業。

他一生與甲午戰敗以來的時代憂患共終始。他說：「余對中國傳統文化之深博偉大，所知甚淺。然自問愛國熱忱，則自幼年迄於今茲，從未後人。凡我所講，無不自我對國家民族之一腔熱忱中來。我之生年，在前清光緒乙未，即馬關條約臺灣割讓日本之年。我之一生，即常在此外患紛乘，國難深重之困境中。民國元年，我即在鄉村小學教書。我之稍有知識，稍能讀書，則莫非因國難之鼓勵，受國難之指導。我之演講，則皆是從我一生在不斷的國難之鼓勵與指導下困心衡慮而得。」[4]因此，他的著作的字裡行間浸透了血和淚，浸透了

3　錢穆：《國史大綱‧引論》，北京：商務印書館，1994年版，上冊第8、11頁。
4　錢穆：《中國文化精神》，臺北：三民書局，1971年版，序言，第1—2頁。

深厚的民族悲情和歷史意識，充滿了對過去的思念與敬意，對未來的企盼與信心。面對20世紀中國文化的困難，即價值系統的崩潰、意義結構的解體、自我意識的喪失、精神世界的危機，錢先生的生命的呼應與存在的實感，化成他的學問、業績、演講、著作，苦心孤詣，感天撼地。他的學問與他的生命渾成一體！

他繼承了中國知識份子「以宏道為己任」、「先天下之憂而憂，後天下之樂而樂」的優良傳統，並以自己的行為和高尚的情操，激勵後人為弘揚中華文化而繼續努力奮鬥！他是我國20世紀學術思想史上的一座豐碑，亦是我們青年學子立身行世的楷模！

1.1　發憤苦讀　自學成才

作為一代國學大師，錢穆與其他思想家、學問家不同，他既沒有念過大學，非學院派，更沒有留過洋，也非西洋派。他來自中國社會最底層的鄉村，正是中國社會鄉村民間的樸實無華，鑄造了他既堅實又偉大的學術與人生。他是從鄉土中國走出來的一代史學巨擘，一位營造「文化中國」的前驅。因此，他的學術心路歷程，既奇特又平凡。

錢穆出生在一個五世同堂的家庭裡。錢穆先生在《八十憶雙親》中曾談到，江浙錢姓均源出五代吳越武肅王錢鏐，但未述及世系。後經羅義俊先生考證，錢穆這一代是吳越武肅王錢鏐第三十四世孫。七房橋這一支錢氏的遠祖是心梅公，即錢穆的十八世祖。在元明時，錢塘江畔臨安縣住著很多錢姓，後因要躲避官府的迫害，逃散到各地。

其中七八個人就遷居到無錫南門外。心梅公在七房橋，錢鴻聲到鴻聲裡（故名源鴻聲裡），其餘在蕩口、馬橋等地。當時無錫南門外一帶還是一片尚未開墾的處女地，錢氏的祖先們就以田為業，逐步發展起來。錢氏發展到三十世時，七房橋已有棉花莊、茶館等，形成了市面。[5]

錢穆的曾祖父繡屏公，清嘉慶庚午年（1810年）生。祖父鞠如公，道光壬辰年（1832年）生。他祖父有手抄《五經》一本，由其父用黃楊木板穿綿帶裏箚，並鐫親書「手澤尚存」四字。全書用上等白宣紙，字體均正楷，一筆不苟。鞠如公中年體弱多病，抄完此書不久就去世了，年僅三十七歲。錢穆從小聽其兄說此書後半部紙上有許多淚痕印跡。他祖父還留下一部大字木刻本《史記》，上面有五色圈點，並附批註。錢穆的父親諱承沛，字季臣，清同治丙寅年（1866年）生。其祖父去世時，其祖母年四十一歲，其父僅三歲。他父親從幼年起就有神童的美稱，十六歲時縣試，考取第一名為秀才，由於身體瘦弱，在南京鄉試病倒，以後就再也沒有求取功名。但他對幼年的錢穆諄諄教誨，寄予厚望。他父親教子不從正面入手，而多從側面啟發。他父親因體弱多病於光緒三十二年（1906年）逝世，死前對錢穆說：「汝當好好讀書。」他父親去世時，錢穆的哥哥十八歲，錢穆本人十二歲，兩個弟弟一個七歲，一個三歲。

錢穆弟兄四人，有一個姐姐。兄名摯，字聲一，即錢偉長之父；弟名藝，字漱六；次弟名文，字起八。父親早逝，家庭清苦，手足之

5　參見羅義俊：《夫子故里記遺事，權代誄文寄哀思─悼念錢賓四先生》，《法言》，香港，1990年10月號。

情，尤顯重要。親族們都知道他們大阿哥（指聲一）拖（無錫土語，意幫帶、扶持）大兄弟（指賓四先生），大兄弟再拖小兄弟。七房橋錢氏在三十世後因連遭大火而敗落。錢穆一家的老宅鴻儀堂、素書堂均毀於兵火，只剩下兩間破房子。屋毀後，他們無家可歸，於是散居各處。他們兄弟成人後，長兄聲一一直在七房橋興辦又新小學，服務於家鄉；錢穆則在附近四鄉小學執教，後外出到無錫城裡和蘇州教中學；兩個弟弟到蕩口教書。弟兄四人都是教師，每逢暑假都要到七房橋來過夏，侍奉老母，對桑梓故里的情深可想而知。[6]

錢穆七歲入私塾，十歲進無錫蕩口鎮的新式小學果育學校。果育學校由蕩口鎮華子才先生私人創辦。學校分高初兩級，各四年。他和聲一先生遵奉父命同去應考。聲一進入高級小學一年級，他進入初級小學一年級。當時教文史的老師不太受人特別重視，而教理化自然科學的老師則很難聘請到。教體操和唱歌的老師在一校乃至一鎮更是眾望所歸。

對錢穆以後影響很大的有以下幾位老師。

當時教體操的先生是錢穆的同族伯圭先生，鴻聲里人，曾遊學於上海，是當時的革命黨人。一天，他問錢穆，聽說你能讀《三國演義》。錢穆回答，是。伯圭先生說，這種書以後不要再讀。此書一開頭就有天下合久必分，分久必合，一治一亂一類的話，這是中國歷史走上了錯路，因此才有這種狀態。如今歐洲諸國合了就不再分，治了

6　參見羅義俊：《夫子故里記遺事，權代誄文寄哀思—悼念錢賓四先生》，《法言》，香港，1990年10月號。

便不再亂。我們以後應該向他們學習。伯圭先生這一席話常常迴響在錢穆的腦中。東西方文化孰得孰失，誰優誰劣，這一問題困擾著近代中國人，錢穆一生也被困在此問題內。正如他指出：「余之畢生從事學問，實皆伯圭師此一番話有以啟之。」[7]伯圭先生又告訴錢穆，今天我們的皇帝是滿洲人，我們則是漢人云云。錢穆自幼就抱有民族觀念，同情革命民主，也由伯圭先生啟發。

唱歌先生華倩朔是影響錢穆的另一位老師。華倩朔先生是蕩口鎮人，早年留學日本。他風度翩翩，平易近人，是一校師生共同敬仰的中心。他擅長書法、繪畫、吟詩、填詞，其作品由上海商務印書館出版，暢銷全國一二十年不衰。倩朔先生又兼任初級小學一年級國文課教師，錢穆也在此班就讀。一天，倩朔先生以「鷸蚌相爭」為題，讓學生作文。錢穆的文章約四百字，倩朔先生評語：這篇故事出自《戰國策·燕策》，蘇代以此諷喻東方諸國，教科書中沒有說明出處，今該生能以戰國故事作比喻，可以說已領會題目的宗旨。錢穆在文章結束時說，如果鷸不吃蚌，蚌也不鉗鷸，罪在鷸而不在蚌。倩朔先生評語：結束語如老吏斷獄。錢穆因此文受到老師嘉獎並晉升一級上課。

升級後，國文老師是華山先生，錢穆因作文優秀又升一級。華山先生贈錢穆《修學篇》一書，是蔣百里翻譯的日本人的著作。書中網羅西歐英法諸國不經學校自修苦學成才數十人，並一一記述這些自學成才者苦學的經過，對錢穆影響很大。他儘管沒有上大學，仍苦學不

7　　錢穆：《八十憶雙親師友雜憶合刊》，臺北：東大圖書公司，1992年版，第34頁。

倦，是受了此書的影響。

錢穆升入高級班，國文老師是顧子重。顧先生學貫新舊中西，尤其精通史地。後來錢穆治學喜歡史地，導源於顧先生。他對錢的才華十分器重，曾稱讚錢「文氣浩蕩，他日有進，當能學韓愈」。[8]在果育學校使錢穆終生難忘的還有倩朔先生的弟弟紫翔先生，他教授經史子集，無所不包。錢穆治學喜歡從歷史流變著手，尋求其淵源宗旨所在，多得力於紫翔先生的教誨。錢穆在果育小學四年，遇到了眾多良師，加上自己努力勤奮好學，為今後從事學術研究打下了良好的基礎。

錢穆十三歲入常州中學，開始了三年多的中學生活。這時已是光緒末年。在中學時代，他最難忘的是監督（猶今稱之校長）屠孝寬先生。當時錢穆年齡小，屠先生尤加愛護。錢穆在所開設的課程中最偏愛國文和歷史兩門，屠先生告誡他應該每科平均發展，不要偏科。除了屠先生以外，給錢穆記憶最深的還有著名史學家呂思勉先生。他任教歷史、地理兩門課，是當時諸位先生中最年輕的一位。呂思勉先生不修邊幅，上課很吸引人。後來，呂思勉先生成名後，錢穆還與呂思勉先生多次通信，討教經學上的今古文等學術問題，並請呂先生校改《國史大綱》。他們之間的往來一直到1949年。呂先生的教誨之恩使錢穆終生難忘。

當時教國文的是童斐先生。他不僅講國文，而且也擅長昆曲。各

8　參見羅義俊：《錢賓四先生傳略》，《錢穆紀念文集》，無錫縣政協編，上海：上海人民出版社，1994年4月1版。

種樂器的演奏之道，以及生、旦、淨、丑等角色的表演技巧，童先生都能一一傳授。錢穆學吹簫、學昆曲較之學校中其他正式課程更用心，更願學。他喜歡昆曲，愛吹簫，歸功於童先生的引導。

錢穆念到中學四年級時，全年級集體提議，請求校方對明年的課程有所改動，要求減去修身科，增修希臘文科等，推舉錢穆等五人為代表與校方商談此事，結果校方不應允，大家再提議由錢穆等五位代表以退學相要脅。校監屠先生挽留不住，就推薦錢穆去私立鐘英中學就讀。這件事給錢穆留下深刻的記憶。

錢穆離開常州中學，1910年開始去南京鐘英中學讀書。此時已是清朝末年。第二年武昌起義，辛亥革命爆發，學校被迫解散，錢穆回到家鄉，從此結束了他的學生時代，開始了鄉間教書的生涯。

1912年，錢穆十八歲，開始在秦家水渠三兼小學任教。錢穆決定應聘執教三兼小學，是因為家貧，升學無望，所以一邊教書，一邊自學，刻苦攻讀，進步很快。他先讀完《孟子》，在家裡從父親遺書中發現大字木刻《史記》一書，便愛不釋手地讀下去。又發現毛大可的《四書改錯》一書，他精心閱讀，發現朱子四書注居然也有許多錯誤，他感到大為驚奇。通過對這些書籍的鑽研，而了解清代乾嘉諸儒及其學術。當時錢穆也喜歡讀《東方雜誌》，並寫了《論民國今後之外交政策》一文寄給該雜誌，由於涉及外交機密而沒有發表。這是錢穆第一次投稿。

關於錢先生早年的為學經歷、學術途轍，他曾在《宋明理學概述》的自序中說過。他入中學時，主要讀韓愈、柳宗元、歐陽修的作

品，然後讀姚鼐《古文辭類纂》和曾國藩《經史百家雜抄》。民國元年（1912年）他十八歲時，輟學當小學教師，以為天下學術，無逾乎姚、曾二氏。受忘年交秦仲立先生啟發，留意於文章分類選纂的義法，決定讀諸家全集，以窺見姚、曾取捨之標的。於是讀唐宋八大家韓、柳、歐、王之集。由韓氏「因文見道」的啟發，於是轉治朱熹、王陽明，由集部轉入理學。由讀陽明《傳習錄》、朱子《近思錄》、黃宗羲《明儒學案》及全祖望補訂的《宋元學案》，上溯五經及先秦諸子，即由理學上溯經學、子學，然後下及清儒的考訂訓詁。由深好宋明語錄和清代考據，讀書愈多，遂知治史學。可見錢先生堂廡甚廣，終以史學為歸。當然在1912—1913年間，他還尚未明確地由集部轉入理學，也就更沒有轉入經史之學。而這種說法也不是絕對的，即在民國元年（1912年）前後，他對經史、理學、清學都開始涉獵。

1913年，錢穆不再去三兼小學，轉入鴻模學校（前身為果育小學）任教。三兼小學高初兩級又分兩個班，錢穆原則上任高級班並教授國文、史地、英文、數學、體育、音樂等，也兼部分初級班的課，每週教課三十六小時，月薪國幣十四元。到了鴻模學校，規模完備，高初各分幾班，他教高級班國文、史地課，每週二十四小時，而月薪增至二十元。當時錢穆在小學任教，心中常對未能進入大學就讀而感到遺憾。見北京大學招生廣告登載：投考者須先讀章學誠《文史通義》。他當時夢想得到章氏一些不多見的書。二十年後在北京大學教書時，他果然見到章氏這些稀有著作。可以看出錢穆儘管沒有機會在北大念書，而後來卻能執教於北大，是有因緣的。他愛讀夏曾佑《中國歷史教科書》，因此書是北京大學的教科書。這本書對錢穆影響很

大，使他得益匪淺。如錢穆知道經學上有今文古文的區別，夏氏書的最後附有《史記》十二諸侯年表、六國年表等，才知道年表的重要。後來他著《先秦諸子繫年》修改《史記·六國年表》是受夏氏的啟發。夏氏書皆僅標出幾個要點，多抄錄史籍原文，無考據方式，而又不背離考據的這種精神，為錢穆所欣賞。以後他在北大講史時常引以為據。

1914年錢穆轉入無錫縣第四高等小學任教。每週教課十八小時，同時兼任鴻模學校的課。儘管鄉間教書工作很繁雜，但他能見縫插針，善於擠時間，哪怕是吃飯、課間休息、上廁所都在看書。即使是嚴寒酷暑，他也要堅持讀書。夏天為防蚊叮，他學父親將雙足放在甕中堅持夜讀，致使他能博覽群書。他又效法古人剛日誦經、柔日讀史的方法，定於每日清晨必讀經、子等難讀之書，夜晚後開始讀史書，中間上下午讀一些閒雜書，科學地安排時間。

他教《論語》時，讀《馬氏文通》，模仿其體例，積年寫成《論語文解》一書，1918年由上海商務印書館出版。這是錢穆出版的第一部著作。他將稿酬購得浙江官書局本《二十二子》，於是著力研究《墨子》，發現版本論者都有錯誤，便開始逐條指出其中錯誤，並加以修正，最後寫成《讀墨解》一書，後改為《墨經解》。這是繼《論語文解》後的第二部著作，數年後，與他研究惠施、公孫龍的論文等收入他自編的《中國學術思想史論叢》第二冊中。錢穆最初讀書是從韓愈、柳宗元等唐宋八大家入手，隨後有意轉為孔子、孟子儒學，又涉及古今史籍，最後才是諸子。當時錢穆用朱筆標點《宋元學案》，對歐陽修、王安石諸家頗為不滿，有意重編《宋元學案》，但未能成

書。錢穆也很愛讀《六祖壇經》等佛學書籍，他後來研究佛學是從這裡開始的。1917年秋，錢穆完婚。1918年是錢穆讀書靜坐最專最勤的一年。他銳意學靜坐，每天下午四點後必在寢室靜坐，由此他體悟到人生最大學問在求能虛此心。心虛才能靜，才能排除心中雜念，才能專心致志地攻讀和思考問題。

1919年秋天，錢穆轉入後宅鎮泰伯市立第一初級小學任校長，時年二十五歲。他轉入初級小學的原因一是看到報刊登載杜威來華講學，涉及教育問題，與中國傳統教育不同。錢穆想與幼童接觸，從頭開始實驗，從中了解中外教育異同與得失。其二是當時提倡白話文，轉入初小，想試一試白話文對幼童初學的利弊得失所在。在此期間他得到康有為《新學偽經考》石印本一冊，是他以後寫《劉向歆父子年譜》的張本。當時李石岑從歐洲留學回國，在上海《時事新報》副刊《學燈》任主編。錢穆撰寫《愛與欲》一文寄去，刊載在《學燈》上，是他生平在報紙上第一次投稿。又寄去《論希臘某哲人與中國道家思想之異同》，過了幾天刊出。

1922年秋，錢穆辭去後宅小學及泰伯市立圖書館長之職，到縣立第一高等小學任教。不到一個月應聘於廈門集美學校。到集美以後，他任高中部、師範部三年級同屆畢業生的兩個班的國文課，同時講授曹操《述志令》一文。當時他研究中國文學史有心得，認為漢末建安時期是古今文體發生轉變的時代，不僅五言詩在此時興起，而且散文的體裁也與以前不同，這都是曹氏父子三人的貢獻。兩班學生聽了錢穆的課都深表欣服。在此期間，他讀《船山遺書》，後在北大寫《中國近三百年學術史》船山一章所用的資料即來源於此。又受到船山關

於屈原居湘中的「湘」其實是漢水而不是湖南的湘水一說的啟發，後在《先秦諸子繫年》一書中詳細記述。此後的《楚辭地名考》、《周初地理考》、《三苗疆域考》、《史記地名考》等對古史地名沿革的研究，皆發端於此。他所著的《莊子纂箋》也受船山注莊子的啟發。

1923年，無錫江蘇省立第三師範資深教席錢基博先生推薦他到同校任教。學校舊例，國文教師隨班遞升，此班從一年級至四年級畢業後，再回任一年級。國文一科外，每年必兼開一課，第一年文字學，第二年《論語》，第三年《孟子》，第四年《國學概論》，教者各自編撰講義。錢穆第一年文字學，講六書大義，未付印。第二年、第三年分別編撰《論語要略》和《孟子要略》，第四年編撰《國學概論》，後也續成完稿。這些書稿後來均有出版。

1927年秋，錢穆開始在蘇州省立中學任教。蘇州中學的校風與無錫第三師範學校不同。三師風氣純良，師生親如家人，錢穆執教四年未遭風波。他來蘇州中學後，任最高班的國文課，並任全校國文的主任教席和最高班的班主任。1928年春，是他任教的第二個學期。時有方壯猷為胡適《章實齋年譜》作補編，一天到蘇州相訪，告知錢穆，商務印書館編《萬有文庫》，其中《墨子》和《王守仁》尚無人承擔，錢穆於是接受了此項任務，他日以繼夜地趕寫，不久兩書寫成，收入《萬有文庫》。這一年夏，他應蘇州青年會學術講演會之邀，講演「易經研究」一題，後收入《中國學術思想論叢》第一冊中。

1928年夏秋之際，他的妻子及新生嬰兒相繼死去。當時其兄聲一先生執教於無錫榮巷榮氏新創立的榮巷中學，聞訊後速回家幫他料理

後事，因勞傷過度，舊病突發，不幸也溘然長逝。兩個月之內，連遭三喪，對錢穆的打擊是可想而知了。翌年，錢穆在蘇州續弦，開始了新的生活。

1930年，常和錢穆通信論學的蒙文通在南京支那內學院聽歐陽竟無講佛學，一天來到蘇州與錢穆相見，兩人遊山玩水，暢談古今達數日，真是痛快之至。蒙先生讀到錢穆的《先秦諸子繫年》初稿評價道：「君書體大思精，惟當於三百年前顧亭林諸老前輩求其倫比。乾嘉以來，少其匹矣。」[9]經蒙文通推薦，錢氏有關墨家諸篇發表在南京一家雜誌上。這是他《先秦諸子繫年》最先發表的一部分。

一天，胡適前來蘇州女子師範演講，欲與錢穆相見。胡適說，我來蘇州有兩件事，一是購買《江湜詩集》，二是想見見錢穆。二人見面時間短，雖未深入長談，已知彼此意見不相合。又一天顧頡剛從廣州中山大學赴北平燕京大學任教，返蘇州家小住，與錢穆見面。顧頡剛看過《先秦諸子繫年》後對錢穆說，你已不宜在中學教國文，應去大學教歷史，遂建議錢穆去中山大學。由於當時中山大學以講述康有為今文經學為中心，錢穆對康有為《新學偽經考》產生懷疑，又加之學校汪典存先生挽留，遂謝絕了中山大學的聘請。顧頡剛當時兼任北平燕京大學學報編輯，錢穆便把寫好的《劉向歆父子年譜》（又簡稱《向歆年譜》）交給他，不久刊在《燕京學報》第七期上。

《向歆年譜》一文，是對多年籠罩中國經學研究的康有為《新學

9　錢穆：《八十憶雙親師友雜憶合刊》，臺北：東大圖書公司，1992年版，第126—127頁。

偽經考》的一次有力的批判。錢穆舉證詳實，立意明確，凡是康有為曲解史文、抹殺反證之處，均一一曆指而道其原委，指出《新學偽經考》中關於劉歆偽造經書一說不可通之點有二十八處。最重要的是，按照劉向劉歆父子生卒及任事年月依次排列，使康有為的曲解一目了然。錢穆發表此文以後，名聲大噪，學術界均佩服錢穆慧眼獨識，碩學通儒群推之為劃時代的傑作。胡適在1930年10月28日的日記中寫道：「昨今兩日讀錢穆（賓四）先生的《劉向歆父子年譜》（《燕京學報》七月）及顧頡剛的《五德終始說下的政治和歷史》（《清華學報》六‧一）。錢譜為一大著作，見解與體例都好。他不信《新學偽經考》，立二十八事不可通以駁之。顧說一部分作於曾見錢譜之後，而墨守康有為、崔適之說，殊不可曉。」這是《向歆年譜》初問世時的反響，是有關現代中國學術史的第一手史料。經顧頡剛推薦，燕京大學聘錢穆去燕大任教。這樣錢穆就結束了早年求學教書的艱苦年代，從此開始了人生和學術方面的重大轉折。

縱觀錢穆早期的學習與教書生涯，一是天資聰明、勤奮苦讀，二是慶倖遇到了那麼多的良師益友，使他在學校讀書期間養成了一個良好的學習習慣，並在以後長達十多年的鄉間教書過程中，發奮苦讀，積累了大量有關經、史、子、集方面的資料，為日後創立自己獨特的史學體系奠定了堅實的基礎。

1.2　情繫國族　文驚天下

1930年的秋天，錢穆應聘去燕京大學，開始了他幾十年的大學教

書生涯。1930年至1949年期間是錢穆把自己的民族憂患意識與自己的學術研究有機結合起來，建立自己史學思想體系的時期。功夫不負有心人，早年在學術上的辛勤耕耘換來了豐碩的成果，從而確立了他作為一代國學大師的地位。

一進燕京大學，一切都給錢穆新鮮之感。當時他住在朗潤園。他初到北京，即與潘佑蓀、顧頡剛、郭紹虞等經常交往，無身居異地之感。

燕京大學是教會學校，校長由中國教育部指定，必須任用中國人，但只是徒具形式而已。大學校務全由司徒雷登一人主持。一次，司徒雷登在學校設宴，司徒雷登問諸人到校印象。錢穆直接答道，聽說燕大是中國教會大學中最中國化的，入校門馬上就看見有「Ｍ」樓、「Ｓ」校的字樣，這是什麼意思？後來燕大特為此召開校務會議，把外國名字均改成中國名稱。錢穆一進大學就表達出強烈的民族意識。

一天，在城中某一個公園，他與馮友蘭先生相遇，兩人交談起來，這是兩人的第一次見面。錢先生在燕大任兩個班的國文課。他將舊作《關於〈老子〉成書年代之一種考察》一文交給顧頡剛，在《燕京學報》發表，並得到一位歐洲漢學家的推崇，同時在國內引起一場爭論。胡適認為老子應在孔子之前，馮友蘭和顧頡剛主張老子在孔子之後，錢穆與顧頡剛、馮友蘭的看法大同小異。這時，錢穆《先秦諸子系年》已完稿，經顧頡剛推薦申請編入《清華叢書》，但未獲通過，後由商務印書館出版。當時北京各大學都開設經學史和經學通論

等課，都擁護康有為今文家的主張。錢先生《向歆年譜》一文，使大家都懷疑他是古文家。是年假期，他返蘇州侍奉高堂，並撰寫《周官著作時代考》和《周初地理考》，這是他考古史地理的用力之作，載於《燕京學報》。

1931年夏天，錢穆應聘執教北京大學。他在北京大學歷史系教授中國上古史、秦漢史。這兩門都是由學校指定的必修課。另一門選修課可以由自己來定，他選開中國近三百年學術史。這一課程梁啟超曾在清華研究所開過，其講義也在雜誌上發表。錢穆的想法與梁啟超意見相左，因此自編講義，這便是他日後出版的《中國近三百年學術史》的雛形。他在北大開近三百年學術史一年，翌年，又開中國政治制度史。當時系主任是陳受頤，實際主事的是傅斯年。他們所持的觀點是中國秦以下政治只是君主專制，今改民國，以前政治制度不要再研究。錢先生認為，談到實際政治，以前制度可以不再問；研究歷史，以前政治如何是專制，應該知道。後來開設此課。

中國通史是當時大學必修課，北大也如此。北大通史課分聘北京史學界諸名家分講，錢穆也分講一席。他認為通史課由幾個人分講不能一條線通貫上下，一個人獨講也並非容易。後改為兩人講。上半部由錢穆講，後半部由陳寅恪講。據程應鏐（錢穆在燕大執教時的老學生）講，當年在北大，上課最叫座的教授有二說，一說有兩人，一說是三人，但兩說中都有錢先生，能與錢先生媲美的只有胡適之一人。到了1933年秋，北大獨聘錢穆任中國通史課，於是他在北大的課程，改為上古史、秦漢史和通史三門。在北大任通史課，第一年最緊，耗費了他很多精力。他將通史課在一年規定時間內講完，絕不有頭無

尾、中途停止，而力求一貫到底。上課時對講述均有取捨。如講上古史，對先秦部分講得詳備，若講通史則只講概況，又如若講近三百年學術史這部分涉及太廣，應詳述，若講通史時也只能粗略提到。他講課時史料充分，並能彼此相關，上下相顧，遵從客觀，不發空論。對制度經濟、文治武功選擇歷代的精華，闡述其發展流變與相承。更為重要的是根據歷代人的有關意見，來陳述有關的各項得失。除了遇到風雨外，一年之內，他幾乎都在太廟古柏蔭下，提綱挈領，分門別類，逐條逐款定其取捨，終於初步完成自己心願。上自太古，下到清末，兼羅並包，形成一個完整的體系，並在以後的講課中不斷補充、修改，為日後成書打下基礎。

在北大期間，錢穆不僅教學，而且還從事學術研究，把教學與學術研究結合起來。他先後出版了兩部重要的代表作：《先秦諸子系年》和《中國近三百年學術史》。

早在1921年，錢穆就有意寫一部關於先秦諸子學方面的書。首先一項工作是考研諸子生平行事的先後。由於諸子年世不明，其學術思想的淵源遞變就無從知曉。著手之初，錢穆只有將諸子書與《史記》、《戰國策》對照校勘，又從《史記索隱》中得知古本《竹書紀年》鱗爪，而所任教的中學，藏書甚少，限制了他的研究。錢穆來北京任教以後，日常生活安定，北京各圖書館書籍多，查閱方便，在教課之餘，將十多年積累的書稿重加增訂修改，1933年寫成《先秦諸子系年》一書，其中含考辨一百六十餘篇，通表四篇，附表三張，1935年由商務印書館出版。

錢穆對諸子學的研究大有貢獻。前人考證諸子年世，多依據《史記》中的《六國年表》，而《史記》也有不少錯誤，並非絕對可靠。《竹書紀年》可以補此缺陷，但此書出而複佚。今傳世本錯誤百出，如不加整理很難作為考辨的依據。加上一般人都信史籍而不信諸子之書，以致諸子年次難以成其條貫。如上所述，錢穆研究《竹書紀年》釐訂今傳世本的錯誤，以此來訂正《史記》中的偽誤、注釋的抵牾。同時又考諸子群書，參證諸子的行事，政治上的事故，六國的年代順序，與山川地理參伍以求，錯綜以驗，辨偽訂偽，定世排年，立一說必推之子書、史書而皆須準確無誤，證一偽必考其時間、地點而確皆無誤，真是絲絲入扣。至於其辨析之精、引證之博，則是世所罕見的。然而錢穆初衷不想單純為考據而考據，而是想使研究戰國史的人對這一段紛亂的史事有比較清晰明朗的年代順序為信據。

錢先生《先秦諸子系年》得到學術界的好評。據楊樹達日記，陳寅恪先生對錢著評價很高。楊先生在日記中寫道：「1934年5月16日。出席清華歷史系研究生姚薇元口試會。散後，偕陳寅恪至其家。寅恪言錢賓四（穆）《諸子系年》極精湛。時代全據《紀年》訂《史記》之誤，心得極多，至可佩服。」[10]此書實為清代考證諸子之學的總結。

1937年5月，錢穆的《中國近三百年學術史》一書由商務印書館出版。這是他在北大上課的講義基礎上修改而成的。錢穆不同意近代學者那種把漢學和宋學截然對立的觀點，認為不了解宋學，也就不可

10　楊樹達：《積微翁回憶錄》，上海：上海古籍出版社，1986年，第82頁。

能知道漢學，更無法評論漢學宋學之是非。錢穆在此別出心裁地將清代學術的淵源歸結為晚明遺老，乃至宋學，認為如黃宗羲、王夫之、顧炎武等人都與宋學有著學術上的前後承接關係，只是到了乾嘉時期，漢學才逐漸興起，而此時的漢學諸家學術也與宋代學術密切相關。這種卓然不群的見解，是特別值得注意的。因為近代學者言清代學術諸書，如章炳麟、梁啟超等的著作，均未嘗提及清代學術與宋學的聯繫，遂使人迷失其淵源。如今錢穆特為指出，才真正顯露出歷史的本來面貌。

錢穆此書的另一個特點是側重敘述每一個代表人物的論學思想要旨，注意指出諸學者對於天下治亂用心之所在。因為過去論述清代學術，往往多侈陳考據之學，或略述論學之語，而從不談及其人思想如何。如《漢學師承記》就是明顯的例子。而錢穆寫此書的胸懷、主旨在於：「將以明天人之際，通古今之變，求以合之當世，備一家之言……蓋有詳人之所略，略人之所詳，而不必盡當於著作之先例者。」[11]錢穆在書中曾痛斥清朝諸帝「壞學術、毀風俗、戕人才」，由於他們的高壓政策，學者們不敢以天下治亂為心，而相繼逃避現實，躲藏在故紙叢碎中討生活。基於「通古今之變」的懷抱，錢穆痛斥了那種認為清王朝已腐敗覆滅，治國方案應以西方各國政體為準繩的錯誤觀點。他們絲毫不問我國具體國情、價值觀念、風俗習慣，而鼓吹全盤西化。這書出版正值國內學術界有關中西文化討論又複激烈的時候，錢穆的這種觀點顯然是針對當時的文化討論問題有感而發的。《中國近三百年學術史》出版，也得到了學術界的好評。楊樹達

11　錢穆：《中國近三百年學術史》自序，北京：中華書局，1984年。

日記中又提到《中國近三百年學術史》：「1943年7月26日。閱錢賓四（穆）《近三百年學術史》。『注重實踐』，『嚴夷夏之防』，所見甚正。文亦足達其所見，佳書也。」[12]

錢穆在北大任教期間又兼任清華、燕大、師大等學校的課。當時北平的學術界人才濟濟，錢穆在北平任教八年，有幸結識了許多著名學者，並與他們建立了良好的私人關係。

與錢穆同來北大的有湯用彤、蒙文通等人。湯用彤在南京中央大學時，曾去歐陽竟無支那內學院聽佛學課，熊十力和蒙文通都是該學院歐陽竟無的弟子。蒙文通來北大是通過湯用彤的舉薦。在此之後，湯用彤、熊十力、蒙文通和錢穆四人常常相聚，過從甚密。當時熊十力已在撰寫《新唯識論》，批駁其師歐陽竟無的學說，蒙文通不同意，每次見面必加以反駁。湯用彤在哲學系教中國佛教史，應為專家，常常不表示意見。錢穆總是充當熊十力和蒙文通的調解人。當他們的議論，從佛學轉入宋明理學，蒙文通和熊十力又必爭，錢穆也作緩衝。

當時除熊十力、湯用彤、蒙文通和錢穆常常相聚之外，還有林宰平、梁漱溟兩人，他倆都住在前門外，梁漱溟又不常在北平，有時或加上梁漱溟或加上林宰平，五人相聚為多。錢穆經湯用彤認識了陳寅恪和吳宓，又在北京結識了吳宓的兩位高徒賀麟和張蔭麟。他還結識了張孟劬、張東蓀兄弟，此二人均在燕大任教。熊十力和錢穆與張氏兄弟經常相晤，熊十力好與張東蓀談哲理時事，錢穆則與張孟劬談史

12　楊樹達：《積微翁回憶錄》，上海：上海古籍出版社，1986年，第204頁。

學。在公園茶桌旁，四人各移椅分坐兩處。在其家，錢穆坐在張孟劬的書齋，張東蓀邀熊十力進自家書齋，相互間切磋學問是經常的事。與錢穆交往較密的學者還有陳援庵、馬叔平、吳承仕、蕭公權、楊樹達、聞一多、余嘉錫、容希白與容肇祖兄弟、向覺民、趙萬里、賀昌群等。這些學人各有所長，如果不是抗日戰爭爆發，中國學術界一定會有一番新氣象。

在北京大學任教期間，儘管校圖書館有豐富的藏書可供參考，但錢穆仍不斷購買書籍，先後購書五萬冊。他為了儘量多買些書而節衣縮食。他曾對友人說，一旦學校解聘，就可擺一書攤，不愁生活。錢穆秉性愛好大自然，遍遊近郊名勝，又曾四次遠遊。第一次與北大諸生結伴，暢遊濟南大明湖、曲阜孔林、泰山等名勝。第二次與清華師生結伴遊大同，觀雲崗石刻，西至綏遠、包頭。第三次，一人獨遊，至武漢，登黃鶴樓，參觀武漢大學。乘江輪至九江，遊廬山諸勝。湯用彤先生有宅在牯嶺，錢與湯先生共游。複乘江輪回無錫小住。第四次與清華師生，同遊開封、洛陽、西安三都古跡。歸途遊華山，由蒼龍嶺，抵一線天。曆登諸峰，華山險峻，為諸嶽之最，緬想韓昌黎遊此不能下山的故事。[13]

1937年抗日戰爭全面爆發。10月錢穆與湯用彤、賀麟三人同行南下，文學院在南嶽山腰聖經院舊址。錢穆居此地除遊山外，每逢星期天早晨下山到南嶽市，市內有一個圖書館，內藏有商務印書館新出版的四庫珍本初集。他專借宋明各家集，閱讀作筆記。其中關於「王

13　見錢穆：《八十憶雙親師友雜憶合刊》及嚴耕望：《錢穆賓四先生行誼述略》。嚴文見《錢穆紀念文集》。

荊公新政」諸條，後在宜良撰寫《國史大綱》擇要錄入。又讀王龍溪、羅念庵兩人集，對理學得失有所啟悟，並撰寫專文。這是後來他治理學的開始。

錢先生在南嶽山后居住時，開始是兩個人一屋。與錢穆同住者的家屬也來了，就住在附近，他回家住，錢穆實際上自住一屋，常常獨自挑燈苦讀到深夜。後來宿舍遷移，每四人一屋，吳宓、聞一多、沈有鼎三人與錢穆合住一屋。一天，馮友蘭來到錢穆處，把自己新寫的《新理學》書稿送給錢穆，請他先讀，加以批評，然後再交出版社出版。錢穆認為《新理學》只講理氣，而不談心性，有片面性，又認為中國無自己創造的宗教，但對鬼神有獨特的觀點，朱熹論鬼神也多有創見，希望馮友蘭加上鬼神一章，這樣使新理學與舊理學一貫相承。馮友蘭說可以考慮，並部分地採納了錢穆的意見。

在西南聯合大學期間，錢穆寫成《國史大綱》。此時昆明屢遭空襲，錢穆於1939年暑假攜書稿去香港交商務印書館付印。當時規定，書籍著作經政府審查後方可出版。審查分三類：一、審查通過即可出版；二、依照指示修改後才能出版；三、遵照指示修改後，須呈請再審。《國史大綱》屬於第三類。錢穆堅持己見，最後幾經周折終於1940年6月按原稿出版。全書前有引論，指出當前中國迫切需要寫一部新通史，而這種新通史應具備下列條件：「一者必能將我國家民族已往文化演進的真相明白示人，為一般有志認識中國已往政治、社會、文化思想種種演變者所必要之智識；二者應能在舊史統貫中映照出現中國種種複雜難解之問題，為一般有志革新現實者所必備之參考。前者在積極的求出國家民族永久生命之源泉，為全部歷史所由推

動之精神所寄；後者在消極的指出民族最近病痛之症候，為改進當前之方案所本。」[14]這可說是錢穆撰寫此書的主旨。

錢穆於是書指出，研究中國歷史的第一個任務，在於能在國家民族內部自身求得其獨特精神之所在。中國歷史的演進，其基本精神表現在學術思想文化演進上是和平與大同，協調與融化，與其他民族是不同的。錢穆痛切警告：國人懶於探尋國史真諦，而勇於依據他人之說，因而肆意破壞，輕言改革，則自食其惡果。他反覆強調中西文化演進不同，不能簡單地用西方歷史來套用中國歷史，肯定不同國家民族之間文化的特殊性、差異性，以及文化價值的相對性。

再看錢穆書中的取材佈局、用詞造句皆耗費了不少心血。有些讀史的人，不明白這部史書的佈局，何以詳於漢唐而略於遼金元清，詳於中國而略於外族？在取材上，何以詳於制度而略於人事，詳於文化而略於戰爭？在詞句上，何以不用太平天國而用洪楊之亂？因為遼、金、元、清是少數民族統治中國的時代，在歷史上稱之為亂世，漢唐是漢族治理中國的時代，在歷史上稱之為治世。如果治亂不分，內外不辨，日本侵略中國豈不是可以根據遼、金、元、清的故事，名正言順地擁有與統治我廣土眾民嗎？《國史大綱》中，以「春秋戰國民間自由學術之興起」、「西漢統一政府文治之演進」、「東漢士族之新地位」、「魏晉南北朝之門第（變相的封建勢力）」、「田制」、「兵制」、「宗教」、「唐代之政治機構與社會情態」、「北宋士大夫之自覺與變法運動」及「唐以下南北經濟文化之轉移」各章最為精彩。

14　參見錢穆：《國史大綱・引論》，北京：商務印書館，1994年版，上冊第8頁。

一般人講歷史，講的是《三國演義》式的歷史；錢穆講歷史，雖不動聽，但卻能深入問題的核心，由一個問題能延伸至一兩千年，由一點能擴大到全面。如田制，他能將西晉占田、北魏均田，到唐代的租庸調，由租庸調再到兩稅法，合成一個整體，每一個問題都能賦予一個新的生命，這一生命就是中國民族國家的生命。很多史學家對一些細微末節，很容易就輕易放過，而錢穆能留意到別人不曾留意到的地方，往往在平易處，體現出他的春秋筆法，表現出他的史學精神。[15]《國史大綱》一經出版發行，於是成為全國大學的教科書，風行全國，對學生積極抗戰、增強民族凝聚力起了很好的推動作用。

這時錢穆已應顧頡剛先生的邀請離開西南聯大，去成都齊魯大學國學研究所任教。他完成《國史大綱》後，開始學習英文，並達到通讀西洋通史原文及全書的程度。據錢穆新亞時期的高足余英時回憶，錢穆在錄取他時能熟練地閱讀他的英文答卷。所以，認為錢穆不懂英文的說法是不符合事實的。同時錢穆有意對《史記》地名進行通考，並專心撰寫《史記地名考》一書，該書體裁別出，辭簡義盡，篇幅不甚大，但將《史記》全書地名一一考訂無遺。如韓世家的一個地名，其地名實際在魏國，便移入魏地名考中。錢氏儘量錄用三家原注，再用今天地名附在其後，這三家注各取其所長，各補其所短。他用了一年的時間完成此書，加上《國史大綱》，兩年內完成兩部書，同時又與家人團聚，這是他生平最難得的兩年。

錢穆侍奉老母一年後於1940年重返後方，到成都齊魯大學任教。

15　參見何佑森：《錢賓四先生的學術》，《中國哲學思想論集》，臺北：牧童出版社，1978年版，第八冊，第69頁。

在此期間，遷至樂山的武漢大學請他去講學，在這裡他結識了文學院院長朱光潛。此時馬一浮的復性書院設在岷江對岸，也邀他講學。這時他開始編寫《清儒學案》，特請人代購了清代諸家，尤其是清代關學諸家的遺書。關於關學一部分最為詳備，其中《李二曲》一集，精讀勤思，根據其行事特撰一新年譜，二曲一生精神得以再現。錢氏自稱為開諸學案未有之先例，此文也是他最愜意的一篇。又有江西寧都七子，挑選其相互討論有關《中庸》未發已發一個問題，條貫敘述，也是最滿意的一篇。《清儒學案》全書四五十萬字，字字都是他親手抄寫。當時生活清苦，沒有找人另寫一副本。在抗戰勝利時，《清儒學案》書稿裝船返南京，落入長江之中，一番心血付諸東流。所慶倖的是書序已在四川省立圖書館《圖書季刊》上發表，後收入《中國學術思想史論叢》第八冊中。

《清儒學案》寫完後，他繼續寫成《中國文化史導論》並陸續刊載在《思想與時代》雜誌上。全書共分十個題目：一、中國文化之地理背景；二、國家凝成與民族融和；三、古代觀念與古代生活；四、古代學術與古代文字；五、文治政府之創建；六、社會主義與經濟政策；七、新民族與新宗教之再融和；八、文藝美術與個性伸展；九、宗教再澄清民族再融和與社會文化之再普及與再深入；十、東西接觸與文化更新。書中從中西比較出發，詳細論述了中國文化產生、發展、演變的歷程，揭示了中國文化內在的精神及其獨特的發展規律，可以說是《國史大綱》思想的發展。這是錢穆入蜀以來在思想與寫作方面的一個新轉變。

齊魯大學南遷時，借用華西大學一部分校舍。錢穆在齊魯大學授

課，也兼任華西大學的課。1943年齊魯國學研究所停辦，錢穆應華西大學文學院院長邀請去華西大學任教。這一年的秋天，與馮友蘭、蕭公權等應邀去重慶高級訓練班講學，並在重慶犯胃病。返回成都以後，病情加重，遵照醫生叮囑在家休養。在養病期間，他取來《朱子語類》最後有關討論宋代政治各卷，仔細閱讀，累了就閉目養神。過了一些日子，精神漸漸好轉，遂依次讀至最後，再往前翻讀，《朱子語類》全書一百三十卷，在樓廊上全部讀完。暑假他又移居灌縣靈岩山寺，向寺中方丈借閱《指月錄》全部，幾個月內，一連讀完《朱子語類》和《指月錄》兩部著作，對唐代禪宗最終轉歸宋明理學這一演變得到了比較深刻的認識。

抗戰勝利後，在昆明的北京大學學生要求北大復校，聘胡適為校長。當時胡適在美國，校務由傅斯年暫時代理。舊的北大同仁不在昆明的，均已收到信函邀請返回北京，錢穆沒有得到邀請。上海各高校爭欲聘他，他感到時局動盪，欲擇一安靜去處，排除紛擾，閉門著書立說。在此期間，曾被邀請去常熟作講演，錢子泉、錢鍾書父子也被邀，同住在一個旅館中。後應邀去昆明五華書院。1946年秋，他前往昆明五華書院，在五華書院講學時又兼任雲南大學課務。他在五華書院講學以中國思想史為主，在省立圖書館翻閱了大量關於宋、元、明三朝諸禪師的著作，以及金、元兩代的新道教的書籍。他自惜當時只寫過一些小文，而沒有撰寫出這方面的著作，但這一時期，連同早些時候在成都養病期間所積累的有關宋明理學方面的資料，為後來在港臺期間撰寫《宋明理學概述》和《朱子新學案》打下了基礎。

1948年，錢穆應聘開始在無錫江南大學任教，時唐君毅先生也在

校，為兩位先生論交之始。校舍新建，在縣西門外太湖之濱的坡上，風景極佳。錢氏常雇小舟，蕩漾湖中，悠閒無極，寫成《湖上閑思錄》一書。是時又撰成《莊子纂箋》一書，實為近代莊子研究突出著作。

1949年春假，錢穆與江南大學同事唐君毅應廣州私立華僑大學聘請，由上海同赴廣州。錢、唐二人曾去廣州郊外看望當時居住在黃艮庸家中的熊十力先生。錢穆後由廣州去香港，結束了他在大陸幾十年的教書與研究生涯，開始了人生的又一次重大轉變。

縱觀錢穆這一時期的思想發展，可以說是承繼清末學人的部分傳統，為尋求新的歷史答案而獨闢路徑的時期。他深信中國文化和歷史自有其獨特的精神，並從客觀具體的歷史研究中去發掘這一精神。

他的傳世之作主要成於這一時期。民族憂患激勵他專心研究學術，並把學術與當世結合起來，特別與中國的興亡結合起來。

他的主要學術著作是針對當時學術界共同關心的問題而發的。他的答案則建立在精密的考據基礎上。錢先生《劉向歆父子年譜》解決了章太炎、劉師培想解決而未能解決的問題，打破了康有為《新學偽經考》對學術界的支配，平息了今古文之爭，實際上也批評了動輒懷疑中國文化傳統的錯謬。章炳麟、梁啟超提倡先秦諸子之學，風靡一時。胡適在美國用英文寫《先秦名學史》也是受章炳麟、梁啟超的啟發。但其中一些具體問題尚未解決，就其整體而論，諸子的先後淵源與系統，以及戰國史的轉變關鍵，也都不太清楚。錢先生《先秦諸子系年》一書，以史證子，上從春秋末孔子出生，下至戰國末李斯卒，

貫穿了先秦諸子學術思想淵源和流變，顯露了三百年來學術變遷的真相，也為戰國史研究開出新路，在考據學方面的貢獻是很大的。而抗戰前夕出版的《中國近三百年學術史》以明末遺老精神自勵，服務於民族抗戰的事業。此書觀點也多有獨到之處，錢先生一反過去清學與宋學截然對立的舊說，認為清學淵源於宋學，著重敘述了明末清初以來學者的學術思想體系，突出了他們對天下治亂的觀點，並以此為基本線索和內容來闡明近三百年學術思想的演變。至於那些反宋學鑽故紙堆的讀書人只不過是清廷高壓政策的結果。抗戰期間出版的《國史大綱》不僅從理論上全面闡述了中國不亡的原因，同時也指出中國歷史的獨特精神。錢穆認為講歷史必須將我國民族以往文化演進的真相告訴人們，並從過去歷史統貫反映出今日中國問題之所在，目的在為求出國家民族永久生命的源泉，為改進當前治國的方案的依據。如在該書中一節有《論春秋戰國大勢》云：「文化先進諸國逐次結合，而被文化後進諸國逐次征服，同時文化後進諸國雖逐次征服先進諸國，而亦逐次為先進諸國所同化。」如商滅夏、周滅商、北魏南侵、遼金侵宋，清滅明，大都是後進的小邦從軍事上征服了先進的大邦，而後進的卻被先進的從文化上同化，中國的歷史就是這樣逐漸擴大，最終形成了中華民族疆域大一統文化大一統的土廣人眾的偉大國家。

由此可見，我們華夏民族文化悠久先進，具有強大生命力。錢先生這一論著，對抗日戰爭時期的軍民是一個巨大的鼓舞，使他們相信中國是不會被征服，不會滅亡的。

1.3　創辦新亞　獻身中華

　　1950年，錢穆等人在香港創辦新亞書院，並任院長。書院的宗旨是：「上溯宋明書院講學精神，並旁採西歐導師制度，以人文主義教育為宗旨，溝通世界東西文化。」書院教育是以人物為中心的，現代教育是以課程為中心的。新亞是以各門課程來完成人物中心，以人物中心來傳授各門課程。

　　新亞書院是在亞洲文商夜校的基礎上改建的，改建後由原校址遷到桂林街。桂林街是在九龍貧民區中新闢的一條街，一排都是四層樓，學校占其單位中的三、四兩層，每單位每層約三百尺。三樓二單位中，一單位是學生宿舍，另一單位各間隔成前後兩間。前屋兩間向南，各有一個陽臺，張丕介、唐君毅夫婦分住。後屋兩間，一間為錢穆居住，另一間是辦公室，並兼錢穆與張丕介、唐君毅兩家的廚房。四樓三單位隔成兩大兩小四間教室，其他教師住在校外。起初只租幾間房，白天作教室辦公，晚上當宿舍，還是不夠住，於是陽臺、走廊樓梯上都睡滿了學生，上下樓都無法通行。書院的學生多半是大陸來港的青年，全校學生總計約一百人。學費收入僅僅得百分之二十，而教師課務很繁重，規定按鐘點拿錢，教一小時課只得報酬二十元港幣。新亞書院初辦條件的艱苦是可想而知的了。不過當時新亞書院的教授大多是內地去香港的各界知名人士，而且多半是錢先生學術界的故舊好友，有的為支持錢辦學竟表示授課不要報酬，如張維翰對錢說：「君艱苦創學校，恨無力相助，願義務任教國文一課，以表同情。」還有梁寒操、衛挺生等諸先生也都表示竭力相助。

新亞的辦學宗旨在鼓舞著錢穆和他的同仁們。當時，許多大陸人流亡到香港，就像在大海上四處漂泊，前途渺茫，失去了精神依託。在這種情況下，在這塊英國的殖民地上，錢先生創辦新亞書院，的確為內地來的師生提供了一個學習與工作的場所。但是錢先生辦學的目的絕不僅於此。據錢先生後來編的《新亞遺鐸》一書中記載，當時他費盡千辛萬苦，創辦新亞書院的目的大概有以下幾點：

　　首先，要培養一種既有豐富知識，又懂得如何做人，堂堂正正的中國人，符合這雙重標準的才算是一個完整的人。要求學生在尋求科學知識的同時，完成自己人格的修養，每個人應該憑著自己豐富的知識和高尚的人格精神去為國家民族作貢獻。

　　其次，要求每一個中國青年必須重新認識自己民族的歷史和文化，多多了解自己的文化，因為這關係中國民族的前途和命運。而中國民族的前途和命運，也就是我們每一個人的前途和命運，必要時應去為自己的民族而獻身，切莫為個人的自私和短見而忽略了這一大使命。

　　第三，認為中國要現代化，我們必須在發揚中國傳統文化的同時向西方學習，學習西方的科學技術和民主精神，溝通中西文化，使中國文化成為世界文化的一部分，被世界人民尊重。

　　新亞規定了目標，並鼓勵學生為之奮鬥，提出「生命奮鬥，就愈有價值，無奮鬥的生命，終將會枯萎」。新亞的校訓是「誠明」二字，取自《中庸》：「自誠明，謂之性，自明誠，謂之教。誠則明矣，明則誠矣。」錢先生親自寫的新亞校歌曰：「山岩岩，海深深，地

博厚，天高明，人之尊，心之靈，廣大出胸襟，悠久見生成。珍重珍重，這是我新亞精神。十萬里上下四方，俯仰錦繡；五千載今來古往，一片光明。五萬萬神明子孫。東海西海南海北海有聖人。珍重珍重，這是我新亞精神。手空空，無一物；路遙遙，無止境。亂離中，流浪裡，餓我體膚勞我筋。艱險我奮進，困乏我多情。千斤擔子兩肩挑，趁青春，結隊向前行。珍重珍重，這是我新亞精神。」這支歌被譜成曲，廣大師生，結隊高歌，鼓舞志氣，激勵精神。

在極其艱難困苦的條件下，錢、唐諸先生嘔心瀝血，創辦新亞。由於錢穆及其同仁的辛勤耕耘，他們創辦新亞的理想，經過數年的艱辛，終於結出了碩果，培養了一批高品質的人才，引起了香港各方面的關注，獲得了各方面的同情和尊敬，新亞逐步得到國際承認與支持。1953年新亞書院得到美國雅禮董事會的贊助，即每年助款二萬五千美元。此時錢先生坦率相告，即使獲得資助，也不能改變新亞的辦學宗旨，不能把新亞變成一所教會學校，雅禮表示絕不干預校政。旋即在嘉林邊道租一新校舍，比桂林街舊校舍要大，學生分別於嘉林邊道與桂林街兩處上課。不久又有美國福特基金會捐款，後來在哈佛燕京社的資助下，興辦新亞研究所。新亞研究所先不經考試，只由面談，即許參加，或者暫留一年或兩年即離去，或者可長期留在所裡，從獲得哈佛燕京社協議款項起，才正式招生。研究所招生不限於新亞畢業生，其他大學畢業生均可報名應考。又聘請香港大學劉百閔、羅香林、饒宗頤為所外考試委員，請香港教育司派人監考，錄取後修業兩年，仍須所外考試委員閱卷口試，才能畢業。

新亞書院得到雅禮、哈佛燕京社等方面的資助，一時困難得到解

決。為了表彰錢先生的貢獻，港督在香港大學1955年畢業生典禮上，授予錢穆名譽博士學位。不到一年，錢先生與新亞畢業的學生胡美琦女士結婚。

1960年，錢穆出國講學，先後在美國的耶魯大學、哈佛大學講課和講演。在耶魯大學講課結束時被授予該校名譽博士學位。後又去哥倫比亞大學為「丁龍講座」作演講。在美國停留七個月後，他應邀去英國訪問，參觀了牛津、劍橋。從英國到法國、義大利，最後回到香港。在出國講學期間，錢穆向西方廣泛地介紹了中國傳統文化，對西方了解中國、增進相互間的友好往來起了積極作用。

錢穆在香港期間除了擔任院長職務，處理浩繁的校務工作之外，還承擔了許多課程，在新亞書院多次開辦文化講座，組織學術討論會並經常去臺灣發表演講。如在臺北師範學院等學校以「文化學大義」為題系統講演四次，演講內容後經整理由正中書局出版。又在臺灣國防部政治部以「中國歷史精神」為題作七次演講，演講內容後在臺灣出版。這兩次演講通過對中國五千年歷史文化傳統的回顧，顯示出他對國家民族前途充滿了信心。他又在各學校發表關於人生方面的演說，後收入《人生十論》一書中。他又以「中國歷代政治得失」為題發表演講，分漢、唐、宋、明、清五代，略述各項制度，來證明中國歷史自秦漢以下（除清代外）並非專制。錢先生的這些學術講演不僅傳播弘揚了中國文化，而且增強了國人對國家民族未來的自信心。

在香港期間，他還不斷完善、修補以前在大陸已經出版的著作，同時也撰寫新著，如《中國思想史》、《宋明理學概述》、《莊子纂箋》

等。

　　《中國思想史》是一本簡明扼要的中國學術思想書籍，每一時期各提及主要的幾個思想家，提出他們主要的思想理論，其餘都略而不論。錢穆也自認為這本書只提供中國思想史裡幾個主要專案，並非是中國思想史的全貌。由於本書的簡明概括，濃縮幾千年中國思想史於幾十萬字中，不得不將各思想家的生卒年代、師友淵源、生活出處及時代背景都省略去，甚至如先秦諸子及其所寫的著作先後次序，也一概不加涉及。各思想家的內在完整的精義只以簡括透闢的字句扼要約略地指出，至於該思想家整個詳盡闡發的言論體系，則留待讀者繼續研讀追尋。尤其是作者以中國治學方法撰寫此書，從古至今，脈絡貫通，與其他有關這方面書相比更有中國味。讀《中國思想史》應與《宋明理學概述》、《中國近三百年學術史》、《國學概論》、《國史大綱》先後配合看，才能窺出錢穆對於中國思想史淵源演變發展的看法。

　　《宋明理學概述》是錢穆研究理學的力作。要研究宋明理學家的思想，全祖望續補的《宋元學案》及黃宗羲的《明儒學案》為兩大必備專書。兩學案均一一剖析各家學說的依據與要旨，但也都屬於大部頭的書籍，敘述又均限於一定形式，非有至大耐性，否則不易終卷。錢穆浸淫宋明理學前後達幾十年，而成此書，雖多取材於上兩部學案，但其取捨剪裁別具用心，排比詳略，自成系統。此書以各家思想體系為重，這有別於以材料為主的兩部學案，立意不同，做法自有差別。該書與此兩部學案不同之處，最主要在無門戶派別之見，於理學家的主張，力求客觀敘述，還其本來面目，以使其各顯特殊精彩，而

不作興門戶黨伐，一反前人治理學的風氣與窠臼。

《莊子纂箋》是錢穆研究莊學的佳作。他搜集材料，總共廣集古今莊注一百五十二家，去蕪存精，鉤校箋注，使人讀《莊子》一索得解。箋注實非易事，有時甚至難於著作。考據、義理、辭章三方面都完備的箋注很難看到，而錢穆這本《莊子纂箋》概括上述三方面內容，的確是很難得的一本書。他追慕朱熹注四書的規範，指出清學對於《莊子》一書貢獻很小，遠不如魏晉宋明時期。如今，錢穆既精於辭章，又善於考據，通於義理，三者兼顧，精粗並獲，已在清儒之上。他還出版了《莊老通辨》、《兩漢經學今古文平議》兩部著作。其中1954年寫的《孔子與春秋》最有卓識。他指出古代有官學百家之分別，孔子為百家之首，開啟漢儒通經致用之學。公羊春秋是西漢所立新官學的首腦。錢穆的這種說法比章學誠的「六經皆史」之論更進一層。此文將孔子與漢儒經學在兩漢歷史上地位與影響，以及漢以來的政治學術演變都闡述得明明白白，可謂傑作。

當時的港英政府早有意在其原有的香港大學之外，另建立一所大學—香港中文大學。1963年選定崇基、聯合與新亞三校為其基本學院，此後其他私立學院，凡是辦得有成績的，均得陸續加入。崇基是一個教會學院，經濟上由美國各教會支持，創辦於新亞之後。聯合書院由亞洲基金會出資，集合其他私立學院所組成。新亞、崇基和聯合三校都得到美國方面的支援，港府自感不安，乃有創辦一所新大學的動議。港府派人為創建新大學的事，與三校磋商，當然也直接與錢穆商談此事，而且校長也物色好了。新亞書院決定參加大學，錢穆去意也早定。新亞加入中文大學後，學生畢業資格獲得承認，教師們的生

活待遇也得到改善，但新亞初創的精神，辦學的宗旨卻在大學制度下漸漸消失，而且新亞的獨立性也受到限制。由此錢穆在大學成立半年後，徵得董事會的同意，辭去了新亞書院院長的職務。自創辦新亞書院十五年來，錢穆在極艱苦極困難的條件下慢慢使新亞不斷發展壯大，逐步得到社會和國際學術界的承認與尊重。在結束這最忙碌的十五年離開新亞時，錢穆萬分感慨。後來，他在臺灣出版的《新亞遺鐸》一書全面詳實地記錄了新亞創辦的歷史。可以說，新亞精神就是中國文化精神，就是錢先生所追求的精神。

1967年，錢穆辭去新亞書院職務後，離開香港，定居臺北，開始他晚年的生活。在此期間，他除兼任公職外，或外出講學，或從事辛勤的筆耕事業，整理完善自己以前出版的著作並重新再版，同時也撰寫一些新著，繼續為闡揚中國文化而獻身。

這一時期，錢穆去馬來西亞大學講學。除了規定課程之外，他日夜專讀《朱子語類》，這是他在成都華西壩病中通讀全書後的第二次，兩次相隔二十年。定居臺北後，他先住在金山街，翌年七月遷至雙溪，開始撰寫《朱子新學案》一書。此書得到哈佛資助。他先後用六年時間完成此書，寫了《朱子學提綱》冠之於書首，使讀者在讀這部巨著時能先了解一下其概要。

《朱子新學案》是一部論述朱熹思想與學術的專著。作者的研究不僅僅侷限於朱熹本人，而且把朱熹放在整個中國思想史上考察，突出了朱熹在中國思想史後半期的重要歷史地位，同時連帶地解決了朱子卒後七百多年來學術思想史上爭論不休、疑而不決的一些重要問

題。如在思想上、哲學上的理氣論與心性論，是一大問題。錢穆用理氣一體渾成的道理解決了學者對理氣二元或一元的爭論，也用心性一體兩分的道理，打破了思想界程朱與陸王的門戶之見。在學術上，他再現了朱熹作為百科全書式人物的形象。在治學方法上，義理與考據孰重孰輕，也是學界爭論的一個焦點。他用「考據正所以發明義理，而義理亦必證之考據」的方法解決了學者治學方法上出現的偏頗。《學案》是他研究理學方面的重要著作。

錢穆完成《朱子新學案》一書以後，應邀在臺灣文化學院歷史系研究所任教，每週兩小時。學生來雙溪他的住處客廳中上課。又應臺灣故宮博物院的邀請，被特聘為研究員。臺灣故宮博物院為錢穆開闢了一個研究室。他在此讀了《四庫全書》中宋、元、明三朝理學諸集，選擇十餘人，各撰專篇論文。他又在文化學院講課的基礎上寫成《中國史學名著》、《雙溪獨語》等書。

有一年，孔子學會邀請錢穆寫《孔子》、《孟子》兩傳。由於他早年曾有《論語要略》、《孟子要略》，並因此引申推廣為《先秦諸子系年》，後又有《論語新解》，本想婉言謝絕，但又推託不掉，於是先寫《孔子傳》，也還覺有新的收穫。不料交稿後卻受到孔孟學會評議會的指責，指出稿中某些條款應修改。錢穆認為這是學術著作，不比政治行事，須遵會議決定，學術著作只須作者本人負責。他自認此稿也曾是「字字斟酌，語語謹審，經數十年之私見，但亦有據有證，非另創新說，豈得聽評議桌上一二人語，遽毀生平？」[16]此書後來幾

16　錢穆：《八十憶雙親‧師友雜憶》，長沙：嶽麓書社，1986年，第312頁。

經周折，終於發表。錢先生回憶在他生平著作中，有《先秦諸子系年》一書，顧頡剛曾送清華大學，由於其出版叢書委員會中有人指出體裁不當，令改撰，錢遂轉送商務印書館出版。又有《國史大綱》一書，經當時政府出版委員會審查，指令修改書中某些章節，經多次爭執，終於仍依照原稿出版。此次《孔子傳》一書付印的周折，是他平生著書的第三次。這說明錢對待自己學術思想是認真而嚴肅的，凡是經過自己考證和深思熟慮的見解是不會輕易改變的。他絕不屈從於政治上或其他方面的壓力，維護了自己的學術尊嚴。

錢穆在撰寫《朱子新學案》時曾隨手選抄朱子詩，後又讀邵雍、陳獻章、王陽明、高景逸、陸桴亭等人的詩，後編成《理學六家詩抄》一書。在宋、元、明、清四代理學家中，他愛誦的詩尚不少，但以此六家為主。他認為理學家主要關懷人生，而吟詩是人生中一個主要項目。他愛吟詩，但不能寫詩。他覺得吟他人詩，若與自己的意境相吻合，如出自己肺腑。他說，在閒暇之餘能寫一部《理學詩抄》，也是非常快樂的事。

他在臺灣期間，努力編《中國學術思想史論叢》，共八冊。第一冊是上古，第二冊是先秦，第三冊是兩漢魏晉南北朝，第四冊是隋唐五代，第五冊是兩宋，第六、七、八冊是元明清三代。這部叢書彙集他一生散見於各處的論文，是他六十年來主要學術論文的匯總。每集每編所收諸篇，他都親自閱讀，小作改訂，大體保持論文的原貌，所花費精力很大。編至明代部分，他的眼睛患病，排印後已不能親自校對，清代一編則不能逐篇親自閱讀。他關於學術思想方面論著匯為專集的還有《莊老通辨》、《兩漢經學今古文平議》、《靈魂與心》、《中

國學術通義》等書。其他關於中國文化方面的，除《文化學大義》外，還有《中華文化十二講》、《中國文化精神》、《民族與文化》、《中國文化叢談》、《世界局勢與中國文化》、《歷史與文化論叢》等。關於文學方面的有《中國文學講演集》等。

錢穆居住雙溪時，曾先後兩次去往日本、韓國。初次韓國之行，選擇李退溪、李栗谷、宋尤庵、韓南塘四家全集，回臺灣後精心研究，寫成《朱子學流衍韓國考》一文，後收入《中國學術思想史論叢》第七冊中。1967年至1970年間，他先後幾次應邀去香港作講演。錢穆80歲時，在夫人陪同下外出南遊，在此期間寫成《八十憶雙親》一文，文中深切緬懷父母養育、教誨之恩，以及兄長扶持、幫帶之情，透露出對大陸三子兩女的深深眷懷與思念。他寫完《八十憶雙親》一文後，又寫《師友雜憶》一書。書中對他早年苦學，後著書立說，以及師友交往、著作旨趣等做了比較全面的描寫。此書不僅是他人生道路的總結，也是現代中國學術史珍貴的史料。

錢穆八十三歲那年冬天胃病發作，八十四歲時雙眼因患黃斑變性症眼病，已不識人，不見字。這時新亞書院院長金耀基先生邀請他去香港中文大學為新亞創辦學術講座作講演。第二年是新亞創校三十周年紀念，他又一次去香港，遇見了舊識耶魯大學歷史系前主任盧定教授。盧是當年首先主張給予新亞資助的人，兩人相見感慨不已。錢先生在新亞講演的總題為《從中國歷史來看中國民族性及中國文化》，這實際上是他數十年學術的總結。這次演講共分六講，後依據錄音改寫成書出版。

錢先生晚年由於眼睛患病，看不見字，不能看書、讀報，只有每天早晚聽電視新聞。他不能辨認人的面貌，待人會客很困難，於是謝絕拜訪，閉門在家，但仍不忘為弘揚中國文化獻身。他開始撰寫他最後一部巨著《晚學盲言》。他在書序中描述了寫此書的艱難情景：「一則不能引據古典原文，二則寫下一字後又不識上一字，遇有誤筆，不能改正。」[17]他每寫一個問題都請夫人查閱舊籍，引述成語。初寫時，一小時只能寫一千字，一小時修改一千字也不易。稿子寫成以後，請夫人讀給他聽，並逐字逐句加以增修，克服種種困難，終於在九十二歲生日後的第一百天寫完此書。本書共分九十篇，包括三大部分：一為宇宙天地自然部分，二為政治社會人文部分，三為德性行為修養部分。雖然書中每一篇各有其獨立性，但宗旨是一個，就是討論中西方文化的異同。通過比較中西方文化異同，比較全面地再現了中國傳統文化的精神與獨到之處，反映了他對中國文化前途充滿自信的喜悅心情。此書可以說是他幾十年從事中西比較文化研究的總結。

錢穆晚年居臺北雙溪，除著書立說外，燕居在素書樓家中盤桓賞花，也頗得其樂。可惜居二十五年，因政界爭鬥，累及無辜，素書樓竟然被臺北市議會部分議員抨擊為「非法興建」，要收回。後錢先生被迫遷居，離開了這一家園。對一位九十多歲的老人，一位畢生獻身於中國文化事業的受人尊敬的一代大師，採取這樣的舉動，實在是不可理解，也不可原諒。而且此事正發生在自稱「復興中華文化」的臺灣，更令人感慨。錢先生暮年受辱，其心情是可想而知的。[18]不

17　錢穆：《晚學盲言》序，臺北：東大圖書有限公司，1967年版。
18　錢穆去世後，臺北市決定將素書樓整建為錢穆紀念館，供人們參觀。

過，錢先生晚年也有一些值得安慰的事，那就是先後幾次有機會與大陸親人見面。

1980年夏，錢穆在夫人的陪同下到香港與闊別三十二年之久的、在大陸的三子一女相見。前後僅七日，即匆匆別去。翌年又見到長女和長侄錢偉長。他在回憶錄中這樣寫道：「余以窮書生，初意在鄉裡間得衣食溫飽，家人和樂團聚，亦於願足矣。乃不料並此亦難得。繼今餘年無多，不知何年再得與其他未相見者一面。」[19]1984年，錢穆九十歲，夏天，他在大陸的子女去香港為他祝壽，參加新亞書院舉行的壽慶活動。與家人團聚，是他夢寐以求的。這一次在新亞校園，錢先生與夫人得以與二子、二女、一孫兒、一孫女團聚了一個月，享受天倫之樂。他還夢想著與大陸的親人再次相見，很想回大陸一看，回無錫老家祭奠祖先、父母，憑弔師友的亡靈，追尋童年、少年讀書以及在鄉間教書的往事。遺憾的是他的這一願望未能實現。錢穆，這位為弘揚中國文化奮鬥終生的最後一位國學大師，於1990年8月30日晨在臺北寓所走完了自己生命的最後一刻。他沒有去西方基督教所幻想的天國，也沒有到佛教中所希望的涅槃的彼岸世界，而是魂歸於祖國母親溫暖的沃土中。

19　錢穆：《八十憶雙親師友雜憶合刊》，第327頁。

1.4　一代宗師　偉大人格

余英時先生說：熟知或與錢穆共事的人都談及他是一位感情十分豐富而又深厚的人。他給人的第一印象，是個子不高，但神定氣足，尤其是雙目炯炯，好像把你的心都照亮了。同時，他是一位十分嚴肅、不苟言笑的人。跟他打成一片以後，就會發現，他是一個感情十分豐富而情誼渾厚的人。他與學生交談時偶爾幽默一下也是有的，但是他的尊嚴永遠是在那裡的，使你不可能有一刻忘記。這絕不是老師的架子，絕不是知識份子的傲慢，更不是世俗的矜持，他一切都是自然而然的，這是經過人文教養浸潤以後的那種自然。這也許是中國傳統所謂的「道尊」，或現代西方人所說的「人格尊嚴」。錢先生從來不善於嘩眾取寵，對於世俗之名利也毫無興趣，更不知道什麼叫做塑造社會形象或擴大知名度。因此他不會在和人初次相識時便有意要留下深刻的印象。他尤其不肯面對青年人說過分稱譽的話。總之，他是一個感情豐富、情誼渾厚，而又有尊嚴、樸實無華的人。[20]

錢先生不僅善於讀書、著述，也是一個很善於安排工作和生活的人。他在新亞書院任院長時，新亞條件很苦，他除了每天應付繁忙的行政事務外，還要著書與教學，可當時學生從來不覺得他是個忙人。在處理繁瑣的工作時，他總是不緊不慢，從容有度，顯示出一種敬業與樂業的精神。工作對他而言是一種生活。工作之餘，他的興趣很廣泛。他喜歡種盆景、下圍棋，對京劇更有特殊的愛好。書院在錢先生的鼓勵下，在初期曾組織了一個京劇團，差不多每年都有演出。由於

20　參見余英時：《猶記風吹水上鱗》，臺北：三民書局，1991年初版，第4—7頁。

善攝生的緣故，他身體一向很好。1954年以前雖常有胃病發作，但以後就痊癒了。他生活勤儉、清淡，在飲食上也很節制，無論吃什麼，總是津津有味。他喜歡郊遊和散步，步履之健，不讓後生。他有時因沒有工夫到室外散步，就喜歡在室內踱來踱去。清晨起床後，做眼操，打太極拳。

錢先生有時也要遷就現實，那是在理想還有實現的可能時，一旦理想成為泡影，他便不惜決裂，重回到自己的現實中找生活。無論做什麼事，他都能拿得起放得下，灑脫自在，不為物所累，不為名所限，心境永遠是平和寧靜的。

他是一個地道的中國人，是個有著極強的國家民族意識和歷史文化責任感的人。他一生做學問的旨趣與中國現代的社會憂患緊密地聯繫在一起。

當他還是孩子的時候，就常聽人說，中國要亡了，的確，當時的中國積貧積弱，外國侵略者強迫中國簽訂了許多不平等條約，民族危機深重，中國要被瓜分了。他聽到這些話，就感覺到當前最大的問題，是要解答我們國家究竟有沒有前途，我們的民族還有沒有將來。他認為這個問題不解決，其他問題都不值得我們思考，於是他開始閱讀和研究歷史。經過長期深入地鑽研中國歷史，他認識到中國不會滅亡，而且還有偉大光明的前途。這一判斷固然挾著愛國家、愛民族的情感成分，然而並不是純情感的，而是經過長期理智的思考而確實有客觀依據的。這依據就是中國以往的歷史。這裡可從錢先生《中國文化傳統中之史學》一文的觀點來看，他把歷史比作水流。溝澮之水，

易滿也易幹，而長江大河，蜿蜒千里，永不枯竭。沒有上流之浩遠，哪有下游之深廣。人類歷史文化也是這樣，我們不能只向前不顧後，不看文化的源頭，一味求變求新求快，這會使本源易竭，下游易涸。只有中國是一個源遠流長、積厚流光的偉大民族，因為中國人一向重視歷史，把中國的過去、現在和將來，本末前後作為一個整體來考慮，認為有什麼樣的過去，才會有什麼樣的將來。可是近百年來，由於列強的侵略，中國被迫簽訂了許多喪權辱國的不平等條約，有人就認為中國落後了，就要把自己過去五千年歷史看成包袱，恨不得一下子把它都扔掉，結果幾十年反傳統造成了歷史的悲劇。錢先生認為中國歷史厚重悠久，舉世無雙。三千年前的《西周書》，創於周公；兩千五百年前的《春秋》，作於孔子。這是中國人共同的歷史，共同的文化淵源。所以在中國人心目中，都抱有一種深厚的歷史情感，對周公孔子無不共同敬仰，這就形成了一種民族的凝聚力，這或許就是中國不會亡的根據之一。

又如在中國傳統文化中，早就有一種歷史人生不朽觀，遠在孔子之前，魯國的叔孫豹就已提出立德、立功、立言的「三不朽」的人生觀，認為人活著時為社會創功立業，或創立了一套思想理論，當這個人的肉體消失以後，他的功德和思想仍然在影響著後人。這個人並沒有死，而是作為歷史的精神力量繼續存在，而且數千年來成為中國傳統文化主要的精神命脈。可以說，歷史的生命是一種不朽的民族精神。這也許是錢先生「中國不會亡」的又一個依據。

錢先生講中國歷史時，常帶著很強的道德意識，這就被一些人誤解。他們以為錢穆有這種強烈的愛國熱情，則他的史學必然是一廂情

願，缺乏客觀性。其實不然。眾所周知，學醫是為了治病，但一個有治病意願的醫生，他對醫學的研究不可能沒有針對性，若是缺乏責任心，或醫德差的醫生，那麼他研究出的醫學一定不實用。道德和知識是兩個不同的領域，道德所涉及的是主體，知識所涉及的是客觀事實，但歷史與自然科學不同，不完全由客觀事實而定，因為歷史包括人的主觀因素。而且，歷史不僅是一個理論知識問題，同時也是一個道德實踐問題。

　　錢先生認為，知識和權力都是生命所使用的工具，而非生命本身，只有人的道德精神，才是人的真生命，也才是歷史文化的真生命。那麼什麼是道德精神呢？錢先生在《論春秋時代人之道德精神》一文中說：「人之投入於人世間，而具有種種敏感，人己之情，息息相關，遇有衝突齟齬，而能人我兼顧，主客並照，不偏傾一邊，不走向極端，斟酌調和，縱不能於事上有一恰好安頓，而於自己心上，則務求一恰好安頓，惟此項安頓，論其歸趨，則往往達至於自我犧牲之一途。此種精神，我無以名之，則名之曰道德精神。」錢先生認為，只有這種道德精神，才能人我兼顧，主客並照，必要時，即使犧牲自我，也心安理得。文中他列舉了春秋時代許多義士，為了國家前途，而作出的自我犧牲。因此，他宣導，要了解歷史文化，也必須通過道德精神去了解。

　　一個對中國興亡漠不關心的外國漢學家，可以拿中國的史料來作無關痛癢的純客觀研究。錢先生卻認為，我們所研究的歷史是我們能感到切膚之痛的歷史。歷史知識是隨時代而變的，它應與時代的種種問題聯繫起來，以求鑒古知今，對現在有一番真實的改進。必須有熱

愛中華民族的偉大心靈，才能感受到中華民族現代所遭遇的問題，因而才能產生對中華民族有改進作用的歷史知識。錢先生是地道的中國人，他的心靈是熱愛中華民族的心靈，他幾十年如一日從事中國歷史文化研究，這種道德精神的力量使他不知疲倦地工作著。

他曾在《宋明理學概述》自序中說：「數十年孤陋窮餓，於古今學術略有所窺，其得力最深者，莫如宋明儒。雖居鄉僻，未嘗敢一日廢學。雖經亂離困厄，未嘗敢一日頹其志。雖或名利當前，未嘗敢動其心。雖或毀譽橫生，未嘗敢餒其氣。雖學不足以自成立，未嘗或忘先儒之矩矱，時切其向慕。雖垂老無以自靖獻，未嘗不於國家民族世道人心，自任以匹夫之有其責。」這裡充分體現了他為弘揚中國文化，傾注了他畢生的心血與溫情，而且是終生不渝，堪稱一個愛國知識份子的楷模！因而他著作和講演中的話震動了讀者和聽者的靈魂，使人們在知識之上，還接觸到一個偉大人格，一顆熱愛中華民族歷史文化的心靈。

抗日戰爭時，在成都華西壩一個歡迎馮友蘭先生的會上，錢先生叫大家一定要做一個中國人，而且要為中國人爭一口氣。新亞書院的創辦，也無非是希望喚醒中國人來共同爭這口氣。新亞書院校舍地基，埋葬著一個鐵函，裡面除了有當時新亞師生的簽名外，還有錢穆的《國史大綱》，取意是仿效宋末鄭所南的《鐵函心史》。在臺灣定居以後，他同時在著作和演講中繼續號召大家做中國的學問，首先要做中國人，即使不識字，也應做一個堂堂正正的中國人。凡此都看出錢穆是一個有強烈的國家民族意識和歷史文化責任感的地道的中國人。正如錢先生的哲嗣錢遜教授在紀念其父的文章中寫道：

繼先聖堂堂正正做中國人，

啟後學切切偲偲為孺子師。

這也許就是錢穆人格的真實寫照吧。

正因為他有強烈的歷史責任感，他把自己的畢生精力都傾注於中國歷史文化的研究中，深入到經、史、子、集各個知識領域，並成為無與倫比的通儒。他有匡時救世的熱忱，又有綜貫百家的能力，斷之於心，筆之於書。他以中國文化的興衰為己任，在多達千萬字的著述中，集中弘揚我們民族的精華文化。在學術上，由於有堅實的學問功夫和深厚的基礎，他敢於反對潮流和陳說，提出石破天驚的見解和觀點。他破除了經、史、子、集分割的看法，破除了考據、義理、辭章裂解的做法，破除了今文經學與古文經學、漢學與宋學的長期爭論與對立，破除了程朱理學與陸王心學的門戶之見，破除了宇宙觀與人生論的分離，直接中國文化的大本大源，把國學提到前所未有的水準。他深信中國歷史文化必然會「據舊開新」，必然會挺立在東方，為世界作出新的貢獻！

如今錢先生雖然與世長辭了，但他為中華民族文化的重建做出的巨大的努力，給後人留下了豐富的精神遺產。他的文化生命和學術生命並沒有隨著他生命的終結而結束，而是融會在哺育和培養他的中華民族文化和學術的大生命之中。他不僅為中華民族文化和學術的大生命輸送了新鮮的血液，而且也為後輩學人提供了豐富的文化營養。正是無數像錢先生這樣為中華文化崛起而奮鬥的小生命，彙聚成中國文化和學術的大生命，使它五千年一貫而下，長久不衰。他們才是中國

的脊樑，也正是這種脊樑支撐著中國民族文化的大廈，使之在無數的狂風暴雨中沒有坍塌，而屹立在世界的東方。當然，中國文化的大廈重建不僅是歷史的，更重要的是當代，因此重建本身不是一勞永逸的，而是一個無止境的過程。當中華民族文化的大廈經過無數後輩建設得越來越美好，聳立於世界民族之林的時候，錢穆先生地下有知，也該含笑九泉了。

第二章

中國民族性與中國文化精神

錢賓四先生的所有著作都圍繞著一個中心而展開，這個中心（或重心）就是中華民族文化的特殊性或個性，就是中華民族獨特的精神。錢先生認為，只有從歷史出發，才能揭示民族文化的整體風貌、特殊性格和人文精神。

在錢先生看來，歷史、民族、文化，名詞有三，實質為一。民族並不是自然存在的，自然只能生育人類，而不能生育民族。中國人總是在其內在的心靈上真切地感覺到自己是一個中國人。這一觀念，正是中華民族悠久的歷史文化陶冶而成的，而不是自然存在的。他說：

> 民族精神，乃是自然人和文化意識融合而始有的一種精神，這始是文化精神，也即是歷史精神。只有中國歷史文化的精神，才能孕育出世界上最悠久最偉大的中國民族來。若這一個民族的文化消滅了，這個民族便不可能再存在。目前世界上有許多人類，依然不成為一民族，也有許多民族，在歷史上有其存在，而現在已消失無存，這關鍵在哪裡呢？即在於他們沒有了文化。我們可以說，沒有一個有文化的民族會沒有歷史的，也沒有一個有歷史的民族會沒有文化的。同時，也沒有一段有文化的歷史而不是由一個民族所產生的。因此，沒有歷史，即證其沒有文化，沒有文化，也不可能有歷史。因為歷史與文化就是一個民族精神的表現。所以沒有歷史，沒有文化，也不可能有民族之成立與存在。[1]

足見一個國家的基礎建立在其民族與其傳統文化上。文化是人類

1　錢穆：《中國歷史精神》，1964年香港增附三版，第5—6頁。

群體生活之總稱，文化的主體即民族。民族的生命不是自然物質生命，而是文化的生命，歷史的生命，精神的生命。民族精神是族類生活的靈魂和核心。沒有這一靈魂，就沒有族類的存在；而民族的精魂，乃是通過歷史、通過文化展示開來的。中國歷史文化精神是什麼呢？那就是使中華民族五千年一以貫之、長久不衰的精神，是民族生活和民族意識的中心，並貫穿、滲透、表現在不同的文化領域（或門類）之中。也就是說，中華民族精神是建立在民族文化的各領域各方面之上的，是在民族文化長期薰陶、教化、培育中形成的具有深刻內在特點的心理素質、思維方式、行為方法、價值取向，是民族的性格與風貌，是民族文化的本質體現，是民族意識的精華，是整個民族的向心力、凝聚力，是民族共同體的共同信仰與靈魂，是我們民族自強不息的動力與源頭活水。概括地說，中華民族精神主要是我們民族固有的價值觀念，是持續不斷的一種歷史傳統，是我們民族生存與發展中具有維繫、協調和推動作用的一種活的精神力量。關於中華民族精神之主要內容與「中國民族性」的界定或概括，真可謂見仁見智，錢賓四先生也有非常豐富的論述。我們在這裡把錢先生的主要看法加以評介。

2.1　中國文化的人文精神

關於「人文精神」與「中國人文精神」的界定，20世紀80年代中國大陸的文化大討論中曾產生過爭鳴。[2]這裡我們看錢先生是怎麼

2　參見龐樸：《中國文化的人文精神》，《光明日報》，1986年1月6日。龐樸此文一出，即展開了激烈討論，龐樸先生續有論證，詳見龐著《文化的民族性與時代

說的。

一、人文化成，天下一家

對於古文獻《易‧賁‧彖》中的「觀乎人文，以化成天下」這句話，錢先生的解釋是：「中國古人，原自有其一套人文和文化之觀念和理想。何謂人文？物相雜謂之文，人文即指人群相處種種複雜的形相。物又指種類言，可見大而至於血統不同，種姓各異之民族並存，亦已包括在中國古人此一人文觀念之內。惟其人群乃由不同種類相雜而成，於是乃有所謂化。如男女結合為夫婦，即化成了家庭。循此而往，群體日擴，人文日進，全人類相融，即化成為天下。因此，中國人之人文觀，乃由人之一觀念，直演進到天下之一觀念，而一以貫之。」[3]錢先生說，中國古人的文化觀，可以說是「有體有用」的。人文就是一個「體」，就是一個客觀事實，因為人不是清一色的，各種各色人等，組成了人之文。人既然能在此相異的人文中相安相處，把這個道理放大，就可以化成天下。這個天下是各色人可以相安相處的天下，也就是文化的天下了。所以化成天下就是「用」。「人同人的種種花樣，這是一個自然的體，也是一個文化的基礎。從這上面來化成天下，這是一個理想世界，這是一個人生最高的文化理想。……人類相處可以終極完成為一個天下。此所謂天下者，就是天下一家之天下。」[4]這就是說，中國古人的人文觀，可以包容人類生活的種種形式或內容，並消融其間可能有的種種屏障。這就是民族共

性》，北京：中國和平出版社，1988年8月版。

3　錢穆：《民族與文化》，香港新亞書院，1962年6月再版，第3頁。
4　錢穆：《民族與文化》，香港新亞書院，1962年6月再版，第48頁。

存、文化交流的意識。由這一人文觀出發，中國人比較容易超越民族和國家的界限而直進到天下的觀念中去。中國人所謂修身、齊家、治國、平天下，家與國僅是中間的兩層次，直從個人到天下，全可融凝合一。這就是中國的文化理想，也是中國的文化精神。民族可以共存，文化可以交流，慢慢地就化出新的民族新的文化來。因此，中華民族的不斷融合與中國文化的不斷擴大，正是「人文化成天下」的過程。

由上可知，錢先生把「人文精神」理解為人與人、族與族、文與文相接相處的精神，或以人的群體為本位的精神，表達了「天下一家」的崇高文化理想。錢先生指出：「人文二字，指的是人群相處的一切現實及理想。中國文化之表現與成就，都圍繞著這人文精神作中心。故中國文化體系能融通合一，莫不圍繞此中心，而始見其意義與價值。」[5]錢先生認為，中國文化是「一本相生」的，在其全部體系中有一個主要的中心，即以人文為中心。因此，宗教在中國文化體系中不占主導地位。佛教傳入中國，唐代天臺宗、華嚴宗、禪宗，尤其是禪宗，已經中國化，已被中國人文精神所涵蓋。與西方文藝復興以後的人文主義有所不同，因為中國人文精神可以代替宗教的功能，並且不與宗教相敵對。中國傳統的禮樂文化，其教育與道德，代替了宗教的功能，因此不妨把它稱為一種「人文教」。

二、人為本位，道德中心

錢穆指出：「中國傳統文化，徹頭徹尾，乃是一種人道精神、

5　錢穆：《世界局勢與中國文化》，臺北：東大圖書公司，1977年版，第331頁。

道德精神」。「中國傳統人文精神所以能代替宗教功用者,以其特別重視道德觀念故。中國人之道德觀念,內本於心性,而外歸極之於天。」[6]錢穆認為,孟子「盡其心者,知其性也。知其性,則知天矣」之教,實得孔學真傳,而荀子戡天之說,則終不為後世學者所遵守。「孟子主張人性善,此乃中國傳統文化人文精神中,唯一至要之信仰。只有信仰人性有善,人性可向善,人性必向善,始有人道可言。中國人所講人相處之道,其唯一基礎,即建築在人性善之信仰上。」[7]錢穆指出,整個人生社會唯一理想之境界,只是一個「善」字。如果遠離了善,接近了惡,一切人生社會中將沒有理想可言。因此,自盡己性以止於至善,是中國人的最高道德信仰;與人為善,為善最樂,眾善奉行,是中國人的普遍信仰。由於人性至善,而達至於宇宙至善,而天人合一,亦只合一在這個「善」字上。中國人把一切人道中心建立在一「善」字上,又把天道建立在人道上。「修身齊家治國平天下,全只是在人圈子裡盡人道。人道則只是一善字,最高道德也便是至善。因此說,中國的文化精神,要言之,則只是一種人文主義的道德精神。」[8]道德在每個人身上,在每個人心中。中國文化希望由道德精神來創造環境,而不是由環境來排布生命,決定人格。道德是每個人的生命,每個人的人格,是真生命、真性情的流露。「這一種道德精神,永遠會在人生界發揚光彩。而中國人則明白提倡此一道德精神而確然成為中國的歷史精神了,這是中國歷史精神之最可寶貴處。」[9]總之,錢穆認為中國文化精神主要是道德精神。這種

6　錢穆:《民族與文化》,第32頁、第25頁。
7　錢穆:《民族與文化》,第25頁。
8　錢穆:《民族與文化》,第29頁。
9　錢穆:《中國歷史精神》,第104頁。

道德精神，是中國人內心所追求的一種做人的理想標準，是中國人向前積極爭取蘄向到達的一種理想人格。

正是在這一前提下，錢穆認為：「中國文化是個人中心的文化，是道德中心的文化，這並不是說中國人不看重物質表現，但一切物質表現都得推本歸趨於道德。此所謂人本位，以個人為中心，以天下即世界人群為極量。」[10]所謂以個人為中心，以人為本位，則是以個體修身為基元，達到齊家治國平天下的一貫理想。錢穆強調中國傳統文化中之人文修養，是中國文化一個最重要的支撐點，所謂人文中心與道德精神，都得由此做起。錢先生引用《大學》所說的「為人君，止於仁；為人臣，止於敬；為人子，止於孝；為人父，止於慈；與國人交，止於信」，作為人文修養的主要綱目。他指出：「所謂人文，則須兼知有家庭社會國家與天下。要做人，得在人群中做，得在家庭社會國家乃至天下人中做。要做人，必得單獨個人各自去做，但此與個人主義不同。此每一單獨的個人，要做人，均得在人群集體中做，但此亦與集體主義不同。要做人，又必須做一有德人，又須一身具諸德。……人處家庭中，便可教慈教孝，處國家及人群任何一機構中，便可教仁教敬。人與人相交接，便可以教信。故中國傳統文化精神，乃一切寄託在人生實務上，一切寄託在人生實務之道德修養上，一切寄託在教育意義上。」[11]

在這裡，我們可知中國人文精神本質上是人的道德精神，而道德精神落腳到每一個體的人，並推擴至家、國、天下。也就是說，通過

10　錢穆：《中國歷史精神》，第136頁。
11　錢穆：《民族與文化》，第32—33頁。

教化和修養，不同個體在家、國、天下等群體中盡自己的義務，彼此相處以德，終而能達到「天下一家」的道德理想境界。錢先生認為，中國文化之終極理想是使全人生、全社會，乃至全天下、全宇宙都變為一孝慈仁敬信的人生、社會、天下、宇宙，這即是人文中心道德精神的貫徹。

錢先生認為，知識和權力都是生命所使用的工具，不是生命本身，只有人的道德精神才是人的真生命，也才是歷史文化的真生命。因此我們要了解歷史文化，也必須透過道德精神去了解。他把道德精神作為推動歷史文化的動力和安頓人生的根據。

三、天人合一，性道一體

錢穆用兩大命題來概括中國人文精神的特質，其一為「天人合一」，其二為「性道合一」。

關於「天人合一」。錢先生說：「人心與生俱來，其大原出自天，故人文修養之終極造詣，則達於天人之合一。」又說：「中國傳統文化，雖是以人文精神為中心，但其終極理想，則尚有一天人合一之境界。此一境界，乃可於個人之道德修養中達成之，乃可解脫於家國天下之種種牽制束縛而達成之。個人能達此境界，則此個人已超脫于人群之固有境界，而上升到宇宙境界，或神的境界，或天的境界中。但此個人則仍為不脫離人的境界而超越於人的境界者，亦惟不脫離人的境界，乃始能超越於人的境界者。」[12]也就是說，人們可以不

12　錢穆：《民族與文化》，第31頁。

脫離現實界而達到超越界，現實的人可以變為超越的人，可以擺脫世俗牽累，達到精神的超脫解放。中國傳統認為聖人可以達到這一境界，但聖人也是人，所謂「人人可以為聖人」，是指人人都可以通過道德修養而上達於天人合一之境界。中國傳統文化的終極理想，是使人人通過修養之道，具備諸德，成就理想人格，那麼人類社會也達到大同太平，現實社會亦可以變為超卓的理想社會，即所謂天國、神世、理想宇宙。在錢先生那裡，「天人合一」不僅指自然與人文的統一，而且指現世與超世的統一、實然與應然的統一、現實與理想的統一，尤其指超越與內在的統一、對天道天命的虔敬信仰與對現世倫常的積極盡責的統一、終極關懷與現實關懷的統一。

關於「性道合一」。「性道合一」其實也是「天人合一」，因為性由天生，道由人成。中國人講道德，都要由性分上求根源。換句話說，道德價值的源泉，不僅在人心之中，尤其在天心之中。《中庸》講「天命之謂性，率性之謂道」。「道」指人道、人生或文化，是對人生、人類文化一切殊相的一種更高的綜合。那麼「修道之謂教」的教育，也是一種道。中國文化注重教育，看重由學來造成人，更看重由人來造成學，看重每一個學者，更甚於每一項學問。中國人講的「道」不僅僅指外在的文化現象，而且指人生本體，指人生的內在意義與價值。中國文化最可貴的，在其知重道。道由何來呢？道是人本位的、人文的，但道之大原出於天。「性」的含義，似有動力、嚮往、必然要如此的意向。「中國傳統文化，則從人性來指示出人道。西方科學家只說自然，中國人則認為物有物性，才始有物理可求。西方宗教家只說上帝，中國人則說天生萬物而各賦以性。性是天賦，又

可以說是從大自然產生，故曰『天命之謂性』。」[13]中國人最看重人性。中國古人講「性」，超乎物理、生理之上，與西方觀念不同。人生一切活動都根於人性，而人性源於天。由天性發展而來的、人心深處的性，是一共相。性善之性、至誠之性、盡己之性的「性」，既有人先起的性，又有人後起的性，是人性及其繼續發現與發展。一切由性發出的行為叫做道。既然人性相同，則人道也可相同。「中國人說率性之謂道，要把人類天性發展到人人圓滿無缺才是道。這樣便叫做盡性。盡己之性要可以盡人之性，盡人之性要可以盡物之性，這是中國人的一番理論。」[14]

　　錢穆強調人性不是專偏在理智的，中國人看性情在理智之上。有性情才發生出行為，那行為又再回到自己心上，那就叫做「德」。人的一切行為本都是向外的，如孝敬父母，向父母盡孝道。但他的孝行也影響到自己心上，這就是「德」。「一切行為發源於己之性，歸宿到自己心上，便完成為己之德。故中國人又常稱德性。……中國人認為行為不但向外表現，還存在自己心裡，這就成為此人之品德或稱德性。性是先天的，德是後天的，德性合一，也正如性道合一，所以中國人又常稱道德。」[15]

　　綜合以上「天人合一」「性道合一」之論，可知中國人文的道德精神是有其深厚的根源與根據的。其特點有三。第一，這種人文主義是內在的人文主義，由此可以說「中國文化是人本位的，以人文

13　錢穆：《中華文化十二講》，臺北：東大圖書公司1987年三版，第9頁。
14　錢穆：《中華文化十二講》，第12頁。
15　錢穆：《中華文化十二講》，第13頁。

為中心的，主要在求完成一個一個的人。此理想的一個一個的人，配合起來，就成一個理想的社會。所謂人文是外在的，但卻是內發的」16。中國文化是性情的，是道德的，道德發於性情，這還是性道合一。第二，中國的人文主義又不是一種寡頭的人文主義，「人文求能與自然合一。……中國人看法，性即是一自然，一切道從性而生，那就是自然人文合一。換句話說，即是天人合一」17。中國人文主義要求盡己之性、盡人之性、盡物之性，使天、地、人、物各安其位，因此是能容納天地萬物、使之雍容洽化、各遂其性的人文主義。第三，這種人文主義深深地植根於中國原始宗教對於天與上帝的信仰，對於天命、天道、天性的虔敬至誠之中，說人不離天，說道不離性，因而這種人文主義的道德精神又是具有宗教性的。綜上所述，內在與外在的和合、自然與人文的和合、道德與宗教的和合，是中國人文精神不同於西方人文主義的特點。不了解這些特點，亦無從界定中國民族精神。

　　錢先生說，中國人的最高信仰，乃是天、地、人三者之合一。借用西方基督教的話來說，就是天、地、人三位一體。天地有一項工作，就是化育萬物，人類便是萬物之一。但中國人認為人不只是被化育，也應該能幫助天地來化育。這一信念也是其他各大宗教所沒有的。世界上任何一個民族或宗教的信仰，總是認為有兩個世界存在，一個是人的、地上的或物質、肉體的世界，一個是神的、天上的或靈魂的世界。中國人則只信仰一個世界。他們認為，天地是一自然，有

16　錢穆：《中華文化十二講》，第13頁。
17　錢穆：《中華文化十二講》，第13—14頁。

物性，同時也有神性。天地是一神，但同時也具物性。天地生萬物，此世界之萬物雖各具物性，但也有神性，而人類尤然。此世界是物而神、神而物的。人與萬物都有性，此性稟賦自天，則天即在人與萬物中。人與物率性而行便是道。中國人的觀念中，人神合一，人即是神，也可以說人即是天。人之善是天賦之性，人能盡此性之善，即是聖是神。這就是性道合一、人天合一、人的文化與宇宙大自然的合一、神的世界與人的世界的合一。人的一切代表著天，整個人生代表著天道。因此，天人合一是中國文化的最高信仰，文化與自然合一則是中國文化的終極理想。[18]這確實是中國文化的寶貴財富，足以克服當代人「上不在天，下不在田，外不在人，內不在己」的荒謬的生存處境。[19]

四、心與理一，用由體來

「天人合一」、「性道合一」的中國人文精神在心智上，在思維與行為方式上具有自己的特色。錢穆先生概括為以下七個方面：

（一）孔子說：「知之為知之，不知為不知，是知也。」這一態度，可以說是以後中國知識份子共同抱有的態度。他們都求能安於所可知，不向不可知處勉強求知。他們的智慧在求知態度上，常把此一可知不可知的界線警惕在心，不願輕易邁進不可知的境域中去。

（二）中國人對外面事物，常喜歡劃分可知與不知的界線，但中

18　詳見錢穆：《中華文化十二講》，第83—86頁。
19　參見唐君毅：《中華人文與當今世界》（下），臺灣學生書局，1988年全集初版，第146頁。

062　錢穆評傳

國人對實際世界與實際人生則總抱有一個堅定的信仰。他們總認為宇宙是一個全體，受同一主宰，這個主宰就是天。在後人謂之理。人生就是宇宙中的一部分，同受此主宰，同稟此原理。在某一方面言，部分即可代表全體，人生也可代表宇宙。儒家叫作「天人合一」，佛學謂之「理事無礙」、「事事無礙」。每一個人也可代表全人類。儒學則主張聖人與我同類，人人皆可以為堯舜。中國佛學則主張人人都可以成佛。宇宙之主宰與原理，也在聖與佛之身上表現了。因此，中國思想常求在易簡處見繁賾，常求在無限中尋具足。

（三）由於上述見解，中國人看宇宙是渾然一體的。所謂渾然是說這一體並非由各個不同的部分組成。所謂一體，只是一體，不在這個一體中增分別。因此中國思想不容易相信有另一個世界，即本體界的存在。於是不易相信在另一個世界中有一個上帝的存在。

（四）中國人認為宇宙是變化的。一切真理不僅在思辨中見，更重要在行動中見。中國人不主張離開行，單獨在思辨中求知。因此可以說，中國人所認為的真理都由觀察和實踐行為中得來。中國人表達真理的方法也僅是敘述他自己的新證實踐而止，很少用純思辨的組織來發揮一套純想像的真理。只有天臺、華嚴兩宗依循印度佛學，具有嚴密的組織性與深邃性。禪宗以下開宋儒語錄，也是承接《論》《孟》記言，這正是中國的傳統。

（五）值得一提的是，中國傳統思想對於體用觀念明確提出，雖然已是在魏晉以後，但中國思想中很早就有這一觀念。中國人的「體用一源，顯微無間」，在中國傳統思想中，在事象行動的一切實際

中，去探究其形而上的本體。

（六）中國人又好言全體大用。這個全體可以指宇宙，也可以指全人類，甚至指個人。這個大用可以指表現在宇宙全體整體中的一切事象變化，或人文歷史中的一切演進過程，也可以指表現在個人內心的自知和自主的作用。如此便把中國古代所想像追求的天人合一與後代學者所想像追求的心與理合一，雙方融合在一個理論體系內。

（七）中國人又主張「用由體來」。如果沒有體，就沒有用，體即由用而見，並不能捨用求體。認為體由用見，是知識，認為用由體來則是信仰。中國人對宇宙整體自始抱有一種樂觀的信仰。因為人由天來，因此有孟子的性善論，以及佛學的深信人都具有佛性的觀念。因為事由理性來，因此中國人對一切自然界與人生界抱有終極合理的大信仰。中國人所信仰遵循的許多行道修心功夫，似乎有些偏在消極方面，認為只要解除了一些害道、害心，道自然會流行，事自然會合理，心自然會向善。因此，中國思想所表現對外面一切事象，無論是自然界還是人生界，抱有一種同情、寬大、容忍、緩進的姿態，而似乎缺少一種向外衝擊的強力。中國人對一切知識，也總盼自己放開心胸，讓外面事象能自然流入心中來。我心自然能有一種明悟，這是極富於一種藝術情調的，但卻不容易創造出一套對外事物深入了解的方法與精神。

2.2　中國文化的融和精神

錢穆先生關於「人文化成天下」的闡釋，其實已涵蓋了中國文

化精神中「和合」或「融合」的內容。但在形成民族國家、民族文化與民族性格的過程中，「和合」精神具有特殊的意義，因此頗為錢先生所重視。

錢先生指出，考察中國文化史，特別要注意兩件事。「第一是中國文化乃由中國民族所獨創，換言之，亦可說是由中國國家所獨創，民族與國家，在中國史上，是早已融凝為一的。第二事由第一事引申而來，正因中國文化乃由一民族或一國家所獨創；故其文化演進，四五千年來，常見為一線相承，傳統不輟。只見展擴的分數多，而轉變的分數少。由第一點上，人們往往誤會中國文化為單純；由第二點上，人們又往往誤會中國文化為保守。其實中國文化一樣有他豐富的內容與動進的步伐。」[20]

關於第一點，錢先生強調民族之融合與文化之融合，說明中國文化的豐富多樣；關於第二點，錢先生屢屢指出中國文化的進展，是在和平形態下進行的，走的是和平的大一統之路，即融和與同化之路，而不是向外鬥爭、排斥、衝突之路。錢先生在《國史大綱‧引論》中說，我民族國家精神命脈所系，不在一種力之向外衝擊，而在一種情之內在融和。

一、民族融和

首先是民族融和。錢穆認為，民族創造出文化，文化又融凝此民族。中國古人創造出的文化傳統，使中華民族不斷地融凝、擴大，成

20　錢穆：《中國文化史導論》，上海：三聯書店，1988年影印本，第18頁。

為一個更新更大的民族。中國古人的民族觀與文化觀有密切關聯，其民族觀不以血統而以文化作標準，只要是同文化，便成為同民族。古人的文化觀，以人文為體，以化成天下為用。中國民族在古代原是由多數族系經過長期接觸融和而漸趨統一的。迨其統一完成之後，也還依然不斷地有所吸收融和而日趨擴大。中國民族譬如一大水系，乃由一大主幹逐段納入許多支流小水而匯成一大流的。在歷史上約略可分成四個時期。第一期從上古迄於先秦，這是中國民族融和統一的最先基業之完成。在此期內，中國民族即以華夏族為主幹，而納入許多別的部族，如古史所稱東夷、南蠻、西戎、北狄之類，而融和形成一個更大的中國民族。這便是秦漢時代的中國人了。因民族融和的成功，而有秦漢時代的全盛。第二期自秦漢迄於南北朝，在此期間，尤其在秦漢之後，中國民族的大流裡，又融匯了許多新流，如匈奴、鮮卑、氐、羌等諸族，而進一步融成一個更新更大的中國民族，這便是隋唐時代的中國人了。這又因民族融和之成功而有隋唐時代之全盛。第三期自隋唐迄於元末，在此期間，尤其在隋唐以後，又在中國民族裡匯進許多新流，如契丹、女真、蒙古之類，而再進一步形成明代之中國人。這第三次民族融和之成功，因而有明代之全盛。第四期自滿人入關至現代，在中國民族裡又繼續融和了許多新流，如滿、回、藏、苗等，此種趨勢，尚未完結。這一民族融和的成功，無疑將給中國帶來又一全盛時期。

錢穆指出，以上四期劃分是相對的、粗線條的。「其實中國民族常在不斷吸收、不斷融和和不斷擴大與更新中。但同時他的主幹大流，永遠存在，而且極明顯地存在，並不為他繼續不斷地所容納的新

流所吞滅或沖散。我們可以說，中國民族是稟有堅強的持續性，而同時又具有偉大的同化力的，這大半要歸功於其民族之德性與其文化之內涵。」[21]

二、文化融和

其次是文化融和。錢穆說：「中國人的文化觀念，是深於民族觀念的，換言之，即是文化界線深於民族界線的。但這並不是說中國人對於自己文化自高自大，對外來文化深閉固拒。中國文化雖則由其孤立創造，其四圍雖則沒有可以為他借鏡或取法的相等文化供作參考，但中國人傳統的文化觀念，終是極為宏闊而適於世界性的，不侷促於一民族或一國家。換言之，民族界線或國家疆域，是妨害或阻隔不住中國人傳統文化觀念的一種特殊的世界意味的。」[22]中國文化的包容性、同化力，可以從學習、消化佛學中得到證明。當時中國人對於印度那種公開而懇切、謙虛而清明的態度，對於異國僧人的敬意，以及西行求法之真誠，表明了中國文化的開放度及博大氣象。錢穆說，兩晉南北朝時期的高僧，若論其內心精神，我們不妨徑叫他們是一種變相的新儒家。他們研尋佛法，無非是想把佛法來代替儒學，做人生最高真理之指導。他們還是宗教的意味淺，而教育的意味深；個人出世的要求淡，而為大眾救濟的要求濃。因此在東漢末年及三國時代，佛教尚不失其以一種宗教的面目而流傳在社會下層的，一到兩晉以後，佛教便轉成以一種純真理探求與純學術思辨的新姿態出現。此後印度佛教便在中國文化園地上生根結果，完全成為一種中國化的佛

21　錢穆：《中國文化史導論》，第19頁。
22　錢穆：《中國文化史導論》，上海：三聯書店，1988年影印本，第120頁。

教，在中國開創了許多印度原來沒有的新宗派。例如隋唐佛學之天臺宗、華嚴宗都是中國自創。天臺所謂「即空即假即中」、「三諦圓融」，華嚴所謂「理事無礙」、「事事無礙」、「一即一切」、「一切即一」等，這些理論都已把中國人傳統觀念所看重的現實人生，融入了佛教教義，這些全都是中國化的佛教了。禪宗興起，佛教教理更是中國化，中國人更把佛教教理完全應用到實際人生的倫常日用方面來，再不是印度原來的佛教了。那時在印度，佛教已衰歇，婆羅門教已複盛，而中國佛教乃成為中國文化大流裡一條小河，全身渾化在大流中而失其獨立的存在。

錢穆在考察了佛教中國化的過程後說：「當時中國人的內心境界，一面對於外來佛法新教義雖屬饑渴追尋，誠心探究，一面對於前代儒家舊禮教還是同樣的懇摯愛護、篤守不渝。這裡面固然也有一些由於當時門第勢力等外在的因緣，但到底這一種似相衝突而終極融和的廣大寬平的胸襟，及其靜深圓密的態度，是值得我們欽佩的。……在中國史上，我們可以說，他既沒有不可泯滅的民族界線，同時亦沒有不相容忍的宗教戰爭。魏晉南北朝時期民族新分子之屬雜，只引起了中國社會秩序之新調整；宗教新信仰之傳入，只擴大了中國思想領域之新疆界。在中國文化史裡，只見有吸收融和擴大，不見有分裂鬥爭與消滅。」[23]中國文化具有一種偉大的力量，能容納、吸收、同化不同的民族和異質的文化，來壯大自己，發展自己。同時，中國文化也能使不同的文化，例如不同的宗教信仰調和融通起來。佛教、回教、耶穌教來到中國，不僅和中國傳統文化無大的衝突，而且這幾大

23　錢穆：《中國文化史導論》，上海：三聯書店，1988年影印本，第122頁。

宗教之間也能和平共存。

錢先生並不否定文化衝突與文化變異，他所強調的是中國文化的融和精神。他不僅詳細考證了印度佛學中國化的過程，亦研究了波斯、阿拉伯文化，特別是歐洲文化東漸的歷史，分析了四百年來東西文化的接觸、碰撞與融和。他指出：「中國人對外族異文化，常抱一種活潑廣大的興趣，常願接受而消化之，把外面的新材料，來營養自己的舊傳統。中國人常抱著一個天人合一的大理想，覺得外面一切異樣的新鮮的所見所值，都可融會協調，和凝為一。這是中國文化精神最主要的一個特性。」[24]

錢穆認為，文化上有了衝突，所以要變，有了變，就引起衝突；衝突必設法調和，能調和，所以得成為常道。也可以說，「文化中發生衝突，只是一時之變，要求調和，乃是萬世之常」。「文化是一個生命，這生命是一大生命……同時是一長生命……因此在文化傳統裡面，必然包含著長時期和多方面的活動，因此文化定有個大體系。在此大體系中，自會不斷發生衝突，也就得不斷尋求調和。任何一個文化體系，不會沒有衝突，其所綿歷的時期太長，而中間內容又太複雜，總得要產生衝突，而又不能老是衝突下去，又一定要得一調和。」[25]在錢先生看來，世界各民族、各體系的文化，都逃不掉衝突與調和之兩面。大概說來，似乎西方文化衝突性更大，而中國文化則調和力量更強。在西方，從希臘到羅馬，從中古到近代，靈魂與肉體、科學與宗教、個體與群體，都發生過激烈的衝突。衝突並不是壞

24　錢穆：《中國文化史導論》，第162頁。
25　錢穆：《中國文化精神》，臺北：三民書局，1971年7月初版，第51頁。

事，衝突能引起文化更新。但衝突也有負面效應。中國文化之偉大處，乃在最能調和，使衝突之各方面相容並包，共存並處，相互調濟。這是我們的一大長處。

三、國民性格—「和合性」

最後是中國文化與中國人的性格中的「和合性」問題。錢穆認為，中國國民性中，「和合」的成分大於「分別」的成分。從婚姻、家庭到社會、國家，中國人注重的是「和合」。從歷史上考察，中國民族國家是一向心凝結的中心，合和統一為常，分裂戰亂為變。東西方歷史、文化的不同，反映了彼此性格的差異。「西方人好分，是近他的性之所欲。中國人好合，亦是近他的性之所欲。今天我們中國分成兩個，然而我們人的腦子裡還是不喜分，喜歡合。大陸喜歡合，臺灣亦喜歡合，乃至……全世界的中國人，亦都喜歡合。」[26]錢先生說，這不是一個理論問題，不是好壞的問題，而是喜歡不喜歡的問題，是中國人的性格問題。「我拿中國四千年的歷史來看，中國的國民性喜歡合。我拿西洋歷史來看，他們的民族性喜歡分。他們有拉丁、條頓、斯拉夫等幾個民族，而我們中國人在從前的中國歷史上，亦時見有異民族加入，到今天都同化了，只成為一中國人。直到中華民國成立後，我們所謂漢、滿、蒙、回、藏五族共和，依然有五個民族，但仍要合，不要分，同認為是中國人。」[27]這種文化性格和國民性格的「和合性」大於「分別性」，深刻反映了我們民族融和精神

26　錢穆：《從中國歷史來看中國國民性及中國文化》，香港中文大學出版社，1982年再版本，第27頁。
27　錢穆：《從中國歷史來看中國國民性及中國文化》，香港中文大學出版社，1982年再版本，第27頁。

的滲透力。

在思想與行為方式上，中國人強調「中和」與「中庸」，以調治「偏反」與「對立」，亦是一突出的特點。中國人的中庸之道，「是在人本位人文主義的文化大體系中一套重要的哲學和其思維術。現在很多人分別東西文化，說東方文化是靜的，西方文化是動的。東方文化是向內的，西方文化是向外的。東方文化講心，西方文化講物。如此種種說法，亦正是一正一反。但中國人觀念，主張心與物相通，動與靜相通，內與外相通。相通可以合一，合一仍可兩分。既不能有了心沒有物，又不能有了物沒有心。心與物看來相反，實際是相成的。動與靜亦然，不能有動無靜，也不能有靜無動。內外亦一例，哪有有內無外，有外無內之理？中國人講的中庸之道，正要從此相反之兩面講入到一中道上去。你要講任何一事一物，最好先找出它相反之兩面，然後再從此相反兩面中來求其中，那中處便有道。……就中國文化之本質與其特性講，究竟是中和的，絕不是偏陷的。中庸之道便可代表中國文化。」[28]例如，西方講真善美的三分，科學、道德、藝術的三分，中國講三者之和合。中國人把學問看作是一個整體，主張會通各方面而作一綜合性的研究。又如，在天與人、群與己、義與利、公與私之間，中國的中庸之道，則執兩用中，承認有此對立，而把此對立調和融通起來，在一全體之中，兼包兩偏。

錢先生肯定中國文化是「中和型」的文化，「走了一條不偏的中和的路」。[29]例如自然與人文的和合，就是大中至正之道。又如中

28　錢穆：《中華文化十二講》，第109—110頁。
29　錢穆：《中國文化精神》，第119—120頁。

國人的人生，既不是一科學的人生，也不是一宗教的人生；既不是一物質的人生，也不是一精神的人生，沒有靈魂生活與肉體生活之偏反，不僅僅開發出人生的一方面，而強調人生的整全性，高揚人生之全面的意義與價值。

　　綜上所述，「和合」是中國民族精神與民族性格的一個重要的內容與特點，是在民族融合與文化融合的歷史過程中產生並積澱下來的精神動力和民族的「集體無意識」。它放射到每一個中國人的思維與行為方式之中，成為我們的國格、族格與人格。「有容乃大」，中國文化的博大、豐富，其生命力的活潑、頑強，正因為它具有吸納眾流的能力，能寬容、平和、兼收並蓄。由眾多民族、不同文化融合形成的中華民族與中華文化，孕育了我們民族的恢弘氣度和寬廣胸懷。《禮記・中庸》說：「萬物並育而不相害，道並行而不相悖。小德川流，大德敦化。」《周易・繫辭傳》說：「天下同歸而殊途，一致而百慮。」這都表明了中國文化精神的開放與豁達，亦是我們走向未來的基礎。

2.3　中國文化的歷史精神

　　中華民族是一個極富有歷史感的民族。在世界上各國家各民族中，中國是一個最愛好最尊重歷史的民族。中國文化的歷史精神就是中國五千年一貫而下、一脈相承的精神。

一、歷史是各別自我的

縱觀人類文化的四大古老文明，巴比倫和埃及已中途夭折（現在的埃及不是從前的埃及），印度長期被征服，很多小諸侯，很難統一，且古印度人沒有歷史觀念，未曾留下一部詳備的歷史。只有中國，廣大的中國社會，綿延五千年的歷史文化傳統，全由中國人自己在主演。其體系之大，包容之廣，延亙之久，能與之相比的，只有一部歐洲史。錢穆認為，中國史與歐洲史的精神面貌是不同的。中國史像一樹繁花，由生根發脈而老幹直上，而枝葉扶疏，而群花爛漫。歐洲史則不同，像一幅百衲刺繡，一塊塊地拼綴，再在上面繡出各種花草蟲魚。歷史如此，文化也一樣。中國文化重在其內在生命的一氣貫通。歐洲文化則由多方組織而成，雖然說取精用宏，但始終是拼湊堆積。換言之，中國的歷史文化是一本的，而歐洲文化則是多元的。[30]

錢先生說：「埃及、巴比倫亡了，不再有當年之埃及、巴比倫；希臘、羅馬亡了，不再有當年之希臘與羅馬。只有中國，屢躓屢起，屹立了四千年。此刻的中國人，還都信中國會復興。此是一部中國史有大意義大價值之真憑實據所在。……自然科學是世界性的，我們落後了，可以向外求；歷史則是各別自我的，中國歷史，只有中國人來發掘闡尋，不能也把此事來讓別人做。」[31]這裡提出「歷史是各別自我的」，肯定並凸顯了民族歷史文化的特殊性。在《國史大綱》中，錢先生特別指出，必須了解國家民族文化發展個性之所在，而後能把握其特殊之環境與事業，而揭示其特殊的精神與面相。與世界上其他

30　參見錢穆：《歷史與文化》，第16頁。
31　錢穆：《史學導言》，臺北：中央日報社出版，1981年，第39頁。

古老文明相比，中國歷史文化歷久不衰，延綿不絕，其悠久、無間斷的歷史與詳密繁富的史學，就是我們的特殊性的一大表現。

歷史意識是民族的生命意識。錢穆說：「歷史乃是一種生命之學。有生命，必有精神。生命藏在裡，精神表露在外。由生命表露出精神，也可分兩面說。一是其性格，一是其力量。個人如此，民族亦然。此民族具有此民族之性格與力量，才能開創出此民族之歷史。各國家民族，性格不同，力量也不同。」[32]說得多好啊！一個民族的精神生命、文化生命自有其獨特的性格與力量，開創了此民族的歷史；反過來說，唯有歷史，才能深刻地表現、展示出民族的生命精神。

二、以人為中心的歷史意識

反映各民族生命精神的歷史意識也是各不相同的。錢先生說，中國歷史有一個最偉大的地方，就是它能把人作中心。「歷史只是一件大事，即是我們人類的生命過程。但在世界各國各民族中間，懂得這個道理，說人能創造歷史，在歷史裡面表現，而歷史又是一切由我們主宰，懂得這道理最深最切的，似乎莫過於中國人。中國人寫歷史，則人比事更看重。」[33]中國人看重的是在「人文化成天下」過程中、事件中的活生生的人。錢先生說，各民族的歷史不同，是因為人生不同。中國歷史意識的中心是：人是歷史的創造者，又是歷史的表現者，同時亦是歷史的主宰者。各民族生活的方式不同，人生不同，所創造所表現所主宰的歷史也不同。中國歷史意識的自覺與中國古代

32　錢穆：《史學導言》，臺北：中央日報社出版，1981年，第36頁。
33　錢穆：《史學導言》，臺北：中央日報社出版，1981年，第69頁。

先民的人文自覺是聯繫在一起的。以人為核心的中國史觀，是中國歷史精神的重要內容。

中國史家為什麼推崇周公、孔子？因為周公把以前宗教信仰的重心移轉，落實到人生實務上來，創立了中國政治與社會的大理想，孔子創立了中國學術與思想的大體系。前者重心在禮與樂，後者重心在人心之仁。禮樂之內心精神便是仁與道，仁道之外施規模便是禮與樂。周公開始把散佈在當時中國大陸各地種姓不同、風尚相別的各個社會融凝合一，而建立起一個統一的新王朝，其所仰仗的就是禮樂精神。孔子把周公的一切具體設施推闡說明，要義在本原於人人各自具有之內心之仁，而隨時隨地隨宜推擴，以形成為一種可以普遍適用於天下萬世人類全體之道。以後中國歷史演進，主要未能越出周公孔子二人所樹立的規範。周孔二人大體上仍保留著古代相傳宗教信仰，即關於天和上帝的信仰。更重要的是，周公孔子的人格修養與實際生活，成為中國歷史上所謂「士」這一流品的最高的楷模。[34]從中國文化對周公、孔子的尊重，又可以知道中國歷史文化意識之「重人」，是重視表達了中國精神，實現了人生最高意義與價值的楷範，以激勵後世，繼承傳統，開創新史。這樣一種統續意識，保證了中國文化的延綿不絕。

前面說過，錢先生一生反覆強調民族、文化、歷史三者的統一。民族是文化的民族，文化是民族的文化，而歷史也是民族和文化的歷史，民族和文化只有從歷史的角度才能獲得全面的認識。這可能是中

34　參見錢穆：《歷史與文化》，第17頁。

國史學發達的真實原因。中國人很早就知道記載歷史，這證明中國人很早便懂得觀察人生，能了解人生的意義和價值。中國擁有關於其人民活動及文化演進之悠長歷史，已達五千年。而且此項歷史，自始即在廣大地面上展開。一部中國史，論其所包疆域之廣袤，亦為世界各民族之歷史所莫逮。這樣一個縱的歷史系統和橫的歷史範圍，其長久與廣大，堪稱世界的奇觀。中國人對歷史的重視，對史學的興趣，比其他國家民族更為濃厚，中國史學形成的時間最早，歷史記載最為完備周詳。

中國歷史意識、歷史精神關注「鑒古知今」、「究往窮來」。這就是在我們民族的文化生命的持續中了解其變化，在變化中把握其持續，一在求其變，一在求其久。中國歷史精神就是這種在永恆中有日新萬變，又在日新萬變中認識其永恆持續的精神。

中國史書自始即含有一種褒貶意義，即價值批判與人格評論，以指導人生，鞭笞邪惡，並總結興亡治亂的歷史經驗教訓。中國歷史精神既看重一切人文社會的實際措施，更看重歷史經驗，因為社會人文是在歷史演變中完成，又須歷史經驗來作指導。

章學誠《文史通義》的中心思想是：「善言天人性命，未有不切於人事者。人事之外，別無義理。」章氏又說：「史學所以經世，六經同出於孔子，先儒以為其功，莫大於《春秋》，正以切合當時人事耳。」錢穆先生說，通過這些話可見中國史學的精神在能經世明道，固非僅托空言。經世致用是中國史家的目的。

「究天人之際，通古今之變」，十分重視歷史，十分重視歷史事

件程式中的人，十分重視總結歷史經驗教訓，辨別是非善惡，並為現實服務，十分重視民族國家的長遠前程，維護並弘揚我們民族文化生命的內在價值（即「心史」），十分重視歷史變遷中之「常」與「久」，這也是中國民族精神與民族性格的一個重要的方面，也是我們民族的「集體無意識」和精神動力。這種歷史意識與歷史精神固然是中國人文精神的組成部分，但它對於我們民族的生命來說尤顯重要，因此特別為錢先生所看重。

中國人對天地的崇拜與敬畏，往往轉化為對率性而行、創造文化的祖先的尊重與崇拜。中國人對自己的文化、歷史始終抱有一種特殊的感情。這本是我們民族的一種族性。

三、溫情與敬意的心態

針對一百多年來中國人對於歷史文化的浮躁心理和褊狹意識，錢賓四先生提出了對祖國歷史懷抱一種「溫情與敬意」的思想。一種不正確、不健康的心態是，以為自己是站在歷史的最高點，而將我們當前的種種錯誤、缺失，甚至罪惡，都歸咎於古人。錢先生提倡一種「溫情與敬意」的心態，正是為了救治此偏頗。

翻開《國史大綱》，首先闖入眼簾的是印在扉頁上的「凡讀本書請先具下列諸信念」：

一、當信任何一國之國民，尤其是自稱知識在水準線以上之國民，對其本國已往歷史，應該略有所知。（否則最多只算一有知識的人，不能算一有知識的國民。）

二、所謂對其本國已往歷史略有所知者，尤必附隨一種對其本國已往歷史之溫情與敬意。（否則只算知道了一些外國史，不得雲對本國史有知識。）

三、所謂對其本國已往歷史有一種溫情與敬意者，至少不會對其本國已往歷史抱一種偏激的虛無主義（即視本國已往歷史為無一點有價值，亦無一處足以使彼滿意），亦至少不會感到現在我們是站在已往歷史最高之頂點（此乃一種淺薄狂妄的進化觀），而將我們當身種種罪惡與弱點，一切諉卸于古人（此乃一種似是而非之文化自譴）。

四、當信每一國家必待其國民備具上列諸條件者比數漸多，其國家乃再有向前發展之希望。（否則其所改進，等於一個被征服國或次殖民地之改進，對其國家自身不發生關係。換言之，此種改進，無異是一種變相的文化征服，乃其文化自身之萎縮與消滅，並非其文化自身之轉變與發皇。）[35]

真是字字擲地作金石之響！錢先生以上四條，完全是針對「五四」以降那種糟蹋聖賢、詆謗傳統的淺薄風會的。在疑古、仇古、蔑古、反古、誣古的潮流面前，錢先生挺身而出，膽識過人，嚴肅批判了亡國奴與次殖民地心態，指出要復興中華民族精神，首先是恢復中國人的歷史意識。西化派與激進主義者是通過否定歷史意識來撻伐民族傳統與民族精神的，錢先生則反其道而行之。

在民族虛無主義、民族文化自殺自滅論風行一時的氛圍中，尤其

35　錢穆：《國史大綱》，北京：商務印書館，1994年版，上冊第1頁。

是在日寇鐵蹄踐踏祖國大好河山，民族處在內憂外患的困難時期，錢先生與他的同道一起，宣導「溫情與敬意」的文化心態，避免民族精神受到進一步的傷害，具有極其重大的意義。錢先生是「五四」與「後五四」時期文化保守主義陣營中的健將，是這一陣營在史學方面的開路先鋒。正如我們多次指出的，文化保守主義並不是政治上的保守主義，而是文化精神上的傳統主義，其主旨是弘揚民族精神，光大人文傳統，批判全盤外化（西化或蘇化），批判唯科學主義，批判現代化的負面，健康地重建現代中華文明，重建人性的尊嚴與民族的尊嚴。

四、新國史的馬前卒

錢先生《國史大綱》的《引論》發表後曾引起不小的波瀾。西化派健將毛子水憤慨不已，擬作一文批駁，而國學大師陳寅恪則向張其昀力薦《引論》，稱讚是值得一讀的「大文章」。該書出版後，一時洛陽紙貴，有的學生竟整書傳抄，而滯留北平等淪陷區的學人，讀此書後倍增民族國家必勝的信念。就連「五四」時主張廢除漢字的反古健將錢玄同也時有悔悟，迷途知返。《國史大綱‧引論》確有振聾發聵之功，喚起了民族自敬、自愛、自救、自衛之心。

錢先生說：「今日所需要之國史新本，將為自《尚書》以來下至《通志》一類之一種新通史，此新通史應簡單而扼要，而又必具備兩條件。一者必能將我國家民族已往文化演進之真相，明白示人，為一般有志認識中國已往政治社會文化思想種種演變者所必要之智識；二者應能於舊史統貫中映照出現中國種種複雜難解之問題，為一般有

志革新現實者所必備之參考。前者在積極地求出國家民族永久生命之泉源，為全部歷史所由推動之精神所寄，後者在消極地指出國家民族最近病痛之症候，為改進當前之方案所本。此種新通史，其最主要之任務，尤在將國史真態，傳播於國人之前，使曉然了解於我先民對於國家民族所已盡之責任，而油然興其慨想，奮發愛惜保護之摯意也。」[36]

　　錢先生以史為鑒，為中國的改革提供正面的或負面的參照。他認為最主要的，還是喚起國民的歷史意識，理解中國傳統文化的優長與個性，特別是其獨特的精神氣質與風貌，不至千篇一律地以西方歷史的模式或術語來硬套中國史。錢先生指出：「中國史之隆汙升降，則常在其維繫國家社會內部的情感之麻木與覺醒。此等情感一旦陷於麻木，則國家社會內部失所維繫，而大混亂隨之。」[37]他又說：「一民族文化之傳統，皆由其民族自身遞傳數世、數十世、數百世血液所澆灌，精肉所培壅，而始得開此民族文化之花，結此民族文化之果，非可以自外巧取偷竊而得。……我民族國家之前途，仍將於我先民文化所貽自身內部獲得其生機。」「抑思之又思之，斷斷無一國之人，相率鄙棄其一國之史，而其國其族猶可以長存於天地之間者。亦未有專務於割裂穿鑿，而謂從此可以得我先民國史之大體者。繼自今，國運方新，天相我華，國史必有重光之一日，以為我民族國家復興前途之所托命。」[38]

36　錢穆：《國史大綱・引論》，北京：商務印書館，1994年版，上冊第8頁。
37　錢穆：《國史大綱・引論》，北京：商務印書館，1994年版，上冊第24頁。
38　錢穆：《國史大綱・引論》，北京：商務印書館，1994年版，上冊第34—34頁。

錢穆指出，近世以降，中國急切地先學德日，後學英法美，又學德意，再學蘇俄，都學遍了，但都碰壁了。要學的學不到，要打倒自己五千年來文化歷史政治社會的深厚傳統，急切地又打不倒，這是近代中國最大的痛苦和迷惘。現應以沉靜的理智來看看自己以往的歷史，在學習外方經驗時，必須更注意復活傳統文化精神，只有這樣，中國才能真正地獨立自存。面對西方文化的挑戰，錢穆認為，中國文化調整和更新的動力仍來自自身文化系統的內部。他說：「所謂更生之變者，非徒於外面為塗飾模擬，矯揉造作之謂，乃國家民族內部自身一種新生命力之發舒與成長。」[39]錢先生致力於發掘中國文化系統的獨特性，反對「中國比西方落後一個歷史階段」，中國仍處於「中古」或「封建」諸說，反對不加分析地把東西雙方或中西雙方歷史文化傳統與性格的不同看成是一古一今之別。他並不是盲目的守舊者，他認為中國文化是隨著時代改變的，主張吸收、結合世界各國文化新精神以求「變」求「新」。他對中國文化傳統的生命力抱著無比堅定的信心，並把世界文化前途放在中國文化上。他著力重建中國人對中華民族的情感和對中國歷史的尊重，強調要在國家民族之內部自身，求其獨特精神之所在，作為國家民族永久生命的泉源。這些思考，都值得我們反覆咀嚼、吸取、借鑑、發揚。

　　作為新國史的馬前卒，錢先生的肺腑之言表達了中國知識份子新的人文覺醒和新的民族意識、歷史意識。錢先生關於中國精神的抉發和歷史情感的呼喚，不僅在抗戰時期成為貞下起元、民族復興的最強音，而且在現代化建設的今天仍有現實意義和理論意義。現代化建設

39　錢穆：《國史大綱・引論》，北京：商務印書館，1994年版，上冊第30頁。

必然是中國精神的重光。任何離開中國傳統精神資源的現代化，絕對是無本無根的現代化。傳統文化的精神價值在21世紀必將發生更大的作用，而且絕不僅僅是對工業化、商業化等引發的現代病起補偏救弊的作用。

2.4 中國文化史概觀

錢賓四先生對中國文化發生的背景與演進的過程均有深入的研究，發表了許多與時俗不同的真知灼見。以下我們主要依據錢著《中國文化史導論》、《民族與文化》、《中國學術通義》等著作，略加概述。

一、中國文化發源的特殊環境

錢先生從地理與氣候兩方面深研中國文化發生的背景及其對中國文化產生的影響，以及與人類其他遠古文明發源的比較等問題。

人類文化的最先開始之處有其共性，其居住地，均依賴河水的灌溉，以使農業易於產生。而灌溉區域不易太大，四周有天然的屏障，好讓這一地域的居民，一方面易於集中而到達相當的密度，另一方面易於安居樂業而不受週邊敵人的侵擾。埃及於尼羅河流域、印度於印度河流域、巴比倫於幼發拉底河和底格里斯河流域，沒有不是如此的。而中國文化的起源有些特殊。錢穆不同意那種籠統地說中國文化發源於黃河的觀點，認為這種觀點只看到了世界諸文明古國發源上的共性，而沒有發現中國文化的特殊性。黃河本身並不適於灌溉與交

通。準確地說，中國文化發生不依賴黃河本身，而所依憑的是黃河的各條支流。每一支流的兩岸及其流進黃河時兩水相交的那一個角落裡，才是古代中國文化的搖籃。他把那種兩水相交而形成的三角地帶叫作「水椏杈」，即中國古書中的「汭」，就是兩水環抱之內的意思，用現代的話來說是三角地帶。

根據這種理論，他具體分析了中國文化的幾個發源地。唐虞文化發生在今山西西南部，黃河大麯的東岸及北岸，汾水兩岸及其流入黃河的三角地帶。夏文化則發源於今河南西部，黃河大麯的南岸，伊水和洛水兩岸，及其流入黃河的三角地帶。周文化發生在今陝西東部，黃河大麯的西岸，渭水兩岸及其流入黃河的三角地帶。這些三角地帶土地肥沃，交通方便，很早就形成了一個文化共同體。這是中國西部文化系統的發生過程。商文化發源於今河南省安陽縣附近，在這裡有漳水、洹水流入黃河。漳水和洹水流入黃河所形成的三角地帶是殷商文化的發源地。殷商文化又與東部一些兩水相交所形成的其他文化，形成了中國古代東部文化系統。

錢穆認為，中國古代有許多河流與水系，而且都是非常大、非常複雜的。那些水系，可以按大小分成不同等級。長江、黃河屬第一級。漢水、淮水、濟水、遼河等屬第二級。渭水、涇水、洛水、汾水、漳水等則為第三級。還有第四、五級等水系。中國古代的農業文化，似乎先在諸多的小水系上開始發展，漸漸擴大蔓延，瀰漫為一整個大水系。有了複雜的大水系，就有農耕憑藉的灌溉區域，諸區域相間，可隔離獨立，使每一個區域裡的居民，一面密集到理想適合的濃度，另一方面又有四周天然屏障而滿足其安全要求。如此很適合古代

社會文化的醞釀與成長。一旦小區域內的文化發展到相當限度，又可憑藉小水系進到大水系而相互之間發生親密的接觸。因此，中國文化一開始就容易形成一個大局面。

從氣候看，中國大部地處北溫帶。氣候條件，以及物產等方面均不如其他幾個文明古國好。這種氣候環境使中國人一開始便在一種勤奮耐勞的情況下創造自己的文化。

在分析中國文化產生的地理環境、氣候條件之後，錢穆得出了三點結論：

第一，人類古代文化發展，一般是在小環境裡開始，其缺點在於不易形成偉大的國家組織。只有中國文化從一開始就在一個大環境下展開，因此容易養成並促進政治、社會，以及人事等方面的團結與處理方法的才能，使中國人能迅速完成內部統一。這是其他國家民族所不及的。

第二，在小的環境裡產生的文化，容易遭受到週邊文化較低的異族侵略，而打斷或阻礙其發展。只有中國因為在大環境下展開，又能迅速完成國家內部的團結與統一，因此對外來異族的抵抗力量特別強，得以不受摧殘，而保持其文化不斷向前發展。

第三，古代文明多在小地域的肥沃區域裡產生，因此容易到達其頂點，很早就失去另一新鮮向前的刺激，使其活力無地使用，趨向過度的奢侈生活，而招致社會內部的腐敗與蛻化。只有中國文化因為在貧瘠而較廣大的地面產生，因此不斷有新刺激與新發展的前途，在其

文化生長過程中，社會內部也始終能保持著一種勤奮與樸素的美德，使其文化常有新精力，不易腐化。

從地理環境出發研究中國文化是錢先生的一大特色。

在錢穆看來，中國文化賴以產生的地理環境是特殊的，因而造成了中國文化淵源的特殊性，使中國文化發展走了一條與其他民族文化發展不同的獨特道路。這一結論是中肯的。

二、中國文化演進的四大階段

錢先生指出，中國很早就有了「歷史」這一名詞，而並無「社會」這一名詞。「社會」一詞，是近代自西方傳譯過來的。中國古人所說的家、國、天下，已經包括社會一詞的涵義。因此，要認識一個民族的文化，必須先認識其歷史和社會。任何文化體系都具體地表現在歷史和社會兩個方面。歷史是過去的社會，社會是現在的歷史。而且過去的歷史還留存於現在的社會中，現在的社會又是從過去的歷史中來的。研究中國文化，主要也應該著眼於其社會與歷史。他指出：「該著眼於在各時期的社會演變來認識中國史，該著眼在各時期的歷史演變來認識中國社會」，「明了得中國史和中國社會，自能明了中國文化」。[40] 由此看來，錢穆所講的中國文化史不僅是中華民族文化發展的歷史，而且也是中國社會發展的歷史。

錢穆強調，中國社會的特殊性在於它主要是由人與人之道而形成的。中國社會是四民（士農工商）社會，士為四民之首。士的變動可

40　錢穆：《民族與文化》，臺北：東大圖書公司，1989年，第13頁。

以影響到整個社會的變動。根據這一變動，錢穆把中國社會分為游士、郎吏、門第、科舉等若干階段。一部中國歷史的指導精神寄託在士的一流品；一部中國歷史是由儒家精神——周公、孔子、孟子培育的傳統維持下來的。

基於這種對中國文化史的認識，錢穆提出了自己獨特的中國文化演進過程的觀點。中國文化的發展主要經歷了以下四個不同時期。

（一）第一個時期是先秦時期。

錢穆認為，這個時期中國人把對人生的理想和信念確定下來，這是中國文化演進的大方針，也是中國文化的終極目標所在。其具體表現在國家凝成與民族融和、古代觀念與古代生活、古代學術與古代文字的形成等諸方面。

在他看來，國家凝成與民族融和是同步進行的，分先後五個階段完成的。第一，禪讓制度。由各族互推共主，這是唐虞時代。第二，王朝傳統制度。各族共認的王朝，父子相傳（如夏）或兄弟相及（如殷，兄弟相及只是父子相傳的變相，最後還要歸到父子相傳），繼世承繩，為天下的共主，這是夏商時代。第三，封建制度。諸侯由王朝所分封，而非王朝由諸侯所尊認，這是西周時代。第四，聯盟制度。由諸侯中互推霸主，互相團結，王朝退處無權，這是春秋時代。第五，郡縣制度。全國只有一個王朝，沒有諸侯存在，這是戰國末年的情形。在國家體制的逐步完成中，民族界限也逐漸消失，這是中國歷史上民族融和與國家凝成的五大時期。秦始皇統一以後，中國文化系統中，一直保持著這一貫的傳統。

錢穆認為，先秦時期不僅完成了國家和民族的凝成與融和，也形成了中國的古代觀念和古代生活。古代有民族、國家、宗教、人道、家庭等觀念。民族、宗教與國家觀念是相互聯繫的，它們共同融成為一個整體，它們始終是中國古代文化的主要源泉，促成秦漢以後中國的統一。但這種觀念屬外在的，是消極的。內在和積極的是中國人的人道觀念。中國文化是一種現實人生的和平文化，這種文化根植於古代的人道觀念。人道觀念指的是人與人相互敬愛，尤其表現為家庭觀念。人道觀念從家庭觀念開始，父子、兄弟、夫婦為人倫之本。中國文化全部建立在家族觀念上。錢穆的邏輯是，先有家族觀念，後有人道觀念，然後才有其他觀念。中國人對人道觀念的重視，超過了對民族界限、國家疆域和宗教觀念的重視。人道觀念的核心是家族觀念，不是個人。因此中國文化的家族觀念，並不是把中國人的心胸變狹窄了，而是把中國人的心胸放開了，變寬大了。另外，中國古代人的生活首先是農耕與遊牧生活並存，後來主要是農耕生活，形成秦漢以後的四民社會。

　　先秦文化完成的第三件事是古代學術和文字的形成。錢穆以孔子為界，區分先秦學術的兩個時代。孔子以前的書籍即經書，乃至全部學術全操在貴族手裡，稱貴族時代。孔子以後的書籍稱子書，那時的學術轉移到平民階級手裡，稱平民時代。孔子同時是平民學的開創者，又是貴族學的傳承人。在中國學術上，貴族學時代與平民學時代，一脈相承，只是一種演進，而不見劇變。因此，孔子以外的其他平民學者反對貴族學，在中國傳統精神上看來，反而不近情理，而孔子及儒家繼承貴族學，遂不期而成為後來學術的正宗。

錢穆認為，漢字也是先秦時代確立的。中國文字先是一種象形的，很快發展為象意與象事的，並利用曲線描繪意象與事象，開啟後來書法藝術之先河。漢字也能象聲，把表聲的部分與象物象事象意的另一部分相配合，把兩個單體字聯合成一個複體字，形成形聲組合的新字。這樣一來，漢字的數量大量增加。中國人有了二三千個字母，彼此搭配，永遠不會感到不夠用。如此，中國不要添造新字，現代人只要略加訓練，便可以認識三千年以上的文字。另外，中國文字也可控制語言。文字統一，語言也要統一，文字也常能追隨語言以適應新的需要。

　　中國文化之所以長久，與其學術、文字不無關係。由此看出，中國文化在其發展的第一個時期完成了國家凝成、民族融和、學術、文字、觀念、生活等方面的建設，為今後中國文化的進一步發展打下基礎。中國文化以後的發展都可以在先秦時代找到其胚胎。

　　（二）第二個時期是漢唐時期。

　　錢穆說這個時期的中國人把政治社會一切規模與制度大體上規劃出一個輪廓。這是人生的共同境界，必須首先把它安頓妥帖，才談得上個人的發展。這個時期的文化發展有如下幾個特點。

　　文治政府的創建。這主要是指漢武帝以後新型的政治制度的建立。表現為皇位世襲，象徵著天下的統一。丞相輔助皇帝，是政府首腦，實際上擔負行政責任，選賢與能。全國官吏均由公開標準，通過考試選拔。文官必須接受過國家指定的教育，且有下級行政方面的實際經驗。入仕官員的名額依各地戶口數平均分配。全國民眾在國家法

津上一律平等，納賦稅、服兵役均由法令規定。國內取消貴族特殊權利，國外同化蠻夷低級文化，希望全世界平等和平。這是當時秦漢政府的幾個大目標，而且確實是朝著這些目標前進的。

政治上的文治政府的建立是以當時的平均主義的經濟政策為基礎的。錢穆從政治領域進到經濟領域，對中國古代經濟的均產論進行了分析。中國古代經濟實際上受儒家傳統的均產論支配。這一均產論並非絕對平均，只在寬度的平面上求平均。寬度的均產中間仍有差異。在寬度的均產中，不僅貧民應有最低的界限，而且富人也應有最高的限度。這說明中國傳統的均產理論認為貧與富都有一個限度，太貧太富同樣是有害的。中國儒家傳統經濟理論是禮治主義的，與其政治上的文治是一致的。

這一時期在中國文化發展史上出現了中衰期。主要是東漢以後，制度與經濟等方面出現了問題，經濟上貧富分化，政治上出現腐敗，這種現象直到魏晉南北朝時期。學術界一般把這一時期與西方歷史上蠻族入侵和羅馬衰亡相提並論，錢穆則認為兩者不同。在西方是羅馬民族滅亡，日爾曼民族繼之代興。在中國，則仍然是華夏民族為正統，只是又繼續融進了一些新分子。在西方羅馬文化衰亡，希伯來宗教文化繼之代興，在中國，則依然是自古以來的諸夏文化為正統，只是融進了一些新信仰。因此，魏晉南北朝時期的新民族與新宗教的再融合，沒有破壞中國文化的基礎，只是發生了一個轉化。中國文化仍生生不息地照常演進。

經過魏晉南北朝一段中衰期，接著就是隋唐復興的盛世。錢穆認

為，中國文化演進到唐代，文學藝術與人的個性得到長足發展。而唐代的文學藝術的發展都與佛教的蛻變有關係。從唐代起，佛教發生了根本轉變。唐代的禪宗是中國歷史上的宗教革命與文藝復興。正是有了禪學，一方面是佛教思想內部變革，直接影響到宋儒道學運動，把中國思想界的領導權，再從佛教完全轉移到儒家手裡。另一方面是中國社會的日常人生，由宗教廟宇裡的厭世絕俗與嚴肅枯槁，再回到日常生活自然活潑的天趣中來。由此開啟了文學藝術的一條新路。在文學藝術中，個性得到了充分的伸展。

在錢先生看來，這一時期中國文化最值得稱頌的是漢代政治制度上的建構與唐代文學藝術的種種趣味。這是中國文化史上的兩大骨幹。後代的中國全由此兩者支撐。因為政治社會的體制是安定人生的共同部分，文學藝術則滿足了人生的獨特部分。

（三）第三個時期是宋元明清時期。

錢穆認為，這個時期的特點是文學與藝術的顯著發展，人生的共同境界安定了，個性的自由發展也開始了。錢穆對這一階段中國文化的基本看法是，從總體上說與漢、唐相比趨向衰弱，但也有許多值得大書特書的地方。

首先是宗教思想的再澄清。中國文化建設在先秦時代早已超越宗教的需要，建立一種平民社會日常人生自本自性的教義。秦漢時代本著這種教義創建理想的政治和社會。東漢末年政治腐敗，人們對現實人生失望，遂歡迎佛教的傳入。等到隋唐時代復興，宗教思想開始轉變方向。但隋唐以後宋、元、明、清四朝有些時期的混亂超過隋唐，

為什麼這一千年宗教勢力不再抬頭，不能再像魏晉南北朝時期那樣興盛？錢穆認為，其原因是佛教思想的中國化，尤其是禪學的興盛。他們的理論，主張自性自修。自性迷即是眾生，自性悟即是佛。直到宋代新儒學興起，再從禪宗思想發展一步，要求從內身自心自性中認取修身、齊家、治國、平天下的大本原，如此又完全回到先秦儒家思想的老根基上。在魏晉南北朝時期，一方面是儒家思想衰弱了，另一方面是門閥新貴族崛起。知識與學問操在他們手裡，一般平民一無所有，宗教趁此掌握了指導人民的大權。宋代以後，中國社會中貴族消失，平民學者再起（理學），他們到處講學，書院林立，儒學思想恢復了其平民精神，重新掌握到人生大道的領導權，寺院僧侶自然要退處一隅。

另外，唐宋以後的文學藝術的發展也代替了宗教的功能。中國文學藝術不喜歡作天生的具體描寫，偏重於對失意人生作一種同情的慰藉，或是一種超現實的更寬大更和平之境界的憧憬。中國儒家的教義是剛性的、陽面的，中國文學藝術則是柔性的、陰面的。中國人的理想人生，便在儒家教義和文學藝術一剛一柔、一陽一陰互為張弛下和平前進。這也是不需要宗教的原因之一。

這個時期值得一提的第二件事是民族的再融和。如蒙古、契丹、女真等，他們雖然在政治或軍事上取得了一定的勝利，在文化上卻被消融在中國民族的大熔爐裡。此外一些周邊國家如日本等，均受中國文化的影響。這一時期的中國人，在國內進行著民族融和，在國外進行著文化移植。只要在地理環境和交通條件允許之下，文化移植，便可很快轉變為民族融和。中國人希望天下太平、世界大同的理想，在

此期間並未停歇，仍然步步進展。

這個時期文化演進的協力廠商面特點是社會文化的再普及與再深入。在這方面宋明新儒學起了重要的作用。新儒家以書院自由講學為根據，一面代替了宗教的功能，一面主張清議，干預政治。宋以下中國社會文化的再普及與再深入，不僅在儒學展開的一方面可以看到，而且在文學方面，同樣可以見到。宋明以來的詩歌散文，完全沿襲唐人，脫離宗教與貴族性，而表現著一種平民社會日常人生的精神。又如一些工藝趨向於平民社會與日常人生。宋代以後，社會文化普及與深入，思想意識與文學藝術更加平民化了。

（四）第四個時期是我們面臨著的最近將來的時期。

從上一時期的最後階段開始，中國文化面臨著東西接觸與文化更新的問題，具體表現為兩個方面。一是如何趕快學到歐美先進文化，求強求富，好把自己國家和民族的地位支撐住。二是如何在學到歐美先進文化的同時，不至於把自己傳統文化精神斷喪或戕害。換言之，即如何再吸收融和西方文化，使中國傳統文化更光大與更充實。如果第一個問題不解決，中國將無法存在。如果第二個問題不解決，即使中國存在，而中國傳統文化則消亡了。如果中國傳統文化消亡了，也就是中國消亡了。世界上關心中國文化的人，都將注意到這兩個問題。這也是亡國與亡天下的問題。天下即是文化。文化未亡，國家仍可復興。文化已亡，國家不復存在。所以我們如只注意到「亡國」的問題，而不注意「亡天下」的問題，其結果是「國將不國」。

錢穆以中國文化本位的立場回答了這兩個問題。在他看來，西方

文化可取之處是科學，中國文化中所缺少的也是科學。科學是純粹的真理，並非西方專利。中國感到自己傳統的一套和平哲學與天下太平、世界大同的文化理想，實在對人類將來太有價值了。但是中國的現狀又太貧太弱，除非學到西方的科學方法，否則中國將無法生存，而中國那套傳統的文化理想，也無法傳播，去為人類造幸福。中國人在這種觀念下，從內心深處真誠地發出一種覺悟，這是中國傳統文化所擔負的使命的覺悟。因此中國必須西方化，即科學化，而科學化的中國依然還要在其傳統文化的大使命中盡責任。錢穆堅信，科學在中國發展以後將不會損害或拆毀中國原有的文化。因為中國傳統文化，一向是樂於接受外來新元素而仍可無害其原有的舊組織。這不僅在於中國國民性的寬容博大，也由於中國傳統文化特有的中和性格，使其可以多方面地吸收與融和。「不僅可以容受，應該還能開新，這是我們對於面臨的最近中國新文化時期之前途的希望。」[41]

錢穆把以上四個時期分別稱為宗教與哲學時期（此處所用的宗教與哲學即指人生的理想與信仰）；政治與經濟時期（政治採用民本精神的文治政府，經濟主張財富均衡的自由社會）；文學與藝術時期（文學藝術偏重在現實人生而又能代表一部分的宗教性能）；科學與工業時期（科學在理論方面必然將發揮實現第一時期的理想與信仰，科學在實用方面必然受第二時期政治與經濟理論的控制與督導）。但這種區分，並非說中國文化在變異與轉換，只是說中國文化在推擴與充實。中國文化依然是這一大趨向，只逐次推廣到各方面，充實了各部門。由此以往，中國人才能到達終極理想的天下太平與世界大同時

41　錢穆：《中國文化史導論》，第180頁。

期。

　　錢穆對中國文化史研究的特點在於：從中國文化本身出發，尋找中國文化發展的內在邏輯，強調中國文化發展的獨立性與特殊性，克服了機械地運用西方模式分析中國文化的弊病。從縱向看，肯定中國文化五千年一貫而下、一脈相承的特點，同時又突出了中國文化在不同時期發展中所體現的特殊性，把中國文化發展連續性的一般趨向與其在不同時期發展的特殊性有機地結合起來。從橫向看，一方面強調文化的整體性，它是民族精神的體現，並對此採取全方位的綜合考察；另一方面又看到文化整體內部要素之間的具體差異性，深入到文化的不同方面進行具體分析。錢穆把文化的整體考察與個別具體分析結合起來，認為研究中國文化應從歷史入手，強調文化的民族性和社會性，把歷史、民族、社會統一起來。可以說，他的文化史，不是狹義的文化史，而是社會史、民族史、文化史（狹義）相結合的廣義文化史。

　　此外，錢先生對中國文化史的考察，以先秦諸子百家的平民文化思潮作為元典，作為軸心，作為考察歷代文化的參照系和坐標軸。這一點是十分有意義的。因為，任何民族的大傳統都有其軸心時代和元典時代，在中國確乎是在先秦。而先秦諸子百家實在是為我國源遠流長的大傳統提供了不同的基因。這種平民文化思潮是多樣的，有生命力的，是可以與小傳統匯通的。這種平民文化思潮又是反專制的，主張寬容與多元的。這種平民文化思潮表現的層面，不僅在心性層面，而且在社會、政治、經濟、教育、文藝、科學、哲學、宗教等各個層面，是博大的、開放的。

三、儒學的發展及其在中國文化史上的地位

錢賓四先生肯定儒學是中國文化的主幹和核心。他的這種看法並不是只憑主觀情感而沒有客觀依據的。恰恰相反，錢穆重視儒學在中國古代社會文化生活方式中的客觀基礎，特別是在水汭地域、農耕文明、統一天下、四民社會、文治政府、廊吏或科舉制度背景下的儒家文化絕對不是可有可無的。儒學的產生、發展及其成為中國幾千年文明維繫的軸心，都是有其客觀基礎的。

另一方面，與此相應，儒家價值系統是潛存、植根於廣大中國人的日常生活之中的，不過由聖人整理成系統而已。正如余英時先生所強調的，錢先生把章學誠「聖人學於眾人」的觀念具體化、歷史化了，因此不主張用儒家經典中的一二語來概括儒家思想，而是著力研究兩千年來隨著社會生活客觀現實的變化發展而不斷更新的儒家文化及其價值系統。他以史學的立場，把儒家看成是一個不斷與時俱進的活的傳統。

錢穆先生認為中國儒學經過了六期發展。第一，先秦是創始期。第二，兩漢是奠定期，以經學為主，而落實在一切政治制度、社會風尚、教育宗旨以及私人修養之中。第三，魏晉南北朝是擴大期，不但有義疏之學的創立，而且擴大到史學，從此經、史並稱。第四，隋唐是轉進期，儒學在經、史之外又向文學轉進。第五，宋元明是儒家之綜匯期與別出期。所謂綜匯，指上承經、史、詩文的傳統而加以融匯；所謂別出，則是理學。第六，清代儒學仍沿綜匯與別出兩路發展，但內容已大不相同。清儒的別出在考據而不在理學。晚清公羊學

的興起則更是別出之別出。[42]

第一個時期是儒學的創始期，指先秦儒學。從孔子以後到孟子、荀子，以及其他同時的儒家，都屬於儒學創始時期的代表人物。這一時期百家爭鳴，儒家不僅最先興起，而且也最盛行。它是中國文化的正宗。孔子以前學在官府。儒學是春秋時代學術下移的產物，是由貴族學向平民學轉化的產物。中國古代文化大傳統，是將宗教政治化，又要將政治倫理化的，即是要將王權代替神權，又要以師權來規範君權，因此最看重學校與教育。他們不講君主與上帝的合一，而只講師道與君道的合一，即道與治的合一。君師合一則為道行而在上，即是治世，君師分離則為道隱而在下，即為亂世。儒家所講的道，不是神道，也不是君道，而是人道。他們不講宗教出世，因此不重神道，也不講國家無上與君權至尊，因此也不重君道。他們只講一種天下太平、世界大同的人生之道，即平民道。錢穆一方面肯定儒家是古代文化思想的繼承者，另一方面也肯定儒家是新價值系統的創造者。

第二個時期是儒學的奠定時期，指兩漢儒學。儒學從先秦創立起，到兩漢時代確立，奠定了以後發展的基礎。

錢穆不同意所謂先秦學術到了漢代就中斷了，或從漢武帝表彰六經、罷黜百家開始，儒家已定於一尊了的說法。他認為，儒家在晚周及漢初一段時間內，已將先秦各家學說吸收融會，冶於一爐。在《易傳》、《中庸》、《大學》、《禮運》中，儒家吸收融化了道、墨諸家的

42　見錢穆：《中國學術通義》，臺灣學生書局，1984年版；《新亞遺鐸》，臺北：東大圖書公司，1989年版。

思想，把宇宙觀與人生觀、文化與自然、人道與天道、個體與群體、內在道德自我與外在事功活動等等統一起來，形成了新的價值系統。

兩漢儒學為經學。這是因為，就先秦儒家而言，如孔孟所師承的是古代經書傳統，所講的也是經書。兩漢以下承孔孟傳統而來，自然經學即成儒學。兩漢儒學的貢獻在於，當時的一切政治制度、經濟制度、社會風尚、教育宗旨以及人生修養種種大綱細節，均根據經學而來，同時也對以後的中國文化傳統產生了重要的影響。

第三個時期是儒學的擴大時期，指魏晉南北朝時期的儒學。學術界一般認為魏晉南北朝時期是儒學衰敗時期。牟宗三就曾認為此時期是儒學發展中的歧出時期，因為這一時期崇尚清談，老莊玄學盛行，同時又有印度佛教傳入。錢穆的觀點與眾不同，認為儒學發展的這一時期非但不歧出、不衰敗，反而呈擴大趨勢。當然，他也承認這一時期儒學的地位不如兩漢，但其研究視野、範圍比兩漢要擴大。「擴大」的意義主要表現在經學本身的注疏。對中國古代經學最大貢獻的是十三經的注疏與整理。而十三經的注疏與詮釋多出於這一時代人之手。南北朝時期的經學有南北之區別。北朝人主要側重《周官》的研究，南朝人重視禮的研究。唐代的義疏之學承接魏晉而來。如果真如一般人所說，魏晉南北朝四百年來只談老莊玄學，只談佛學出世，試問如何能繼續中國文化遺緒以開啟隋唐之盛世呢？另一方面，儒學擴及史學方面。史學原本是經學的一部分，如鄭玄、王肅、杜預偏重於史學。《宋書》、《南齊書》、《魏書》等均出於此時。受其影響，隋代史學尤盛，無論從數量和品質上對後世影響均很大。

第四個時期是儒學的轉進時期，指唐代儒學。唐代的經史之學，均盛在唐代初期，係承接魏晉南北朝人的遺產而來。也就是說，隋唐出現的儒學盛運，早在南北朝晚期已培育好了，只不過此時是結下的果實。唐代經學最著名的有陸德明的《經典釋文》，孔穎達等的《五經正義》。尤其是《五經正義》乃經學上的一大結集，後來在此基礎上陸續增為《十三經注疏》。至於史學方面的著述，如《晉書》、《梁書》、《陳書》、《北齊書》、《周書》、《南史》、《北史》、《隋書》等均為唐初所撰，但主要也多是承襲南北朝人的遺緒。

錢穆強調，在唐代，儒學除經史之學以外，卻另有一番轉進。他所理解的轉進，與前時期所謂的擴大稍有不同，就是說，唐代儒學的新貢獻，在於能把儒學與文學匯合，從此在經史之學以外，儒學範圍內又包進了文學一門。儒學發展到唐代，先後包容了經、史、子、集之學，為宋代以後儒學進入綜匯期打下了基礎。

第五個時期是儒學的綜匯期與別出期，指宋、元、明儒學。所謂綜匯，是指這個時期儒學綜通兩漢、魏晉南北朝下迄隋唐經史文學，或以儒學統攝經史子集之學，經史子集之學包容在儒學範圍內。北宋諸儒具有綜匯的特點。他們都能在經史文學三方面兼通匯合，創造出儒學發展史上的一番新氣象。他們學問的路向雖有差別，但不超過經史文學範圍，只是側重點不同而已。如王安石偏重經學，司馬光偏重史學，歐陽修偏重文學等等。

所謂別出，指另有一種新儒出現，即別出儒，以區別於上述所說的綜匯儒。如周敦頤、張載、程顥和程頤兄弟諸儒。他們與綜匯儒不

同，他們都不大喜歡作詩文，似乎對文學頗為輕視，也不太注意史學。在經學方面，對兩漢以後諸儒治經的功績，他們都不重視，只看重心性、修養工夫。他們所學所創，後人又稱理學。就兩漢以後的儒學大傳統而言，宋代理學諸儒可以說是儒學中的別出派。到了南宋朱子後起，儒學發生了又一次轉變。朱熹是中國學術史上傑出的通儒，在這方面可以說是承續北宋歐陽修一派綜匯之儒一脈而來。朱子之學，可以說是欲以綜匯之功而完成其別出之大業者，即想使理學的別出回歸於北宋綜匯諸儒。朱熹有兩個反對者，一是呂東萊的史學，另一是陸象山的心學。在錢穆看來，陸象山的心學可以說是別出中的別出者。如果說周敦頤、張載、二程兄弟是別出之儒，那麼陸象山則是別出儒之別出儒了。但以後儒學朱子一派得勢，他們兼通經史文學，繼續北宋綜匯諸儒的思想。

近代學人講儒學史時，往往忽略了兩個時代，一為魏晉南北朝，另一為元代。錢穆則不同，不僅強調了魏晉南北朝時期的儒學特色（如上所述），而且也突出了元代儒學的貢獻之處。元代講經史之學主要繼承朱熹的思想，成就可觀。朱子的《四書集注》自元代起成為科舉必讀之書。明代開國時的政治、經濟、文化等都淵源於元代，就像是隋唐的盛運淵源於南北朝一樣。中國儒學在衰亂之世仍然能夠守先待後，開啟新的一代，顯現出它的重要作用，這是中國文化與中國儒學的特殊偉大精神的作用。

錢穆把明代初期與唐代初期進行比較，認為兩者有相似之處。正如唐初有《五經正義》，明儒有五經四書大全。這是根據元代朱子學說傳衍而來，此後也成為明代科舉的教科書。明初過後，儒學不能急

速進行新創造，經學不見蓬勃發展，史學方面對於新史的撰述也很少見。明代與唐代的興趣多著眼於事功上。明代文學所宣導的是秦漢的文學，在詩的方面擬古主義盛行，他們沒有把握到唐代杜甫、韓愈以後的儒學納入了詩文這一趨勢。論及理學，自然以王陽明為主。陸象山之學是理學中之別出，而王陽明則可以說是別出儒中最登峰造極的人物。在錢穆看來，從宋代理學，尤其是二程、陸象山到王陽明，使儒學別出又別出，別出得不能再別出了。工夫論上則易簡再易簡，易簡得不能再易簡了。最後發展到王學末流，明代的儒學與明代的政治一樣終結了。

第六個時期是清代儒學的綜匯期與別出期。錢穆儘管也把這一時期的儒學發展稱為綜匯與別出，名稱上與第五期儒學相同，但其內容不同。最先如晚明三大儒顧亭林、黃梨洲、王船山，又走上經史文學兼通並重即北宋綜匯諸儒之路，都成為一代博通大儒。這三個人中，顧亭林大體本程朱，主要是朱熹路向；王船山在理學方面雖然有不同程朱而尊張載之處，但為學路向還是朱子遺統；黃宗羲宗王陽明，但他的學術與王船山、顧亭林一樣，主張多讀書，博通經史，注重文學。他們三人大同小異，與北宋綜匯儒屬一路。當時儒學貢獻是多方面的。如史學方面：其一，學術史與人物，清儒的碑傳集，是一種創造新文體；其二，章學誠所提倡的方志學，這是歷史中的地方史或社會史。在經學上，從顧亭林到乾嘉盛世的戴東原，正好與章學誠同時，此時經學之盛如日中天。但最先是由儒學治經學，其後則漸漸離開儒學而經學成為別出，又其後則漸漸離開經學而考據成為別出，這是清儒經學三大轉變。宋代別出儒只尊孟子，此下即直接伊洛。清代

別出之儒只尊六經，從許慎、鄭玄以下直接清儒。到了晚清今文學公羊派，可謂登峰造極，在五經中只尊《春秋》，在三傳中只尊《公羊》，可以說是別出中的別出了。

錢穆關於儒學的分期及其所持的標準頗具特色。他顯然認為儒學一直在不斷發展和擴大之中，並不僅僅限於心性之學或者考據之學的範圍之內，而是在社會政事、經史博古、文章子集的各方面沿著先秦儒學的博大範圍擴張。他把貫通與綜匯作為正潮，而所謂「別出」，是在某一方面突破性地發展。「別出」也很重要，無論是向「心性」還是向「考據」方面「別出」，實際上都豐富了儒學的內容，最終也融入到擴大與綜匯的大潮。因此，錢先生所謂儒學史上的別出與綜匯是相互聯繫的，別出是綜匯基礎上的別出，又以一定的綜匯為歸宿。錢先生沒有把儒學孤隘化、簡單化。儒學之所以成為中國文化的主幹，是由儒學的基本精神、廣博範圍、歷史發展客觀地確立的，而不是什麼人的一廂情願。因此，某些儒家文化的攻之者與辯之者，其實都把儒學簡單化了，都把中國社會與中國歷史的發展抽象化了。儒學的精神，是幾千年中國人的生活方式、行為方式、思維方式、情感方式和價值取向的結晶，絕不是某人、某派的主觀意向或情感所確定的。錢穆堅持的儒學的大傳統或中國歷史文化的大傳統，不是孤立、狹窄、單線、片面的，因此他沒有門戶之見。

余英時先生說，錢先生對儒學的看法，可以分為兩個層次，一是歷史事實的層次，一是信仰的層次。確實如此，錢先生不僅僅把儒學作為客觀研究的對象，同時又對儒學抱著無比深厚的感情，作為終身尊奉的人生信仰和立身行事的準則。他的宗主在儒家。他不僅窮研儒

學，而且八十年如一日，立身行事不忘先儒之教誨，於國家民族、世道人心，自盡己責。他深信儒家價值系統對於社會和個人仍有積極功能，能為中國現代化，特別是現代人的安身立命，提供一個精神的基礎、資源與指導。

錢先生在晚年定論《中國文化對人類未來可有的貢獻》中指出：「惟到最近始澈悟此一觀念（按指天人合一）實是整個中國傳統文化思想之歸宿處。」「我深信中國文化對世界人類未來求生存之貢獻，主要亦即在此。」「專一玩味此一觀念，而有澈悟，心中快慰，難以言述。」足見「天人合一」的確是錢先生的最高信仰和終極理想，由此我們也可以看出儒家人文教的宗教情結對中國士人知識份子的精神安立的作用。

第二章

平章今古 推故致新（經學論）

錢穆為學，可以說是從經學開始的。早在上世紀二三十年代，他就開始研究經學，並先後發表了《論語要略》和《孟子要略》等經學方面的著作，尤其是三十年代初發表的《劉向歆父子年譜》堪稱經學研究方面的佳作，正是由於這部名著，他受聘於燕京大學、北京大學，開始了長達數十年的大學教書生涯。他對經學的研究，主要有以下幾個方面：經學的淵源及其歷史，經學的基本精神及其方法，經學的今古文之爭等。他平息了經學上的今古文之爭，對當時學術從經學，尤其是從新經學的羈絆中解放出來有十分重要的意義。本章主要依據《兩漢經學今古文平議》、《中國學術通義》、《四書釋義》等著作，作一評述。

3.1 經學的淵源與發展

錢穆指出：「中國經學應自儒家興起後才開始。」[1]但經學的淵源則在儒家產生之前，大概要追溯到春秋以前所留下的幾部經書上，稱「五經」。這幾部經書不僅是中國文化的源頭，也是經學思想產生的理論淵源。由此，錢穆首先對這幾部經書進行了總體研究。

一、經書與「六經」稱謂

他指出，中國學術具有最高權威的是孔子和「六經」。孔子是中國學術史上人格最高的標準，而「六經」則是中國學術史上著述最高的標準。從孔子以來二千四百年，學者言孔子必及「六經」，研究

1　錢穆：《中國學術通義》，臺灣學生書局，1975年版，第7頁。

「六經」也必及孔子。因此，「六經」的內容，以及孔子與「六經」的關係不可不先論。

關於《易》與《春秋》。他認為，易書源於八卦。八卦之用，如古代的文字。如《易緯·乾鑿度》說：「☰ 古天字，☷ 古地字，☴ 古風字，☶ 古山字，☵ 古水字，☲ 古火字，☳ 古雷字，☱ 古澤字。」卦之間重疊表示文字有會意，如 ䷳ 為山下有泉。引申為文字有假借，如 ☳ 本為雷，後以龍也潛伏，時時飛升，而且雷動龍現，二者相因，故 ☳ 也以象龍。蔔筮如拆字。八卦興起於遊牧之世。設想一隊牧人遊牧，路經山野找到山上有水，隊人在離去時想到同族後隊接踵而至，便在山下作一個記號 ䷹，意思是山上有澤。後隊人到此便知水在山上。那時民智淺陋，見卦象可以告我外物，以為一定有與我同類的神，由此敬之。牧隊將出發，戲為占問，如得某卦，說明外出不利，雷雨將至，如得某卦意思是水草豐美，盡利前往。後人通過拆字驗吉凶就是占卦的變相。繫辭則是「籤詩」。至於《周易》起於殷周之際，說明周家有天下是由天命決定的。在談及孔子與《易》的關係時，錢穆認為，孔子言《易》見《論語》有兩處。針對「加我數年，五十以學易，可以無大過矣」一句，他認為「五十以學易」，古《論語》作「易」，魯《論語》作「亦」，連下讀。比較觀察文義，魯《論語》是正確的，因為孔子無五十學易一說。針對「南人有言曰：『人而無恒，不可以作巫醫，善夫！不恒其德，或承之羞』，子曰：『不占而已矣』」一句，他認為「因人之無恒，而歎其不占，與南人之言，同類並舉，亦博弈猶賢之意，非韋編三絕之說也」。至於「十翼」不是孔子作，已被後人證明。

錢穆認為，《春秋》出於孔子，自來無異議。他指出《春秋》的貢獻：其一為《史記》編年之祖；其二是轉官史為民間史，開平民輿論的自由；其三會國別史為通史，尊王攘夷，聯諸夏以抗外患，以民族觀念發展為大一統的理想。

關於《詩》、《書》。錢穆指出，孔子以詩書禮皆雅言。孔子刪詩書，今傳詩書出於秦火以後，也不再是孔子誦說的舊本了。書為當時的官書，詩為昔人的歌詠，不足為萬世之經典。

關於《禮》、《樂》。錢穆認為，《論語》、《孟子》言禮，皆明禮意，重在行事，不在書本。《漢書》所稱「禮經」就是今天《儀禮》十篇，而春秋二百多年列國君大夫行禮，從未提及。樂與詩相合，本非有經。禮樂隨時而變。在錢穆看來，孔子以前未嘗有「六經」，孔子也未嘗造「六經」。研究孔子不必專一注重後世所謂的「六經」。

錢穆具體考證古代書籍種類，進一步說明孔子與「經」無關。他認為，《楚語》記載申叔時論教太子，列舉古典籍最詳備。共九類：《春秋》為當時王朝列國史；《世》為當時世系譜牒；《詩》為《論語》所說的「誦詩三百」；《禮》為古代遺制舊例，與本朝的成文法；《樂》為記詩之音節、制度、物數；《令》為君之明令；《語》為前人善言佳語；《故志》為古史，亦為語言；《訓典》包括先王典章法令文告等。這九類不出詩書兩大類。至於禮樂，詩書指書籍的體，禮樂則指書籍的用。書即禮，詩即樂。禮有先例之禮、成文之禮。本於歷史的春秋、世、語、故志、訓典屬於先例之禮。本於制度的禮、令屬於成文之禮。後王本朝制度法令是先王朝的先例舊貫。捨禮就沒有法

令、歷史。史、禮、法三者統一於禮。而詩、樂包括在禮中。古人學問為詩書禮樂。加上《春秋》和《易》，是後來漢儒所為。

那麼「經」的稱呼是如何形成的？「經」的稱謂仿《墨子》。《墨子》有經上下。經是對傳與說而言的，沒有傳與說，也就無所謂「經」。《說文》有「經，織也」。《左傳·昭公十五年》有「王之大經也」。疏：「經者，綱紀之言也。」因此說其所傳之本書曰「經」，言其為「傳」之綱紀。讀《墨經說》一定依附於經閱讀，如網在綱，有條不紊。這是古書稱「經」的意義。章學誠說因傳而有經之名，如因數而立父之號。因此，經名之立，必在傳、說盛行以後。荀子開始稱「經」，把春秋與詩書禮樂並稱，但不知「六經」，也不把《易》看作「經」。荀子單說詩書，包括春秋，單說禮，包括樂。分說是詩書春秋禮樂，合說就是詩書與禮。秦人焚書主要是詩書、百家語。《易》為蔔筮之書，沒有焚毀。這裡的詩書指孔墨以前的舊籍，百家語指儒墨以後的私書。《易》在秦時不是儒家一經。荀子屢次談詩書禮樂春秋而不言《易》。《孟子》無一字言《易》。可知《易》與詩書禮樂春秋不是一類。由此，錢先生得出結論：「尊春秋齊於詩書禮樂者，其論始於孟子，定於荀子。並易與詩書禮樂春秋而言之者，則儒道陰陽合糅之徒為之。」[2]錢穆又認為，儘管其事起於漢，見於劉安、司馬遷、董仲舒、賈誼之書，但這些書也不稱「六經」。漢武帝時代稱「五經」，立「五經博士」。那「六經」稱呼開始於誰？錢穆引《漢書·王莽傳》「平帝時，莽奏立樂經，隨立六經祭酒」，得出結論，「六經」稱呼始于王莽。

2　錢穆：《國學概論》，臺灣商務印書館，1968年版，第24頁。

總之，在錢穆看來，孔子與「六經」（稱呼）無關，但不等於孔子與詩、書、禮、樂無關。「六經」提法的形成有一個過程，為後來漢儒所為。

在研究了「六經」與孔子的關係以及「六經」的內容特點及其產生過程之後，錢穆概括了經學發展的歷史。

二、經學小史

錢穆把經學的歷史分為兩漢、魏晉南北朝、隋唐、宋元明和清代五個階段，並分別指出不同階段的特點及其得失。

西漢時期的經學。西漢時期的經學家，最先是兼通五經。到了漢宣帝以後，漸漸走上專治一經的道路，這就是當時所謂的今文博士。東漢古文經學興起，又回到兼通諸經的路上去。錢穆認為，兩漢經學的主要特點在於求政治上的應用。主要表現一是當時的政治理論不依託在神權或君權上，而別有一套合乎人文社會歷史演進的大理論。這種理論都是從古代經書中推衍出來，即從周公孔子的教訓中推衍出來的。二是政治措施不偏重在當朝的法律或帝王宰相大臣等的私人意見，而必須根據在經典中推衍出來的理論上決奪。這在兩漢時代有實例可舉。錢穆把它看作是經學在兩漢時代的貢獻，並認為中國歷史上的文治政府的傳統就是在兩漢時代奠基的。

接著，錢穆從兩漢的儒學和經學的關係出發，進一步揭示了經學的特點。在他看來，學經學的在當時稱儒，《史記》、《漢書‧儒林傳》中的人物，顯然與《貨殖》、《遊俠》等傳中的人物不同。儒林人物

也可以說是以後中國學人的標準模範。因此，以後中國歷史人物乃至學者，必須以儒為正統，也以從事政治為主要目標。兩漢經學主要精神，比較偏重在政治。當時孔子被稱為素王，又稱其為漢制法。這是因為大一統局面初步形成，王權驟張，一輩儒生高抬孔子與經學來壓制新王權，漸漸形成以後歷史上一個能接受學術指導的政權。這是漢儒的功績。東漢班固《漢書‧藝文志》，根據西漢劉向劉歆父子的《七略》分類，以六藝與諸子分別，而儒家則列在諸子之首，但孔子不列為儒家。孔子的《論語》附在六藝略。小學階段讀《孝經》、《論語》，大學階段治五經。這是由政府規定的學制。可見孔子在當時也有雙重地位，一是下啟儒家，又一是上承周公傳統。六藝之學是王官之學，儒家則只是百家之言。漢儒都把孔子與周公並舉，把五經尊為王官學。這是當時人的經學精神。從總體上看，錢穆的看法是，兩漢的學術是重經過於重儒。

魏晉南北朝時期的經學。與一般意見不同，錢穆不把這一時期的經學看作是中衰。他只承認儒學在這個時期中衰。這是指在政治上漸漸失去往日的勢頭，而這時期的經學研究卻有了很大的發展。如《十三經注疏》中的大部分工作是在這時期完成的。除唐玄宗《孝經》禦注外，《易經》有魏王弼注，《論語》有魏何晏集解，《左傳》有晉杜預集解，《穀梁》有晉範寧注，《爾雅》有晉郭璞注，《尚書》有孔安國傳，是魏晉人偽託。《尚書》偽古文，也由魏晉人編撰。當時又獨創了義疏新體，除僅存的梁皇侃《論語義疏》之外，其他均早已遺失。當時上層政治規模大體還承接兩漢，下面門第傳統，也由儒家經學中的禮法來維持。但道家與佛教思想盛行，與儒家三足鼎立。經學

上義疏之學，也與當時佛教中人解釋佛教經典的工作有關係。唐初孔穎達等編《五經正義》中疏的部分，淵源於南北朝。

錢穆又進一步指出，南北朝時，經學也分南北，它們側重面不盡相同。就禮學而言，南方重視喪服，《喪服》原本是《儀禮》中的一篇，所別出成為當時顯學，是因為當時門第制度鼎盛，家族間的親疏關係，都依賴於喪服識別，喪服成了維繫門第的一項主要制度。南方禮學，除喪服外，還重視朝廷一切禮樂制度，這是因為南方武力不強，民族自尊心的激發。所謂衣冠文物，也是民族文化所寄與其象徵所在。南方重視禮學，在心理影響上，對於南北朝對峙局面有很大作用。北方也重禮，北方治喪服的人也很多，但北方更重《周官》。因為北方胡漢混雜，要改進當時政治體制，必須鑽研古代制度，《周官》則成為依據。南方重喪服持續到唐代，以後隨著門第關係消失而不再受重視。北方重《周官》，對隋唐政治影響不小。

隋唐時期的經學。錢穆認為，唐代統一，把南北朝時期各家義疏糅合起來，寫成《五經正義》，並把它當作唐代政府考試的標準。但唐代考試門類中更受重視的卻是詩賦文學，而當時人對於人生哲理及教訓，則更偏向於佛學。因為唐代的經學依然是在衰微時代，而且比不上魏晉南北朝時期。但唐代政治發達，遠勝於魏晉南北朝，可以和兩漢媲美。討論政治依據經學，因此經學在唐代人心目中，仍然有著十分重要的地位。與漢代不同的是，唐代的政治與人生一分為二，向兩極發展。從事政治事業，在人生理想中被認為是次要的。如果論人生最高嚮往及其終極理想，不在孔子與五經，而在佛教，從佛經中去追尋人生的終極理想。

從錢穆的論述中看出，經學自漢代確立以後，到唐代經歷了演變，但這種演變似乎是在漢代經學的框架下進行的，實質上沒有超出漢代經學的範圍和所達到的水準。漢代治經一是經學本身的知識，一是經學的政治效用。魏晉南北朝和隋唐的經學是分別沿著這兩方面展開的。如魏晉南北朝由於政治的腐敗，國家的分裂，經學在政治上失去往日的效用，反而進行知識方面的研究，形成經學史上的義疏之學。而唐代政治光大，本可在經學的知識上和功用上有所作為，由於佛學盛行，文學藝術的發展，以及安史之亂後的政治衰敗，唐代的經學最後一蹶不振，造成五代十國的混亂局面。

　　宋元明時期的經學。錢穆指出：「在中國學術史上，是有了儒家才有經學的。是有了新儒學而才有所謂新經學的。」[3]宋代新儒學的主要目標，在於重新發揚古代儒家的人生理想，使其與政治理想結合在一起，用孔子的思想來排斥佛教的思想。既然有新儒家，也要求有新經學。錢穆認為，宋儒努力建立和發展新經學的有北宋時期的王安石和南宋時期的朱熹。這兩個人是宋代從事復興新經學運動的代表人物。

　　王安石經學上的貢獻在於先把唐代政府的考試側重詩文文學方面的特點重新扭轉，把它轉移到經學方面來。王安石又想把六朝以後的經學義疏簡單化，他只舉詩、書、周官三經，作了新注，當時稱《三經新義》，也稱王氏新學。但王安石新經學的內容，並不為當時一些新儒家所滿意。因為它對於古代儒家所揭示的人生最高真理闡發得很

3　　錢穆：《中國學術通義》，第13頁。

少，如是則仍不能與佛學相抗衡，於是才有關學、洛學為代表的理學家出現。北宋理學家雖然能創造出一套新的理學來與佛學相抗衡，卻並未完成一套新的經學來承接先秦兩漢的舊傳統。直到南宋朱熹，才在中國經學史上掀起了一個大高潮，上接古代傳統，從而完成了一套新經學。

在經學史上，錢穆尤為重視朱熹的傑出貢獻。朱熹為《詩經》和《易經》作新注，更重要的是把《論語》、《孟子》、《大學》、《中庸》定為四書，並以此來代替五經的地位，對後來的經學發展產生重要影響。四書代替五經是中國文化史上的重大轉變。《論語》一向是兩漢以後中國社會人人所必讀之書。但在漢代，《論語》只是一種小學教材，其地位比不上五經。《孟子》被列在子部儒家，不算經書。唐代韓愈才開始提出《孟子》，認為它直接繼承了周公、孔子的傳統，宋人於是把《孟子》也列為經書。

唐代以前，儒家總把周公、孔子並稱。宋代以後，開始改稱孔孟。錢穆認為，這是經學發展史上的一個重大轉變。周公、孔子並稱，這說明孔子的重要性在政治方面超過了教育方面。宋代開始把孔子、孟子並稱，說明孔子的重要性在教育方面超過了政治方面。就這一轉變而言，宋儒對孔子的認識已在漢唐儒之上了。至於《大學》、《中庸》，只是收載在《小戴禮記》中的兩篇。《小戴禮記》在漢代不是經書，其中所收大多是戰國後期的作品。《大學》也不是曾子所傳，《中庸》也不是子思所作，這兩篇均應出在荀子之後。現在把這兩篇與《論語》和《孟子》合為四書，尊奉為人人必讀之書，是朱熹在經學上的最大貢獻。朱熹花費畢生精力，為四書作新注。朱熹死後

不到百年，南宋也亡了，但朱熹學說卻因此流傳到北方去。元代蒙古政權統治中國八十年，朱熹的學說在當時社會上已有了廣泛深厚的基礎，政府也把朱熹《四書集注》定為國家考試的新科目書。明代承襲元代體制，從此直到清末，沒有改變。

另外，錢穆認為朱熹的四書學使經學簡單化，在當時對反對佛教是有積極意義的。佛學遠在漢代傳到中國，但直到唐代慧能以後，禪學廣泛流行，佛學才開始深入到中國社會的各階層。這是由於禪宗能把佛教教義簡化，易於傳播。朱熹的《四書集注》也是中國經學傳統的簡化。朱熹推尊《大學》，把它看作是聖學入門之書，人人最先必讀，因為《大學》把誠意正心和治國平天下聯繫在一起。治國平天下是漢唐以來經學傳統的基本精神，正心誠意之學，則為替代佛學的新教義。朱熹認為《中庸》篇中所講的屬於天人性命最高玄理方面，應為四書中最後才讀的書。由此可見，四書內容在探討人生真理方面遠比五經深入突出。朱熹把自己這一套說法，從上推溯到北宋周敦頤、張載、程顥、程頤，像禪宗的歷代祖師傳統一樣，藉以增強自己學說的地位。後代因此把這五人並稱為宋代理學的正宗，近人又稱之為新儒家。錢先生在這裡強調，理學成為一種新經學是朱熹的功勞。經學和理學出於同一個傳統，只不過經學偏重於大群的政治方面，理學偏重於私人心性修養方面而已。錢先生這裡指的同一個傳統，就是儒學傳統。經學和理學都是儒學大傳統中的兩個相互聯繫、互為補充的方面。錢先生的這種看法有獨到之處。

清代的經學。錢穆認為，清代經學與宋代經學大不相同。明朝滅亡後，學術重心發生轉變。清儒想把兩宋的新經學重新返回到兩漢時

期的舊經學，就是說要把宋代過分注重私人心性修養方面轉變到兩漢時代所注重的政治方面來。開啟這一轉變的是顧炎武。但由於清代政權的高壓，政治理想無法展開，學者們因為厭惡這個政權，而厭惡到政府的考試制度，於是轉變為反對宋學，反對朱熹，而清代經學逐漸地變為只重校勘、訓詁、考據。他們雖然自稱為漢學，但其實與兩漢經學精神不同。兩漢經學注重政治實際效果，清代經學則專注心力於書本紙片上的整理功夫。道咸兩朝開始，清朝政權逐步衰落，學者又開始注意到政治。龔自珍和魏源以下的今文經學崛起。晚清康有為為了鼓吹變法，推崇孔子春秋與公羊大義，承接並發揚了今文經學這一傳統。清末科舉制度被廢除，經學也隨之而中絕，政治理論乃至人生信仰，多半轉到子學方面去。

以上是錢先生有關經學發展、流變的歷史考察。可見中國經學是中國儒學中的一門重要學問，經學上的經都是儒家的經典，正是由於這一特點，經學在中國學術體系和歷史傳統中有著重大的意義和貢獻。而且經學也不是一成不變的，它變化的特點是由當時所處的社會背景所決定的。錢穆十分關注社會歷史文化背景對儒學、經學流變的影響，及儒學、經學自身發展的內在動因。他對經學史的疏理是準確而平實的。

3.2　經學的精神及方法

經學一向被認為是中國學術中最古最先起而又是最重要的一門學問。經學只指對於中國古代相傳的幾部經書的特有研究而言。

中國古代經書，最先是《詩》、《書》、《禮》、《易》、《春秋》五種，稱之為五經。漢代人又稱六經為六藝，其實並沒有樂經，六經或六藝只是虛設。五經之後，有七經、九經、十三經的彙集。以後中國經書只限於十三經。

錢穆首先為經學在中國文化中定位。經學是中國各門學問中最重要的，居於核心位置。因為經學精神與中國文化、中國學術的特殊精神相聯，經學的精神反映了中國文化的獨特之處。這主要表現在以下幾個方面：

（一）中國傳統文化的人文精神源於五經。遠在殷商時代，中國人對天或上帝的信仰是很強烈的，儘管中國古代的宗教信仰與其他民族不同，但到了周初開國，周公把從前的宗教信仰轉移重心落實到人生實務上來，主要是運用在政治上。周公認為天心只隨人心而轉移，而文學是最能煥發人心、溝通人心的一個主要工具，因此《詩經》馬上成為周公治國平天下的一部大經典。周公制禮作樂的一切綱目，都表現在《詩經》裡。其次，《尚書·周書》中的大部分，都是有關當時實際政治的，尤其在誥令方面，都是有關政治思想與理論的。因此經學中詩和書兩種，都保留著周公當時在政治和教育上的主張和措施。

孔子最崇拜周公，把周公當時的種種思想和實際措施，加以一番極為深入的探討和發揮，而構建了一種純學術性的組織周密的思想體系。這以後才有所謂的儒家。由此，錢穆認為，周公開始把中國古代的宗教信仰轉移到政治場合中來，而周公的政治運用又是極富教育意

味的。孔子則把周公的那一套政治和教育思想顛倒過來，想根據理想的教育來建立理想的政治。但在最後，周公與孔子兩人，大體上仍保留著古代相傳的宗教信仰之最高一層，即關於天和上帝的信仰。「中國後代人認為六經始於周公而成於孔子，群奉六經為一種主要典籍，認為六經乃政（政治）教（教育）之本，而六經實應以《詩》、《書》為本，此一源流是如此。故經學精神亦是偏重在人文實務，而古代相傳的宗教信仰則愈往後愈淡薄了。」[4]

（二）中國傳統文化注重的歷史精神源於五經。既然看重了一切人文社會的實際措施，必然會看重歷史經驗。因為社會人文是在歷史演變中完成的，同時又必須受歷史經驗指導。周公是一個有實際成效的政治家，同時又是一個成功的歷史人物。孔子作的《春秋》，成為中國第一部最有系統的又富有深刻哲理的歷史書，也是孔子生平的唯一著作。錢穆具體指出了孔子作《春秋》的三大貢獻。其一，孔子打破了當時以國別為史的舊習慣，他雖然根據於魯國國史，但他並不抱狹義的國家觀念，在他的新史裡，卻以當時有關整個世界的霸業，即齊桓公、晉文公所主持的諸夏城郭國家和平聯盟的事業為中心。其二，他的新史裡有一種褒貶，這種褒貶即是他的歷史哲學，也是他的人生批評。他對於整個人類文化演進有一種廣大而開通的見解，如楚國、吳國等，其先雖然因為他們不能接近諸夏文化體系，而被排斥為外族，到了以後隨其文化的演進而升進為諸夏，與中原諸國平等看待。其三，史書本來為當時宗廟裡特設的史官的專業，現在由孔子轉手傳播到社會，成為平民學者的一門自由學問。從孔子《春秋》內容

4　錢穆：《中國學術通義》，第4頁。

來看，中國經學裡歷史所占分量非常大，所以中國以後的經學與史學是相通的。

《尚書》固然保留了當時許多歷史檔，但《詩經》中所包括的當時許多的社會風俗、歷史實情，與《尚書》相比更為豐富。《詩經》可以說是中國古代的一部史詩。因為它的大部分詩歌，都是歷史。至於《春秋》，顯然更是一部有意而作的正式的編年史了。《儀禮》所載是當時社會上的一切禮俗，實質上也是一部史書。《儀禮》的成書年代在孔子以後。由此，錢穆得出五經中的四經全部可以說是歷史的結論。只有《易經》，最早本不為儒家所傳習，尤其是經中的十傳部分，都完成在孔子之後，是戰國後期的作品，其中融會了許多道家、陰陽家思想，顯然與上述四經不同。但中國文化傳統中的人文精神既不反宗教，也不反自然，中國人總想把自然法則與人文措施相融會合，這是中國傳統理想中所謂的天人合一。《易經》一書，尤其是十翼，便是古人用來探討自然與人文相通的法則的。因此《易經》也被後人重視而列為經書之一。

（三）中國傳統文化注重融和合一的精神源於五經。錢穆認為，中國古人並不曾把文學、史學、宗教、哲學各別分類獨立起來，而是著重它們之間的相互聯繫，以及它們相互溝通融合之處。因此中國人看學問，常認為是一個有機的整體，多主張會通各方面而作為一種綜合性的研究。在中國學者看來，上述諸經書，並不是各自獨立的，而是相互溝通的。

（四）中國傳統文化注重教育的精神源於五經。中國古人看重由

學術來造成人，更看重由人來造成學。因此，在中國學術中，看重每一個學者，更甚於看重每一項學問。中國古語說：「經師易得，人師難求。」如果我們把經學當做一種學問來看，這個學者接近於一個經師，即為某一項學問之師。如果我們把經學當做一種培養如何做人的學問來看，這個學者接近為人師，即是可以為人之師了。因此，在錢穆看來，中國人研究經學，最高的嚮往在於學習周公與孔子的為人。周公成為一個大政治家，孔子成為一個大教育家。中國人認為只有會通綜合以上諸經而加以研究，才能了解周公與孔子的為人及其在歷史上的貢獻與影響。中國傳統文化，注重對人文社會與歷史演進的實際貢獻。中國人愛說「通經致用」，或說「明體達用」。中國人看重經學，認為經學的偉大，其理想即在由學問來完成一個人，再由這個人來貢獻給社會。所貢獻的主要事業，對象則為政治與教育。這種理想人格的最高境界，就是中國自古相傳所謂的聖人。因此，經學在中國，一向被看成是一種做人之學，一種成聖之學。

　　錢先生在綜合中國經學的主要精神時指出：「一是天人合一的觀念，對於宇宙真理與人生真理兩方面一種最高合一的崇高信仰，在五經中最顯著、最重視，而經學成為此一信仰之主要淵源。二是以歷史為基礎的人文精神，使學者深切認識人類歷史演進有其內在一貫的真理，就於歷史過程之繁變中，舉出可資代表此項真理之人物與事業及其教訓，使人有一種尊信與嚮往之心情，此亦在經學中得其淵源。三是一切學術宗旨，應能創造出人物與時代來為此真理作實證。四是一切學術應在此最高真理下會通合一，不應有過分的門戶壁壘。此兩

項也在中國經學中演出。」[5]經學的這四種精神又是相互聯繫的，要做一個理想的人，要做一個聖人，就應在人生社會實際中去做，這就是中國學術傳統中的人文精神。要接受這種人文精神，就必須通曉歷史，又應該兼有一種近似宗教的精神，即所謂天人合一的信仰。必須博聞多識，對一切自然、人生方面的知識能貫通合一，而從此找到一套當前可以活用的學問來真實貢獻於社會。這才是中國經學所追求的理想大目標。

本著這種經學精神，錢穆提出了一套獨特的治經方法。這種方法主要表現為以下兩個方面：

第一，從史學角度治經學。錢穆作為史學家，不是專講訓詁章句，所以與通常的所謂經師不同。他的特點是以史治經。例如，錢穆認為，光靠《論語》論孔子是不夠的。孔子是有政治抱負的人，《春秋》是一部「亦經亦史亦子」之書，只有通過《春秋》，才能認識孔子的原貌。錢先生受章學誠「六經皆史」思想之影響，且從史學的立場出發，以史論經，重視客觀史實，排除門戶之見。這是他治經的最主要的特點。

第二，在經學研究中堅持考據、義理、辭章相結合的方法。清代的姚鼐和戴震，以及陳蘭甫等，都強調考據、義理和辭章之學不可偏廢。如講義理之學，不能廢考據、辭章之學。講考據之學，也不能廢義理、辭章之學。錢穆受此啟發，主張在學問的類別上，不必三分為文學、史學、哲學；從學問的構成成分上講，任何一門學問，包括經

5　錢穆：《中國學術通義》，第13頁。

學都內含有義理、考據、辭章三個主要的成分。這三方面合則成美，偏則成病。不僅如此，他還把考據、義理和辭章之學與經史子集四部之學結合起來。史學偏重考據，但也不能忽略義理，子學偏重義理，但也不能脫離考據，集部即辭章之學也應兼考據、義理。至於經學更是如此。經學之貴不在於它是最古老的，而在於它是會通子史集三部之學的。三部之學皆由經學衍出。

從錢穆對經學的基本精神及其方法的研究，同樣看出他治學一貫遵循的會通精神。他在研討經學基本精神時，不侷限在經學內部，而是從中國文化大傳統這一廣大的視野中去把握經學精神，不僅揭示經學的要旨，而且也突出經學在中國文化傳統中的地位。對經學研究方法的闡述也表明，他更多地注意學科及其學問內部之間的聯繫，並從這些聯繫中求出它們彼此會通之處，這種思維方式很有系統論的色彩。

3.3　以史學立場為經學顯真是

一、歷史上的經學論爭

今文經學與古文經學之爭是中國經學史上的一大公案。要想了解錢穆本人對平息經學上的今文與古文之爭所做的貢獻，首先必須先了解一下今文經與古文經及其爭論的歷史。

一般認為，用秦以前的「古籀文字」書寫的儒家經書稱為古文經，訓釋、研究古文經的學問稱之古文經學。秦始皇焚書，項羽毀

典，使六經多所殘缺。但是以後在山崖屋壁或民間，陸續發現了一些被埋藏的或佚散的儒家經書。如漢景帝時，魯恭王劉餘從孔子舊宅壁中發現古文經傳，得《尚書》、《禮記》、《論語》、《孝經》，凡數十篇。又如河間獻王劉德，修學好古，從民間得到不少古文先秦舊書，有《周官》、《尚書》、《禮》、《禮記》、《孟子》等，並在他自己的王國裡為《毛詩》、《左傳春秋》立博士。《毛詩》、《左傳春秋》也屬古文。漢宣帝時，河內女子發老屋，得逸《易》、《禮》、《尚書》各一篇，都是古文。這些古文經傳，後來都藏於漢朝的秘府，不立官學，只是民間學者私相傳習而已。

用漢朝通行的文字「隸書」書寫的儒家經書稱為今文經，訓釋、研究今文經的學問稱為今文經學。漢朝初年，埋藏在山崖屋壁和佚散於民間的部分書籍被逐步零星地發現，但是十分殘缺。漢武帝「建藏書之策，置寫書之官」，漢成帝求遺書於天下。經劉向等點校群書，寫成提要，書籍逐漸增多，並按學術分類整理出一個端緒。漢朝時，《易》、《詩》、《書》、《禮》、《春秋》五部儒家經典為五經，漢武帝採納了公孫弘的建議，置五經博士教授弟子，稱「官學」。博士所教授的經書都是今文經。今文經學著重闡發經文的「微言」、「大義」，在漢初為「大一統」作論證，所以得到朝廷重視。漢初今文經學的主要代表人物是董仲舒。他傳授的經書是《春秋公羊傳》。《春秋》有三傳，即《公羊傳》、《穀梁傳》和《左傳》。《公羊傳》和《穀梁傳》屬今文經學。董仲舒依據《春秋公羊傳》，闡發「奉天法古」和「天人感應」的神秘主義思想，成為今文經學的主要特點。除《春秋》外，講《詩》的齊、魯、韓三家，都屬於今文。高堂生傳《士

禮》17篇也是今文。所有這些今文經都講陰陽災異、天人感應，如《齊詩》講陰陽「五行」等，十分神秘。東漢末年，何休作《春秋公羊傳解詁》，宣導「三世」說，發揮《公羊春秋》的微言大義，為今文經學家議政的主要依據。何休是漢代今文經的最後代表人物。

西漢末年，劉歆欲立《左氏春秋》、《毛詩》、逸《禮》、《古文尚書》諸古文經，移書責備太常博士，受到今文經博士的群起反對，這是今古文經學的第一次重要爭論。東漢初，光武帝改變王莽的政治措施，曾恢復設立今文經十四博士，再次確立今文經學在官方的統治地位，但不久即廢去。尚書令韓歆上疏，議立古文《費氏易》、《左氏春秋》博士。博士范升反對，與韓歆等爭論，並奏《左氏》錯失十四事，不可採三十一事。學者陳元上書與範升辯論，認為左丘明受業於孔子，其書弘美，宜立博士。光武帝乃立《左氏》為博士，諸儒議論喧嘩，從公卿以下，多次在朝廷上爭論，終於又被罷置。漢章帝時，賈逵作《長義》，說「《公羊》理短，《左氏》理長」，為古文經張目。博士李育乃作《難左氏義》，以《公羊》難賈逵。這是今古文經學的又一次重要討論。漢章帝贊同賈逵的主張，詔諸儒選高材生從逵受《左傳》、《穀梁》、《古文尚書》、《毛詩》，四經於是行於世。馬融以古學授鄭玄，鄭玄網羅百家，囊括大典，遍注群經。鄭學的興起，使經學上的今文、古文之爭趨於平和。直到清朝中期，今文經學又一次興起。從常州學派到廖平、康有為，提倡今文經學，議論世事，幹預時政，托古改制，倡議變法。

古文經學對經書字句、篇章、中心含意及古代典章制度和人物的訓解、評論均和今文經學不同。古文經學偏重於名物訓詁，其特色為

考證，而其流弊為繁瑣。古文經學盛行於東漢，以後六朝、隋唐至清代皆有影響。北宋王安石變法，以古文《周官》（周禮）為輿論準備，明清之際顧炎武提出「捨經學無理學」的命題，偏重經籍研究，復興古文經學。

二、為劉歆翻案，息今古之爭

今文經學的主要經典是《春秋公羊傳》。《公羊傳》的主要思想是孔子受天命為王，為漢制法。所謂為漢制法，就是為當時社會制法，制定一套政治社會制度。照公羊家的說法，這套制度就寄託在《春秋》這部書上。他們說，在孔子活著的時候，公開制法的條件還沒有具備，所以孔子不能公開地講他所制的法，只好把它寄託在《春秋》這部書中。《春秋》的文字很簡略，但孔子有他的「書法」，每一種「書法」都包含有很深奧的「微言大義」。今文經拘於師承家法，流於繁瑣和誕妄。《春秋》的「書法」好像一個謎，謎有「謎底」，謎不會公開寫出來，只好由老師和學生之間口耳相傳，一直到漢初才由公羊高寫出來，作為《春秋》的注釋，所以稱為《公羊傳》。漢代開始後，社會制度鞏固了，就不需要再改制了，公羊學也就沒有人講了。

到了19世紀後半期，中國社會制度又出現危機，又需要改制了，公羊學又有人講了。康有為所說的「變法」就是「改制」。為了說服頑固守舊的勢力，他也要「托古」。他大講孔子的「托古改制」，正是因為他自己要「托古改制」。現代的經學，為了宣傳今文經學，就要打倒古文經《左傳》。康有為《新學偽經考》就是為了打倒《左

傳》而作的。照他的說法，《左傳》是劉歆偽作的。王莽的國號是「新」，因為劉歆曾經歌頌王莽，所以康有為稱《左傳》為「新學」。因為《左傳》是劉歆偽造的，所以稱《左傳》為「偽經」。龔自珍、魏源、廖平、康有為提倡今文經學，從其政治目的看是為了改革，這在當時是有積極意義的。但由此在學術上造成了古文經學與今文經學之間的對立，相互爭門戶，這是不對的。

錢穆對今、古文經學之爭的研究正是這種條件下的產物，是針對學術上的門戶之爭而發的。錢穆在深入研究當時經學研究狀況後指出：「蓋清儒治學，始終未脫一門戶之見。其先則爭朱、王，其後則爭漢、宋。其於漢人，先則爭鄭玄、王肅，次複爭西漢、東漢，而今古文之分疆，乃由此起。」[6]

錢穆關於兩漢經學今古文之爭方面的論文有四篇，它們是《劉向歆父子年譜》、《兩漢博士家法考》、《孔子與春秋》、《周官製作時代考》，是從不同角度針對經學上的今古文之爭而發的。這四篇聞名遐邇、震鑠學壇的純學術專論，著者於1958年編成《兩漢經學今古文平議》一書。

清末康有為撰寫《新學偽經考》，主張一切古文經為西漢劉歆所偽造，只有今文經才算是經書。今文經則均是孔子托古改制的。康有為是托孔子之教，以求變法圖強。但民國初年，由康有為所開啟的懷疑新學偽經之風，沿襲至新文化運動時，形成疑古辨偽的學術潮流。這種潮流喜歡說中國古史為後人層累假造，致使人們對經史古籍存疑

6　　錢穆：《兩漢經學今古文平議》自序，香港新亞研究所，1958年版。

不信，進而懷疑一切固有的學術文化。錢穆發現這種學術潮流已經嚴重地戕害了民族精神。想要扭轉風氣，匡正邪風，追根溯源，就必須匡正新學偽經的謬論，平反古文經的冤獄，於是錢先生寫成《劉向歆父子年譜》一書。此書寫於1929年，最初發表在1930年《燕京學報》第七期上。錢穆所用的方法很簡單，大體可以說是根據《漢書・儒林傳》的史實，從西漢漢宣帝石渠閣議奏，到東漢漢章帝白虎觀議奏，五經異同一百二十年間，諸博士的意見分歧，原原本本地看出當時各家各派師承家法及經師論學的焦點所在。錢氏疏理出兩漢經學諸史實，逐年列出，進而指出康有為《新學偽經考》說劉歆偽造古文經之不通，有二十八處。這二十八處主要包括以下三方面。

第一，從時間上看。劉向死於漢成帝綏和元年（西元前8年），劉歆複領校五經在二年，爭立古文經博士在哀帝建平元年（西元前6年），離劉向死不到兩年，離劉歆領校五經才數月。劉歆偽造諸經是在劉向未死前還是在死後？如果說在劉向死前，劉歆已編偽諸經，那麼劉向為何不知道？如果說是在劉向死後兩年，劉歆領校五經才幾個月，怎麼能這麼快編造偽諸經？這顯然說不通。

第二，從偽造方法看。所謂偽造方式是指劉歆編偽諸經是一人所為還是多人所為？如果是一人所為，古代書籍為竹簡製成，非常繁重，設想若一人所為，是絕對不會造出群經的。如果說是眾人所為，那麼為什麼這麼多造偽經的人中沒有一個人洩露其偽呢？當時有許多學者與劉歆共同參加編纂五經的工作，為什麼沒有一個人說劉歆偽造諸經？其中還有一些有名的經學家，如尹咸父子、班斿等，其中尹氏父子位在劉歆之上，也沒說劉歆造偽。蘇竟與劉歆同時校書，東漢開

始尚在，其人正派，也沒有說劉歆造偽。揚雄校書天祿閣，這是當年劉歆校書的地方。如果說劉歆造偽經，揚雄為何看不見偽跡。東漢諸儒，如班固、張衡、蔡邕共同校書，也未見劉歆造偽之跡。桓譚、杜林與劉歆同時，都是通博洽聞之士，而且在東漢朝廷地位也很顯赫，為何不言劉歆造偽經書？錢先生列舉了大量實例考證，無論是從個人還是從眾人角度來講，說劉歆偽造經書均不可信。

第三，從偽造經書的目的來看。康有為認為，劉歆偽造經書的目的是為王莽篡權服務。錢穆指出，劉歆爭立古文諸經的時候，王莽剛退職，當時絕對沒有篡權的動向，說劉歆偽造諸經是為王莽篡權服務是毫無根據的。說劉歆偽造諸經獻媚於王莽，主要指《周官》。然而《周官》屬晚出書，在爭立諸經時，《周官》不包括在內。後來是王莽依據《周官》以立政，不是劉歆根據王莽的意圖來偽造《周官》。說獻媚於王莽並幫助他篡位的是「符命」。「符命」淵源於災異，喜歡講災異的是今文經學家。劉歆既不言符命，也不言災異，不說《今文尚書》，與王莽篡權無關。《周官》是王莽得志後據以改制，不是憑借助篡的。至於說劉歆偽造《周官》以前，已先偽造《左傳》、《毛詩》、《古文尚書》、《逸禮》諸經，《周官》所以獻媚於王莽，偽造《左傳》諸經又是幹什麼？說劉歆偽造諸經為王莽篡權服務，那麼王莽篡權後，劉歆應該得意，為國師公，倍受尊信，而王莽當朝六經祭酒、講學大夫多出自於今文諸儒，這又怎麼說呢？而且《左傳》傳授遠在劉歆之前，有其淵源，也非劉歆偽造。至於其它經書在先秦就有，並不是劉歆偽造的。

在錢穆看來，無論是從時間上、方法上或目的上，劉歆編造偽經

的說法都是毫無根據的，是不可信的。總之，絕對不存在劉歆以五個月時間編造諸經能欺騙其父，並能一手掩盡天下耳目之理，也沒有造經是為王莽篡權服務之說。這純屬康氏為了托古改制而杜撰的。

《劉向歆父子年譜》解決了近代學術史上的一大疑案，而錢穆根據的僅僅只是一部《漢書》。一部《漢書》，人人都可以讀，未必人人都會讀。現代一般治經學的，通常不講史學；治史學的，通常不講經學。錢穆認為，經學上的問題，也是史學上的問題。《劉向歆父子年譜》依據《漢書》談《周官》、《左傳》，他所持的就是這個觀點。

錢先生以客觀史實來解決今古文之爭，摧陷廓清道咸以來常州學派今文學家散佈的某些學術迷霧。《劉向歆父子年譜》不但結束了清代經學上的今古文之爭，平息了經學家的門戶之見，同時也洗清了劉歆偽造《左傳》、《毛詩》、《古文尚書》、《逸禮》諸經的不白之冤。自從此書問世以後，幾十年來，凡是講經學的都能兼通今古，古文經學家如章太炎和今文經學家如康有為之間的鴻溝已不復存在。學術界已不再固執今文古文誰是誰非的觀念。

後來，錢穆著《兩漢博士家法考》（1943年），更詳細地研究、分析了東漢西漢博士家法。在清末振起旋風的廖平的《今古學考》，有二十表，把漢代今古學之分野，一一追溯至戰國。錢穆詳駁廖平，考證漢博士家法遲在宣帝之世。「及其枝分脈散，漫失統紀，歧途亡羊，無所歸宿。不僅無當於先秦之家言，抑且復異於景武之先師。兩漢書《儒林傳》，可資證明。……夫治經學者，則豈有不讀《儒林

傳》，而終至於昧失本真而不知，此即是門戶之見之為害也。」[7]

錢穆的《孔子與春秋》（1953年）於古今經學流變之大體，以及經學與儒家言之離合異同，提綱挈領，窮竟原委，於學術與時代相配合相呼應之處，獨加注意。這樣，漢儒與清學之辨就十分清楚了。錢穆指出，漢儒今古文諸師，在同一時代，有共同的精神。他們的學術與漢代的潮流精神相應和，共同形成為一時代的學術。清儒晚出於兩千年之後，時代大異，清儒雖自號其學為漢學，其實只是一門戶之號召，其於漢儒真相和漢學精神，實少發現。

以上所講三篇，都是力闢今文經學家考證的文字。錢氏1930年所作的《周官著作時代考》卻與今文家《周官》晚出的看法相同。所以說，他是無門戶之見的。是篇對《周官》製作年代及與古文經學的關係，作了詳考，指陳了後代經師關於《周禮》的種種失誤。他指出：「不僅於經學中有門戶，即經學本身，亦一門戶也。苟錮蔽於此門戶之內，則不僅將無由見此門戶之外，並亦將不知其門戶之所在，與夫其門戶之所由立矣。故知雖為徵實之學，仍貴乎學者之能脫樊籠而翔寥廓也。」[8]這是一種多麼博大寬容的氣象啊！

錢穆說：「晚清經師，有主今文者，也有主古文者。主張今文經師之所說，既多不可信。而主張古文諸經師，其說也同樣不可信，且更見其為疲軟而無力。此何故？蓋今文古文之分，本出晚清今文學者門戶之偏見。彼輩主張今文，遂為今文諸經建立門戶，而排斥古文

7　錢穆：《兩漢經學今古文平議》自序，香港新亞研究所，1958年版。
8　錢穆：《兩漢經學今古文平議》自序，香港新亞研究所，1958年版。

諸經於此門戶之外。而主張古文諸經者，亦即以今文學家門戶為門戶，而不過入主出奴之意見之相異而已。」這種爭門戶造成「……不僅群經有偽，而諸史也有偽。晚近世疑古辨偽之風，則胥自此啟之」。在錢穆看來，「夫史書亦何嘗無偽，然苟非通識達見，先有以廣其心，沉其智，而又能以持平求是為志，而輕追時尚，肆於疑古辨偽，專以蹈隙發覆，標新立異，為自表暴之資，而又雜以門戶意氣之私，則又烏往而能定古書真偽之真乎？」[9]鑒於這種爭門戶和疑古風氣的氾濫，錢穆研究經學的目的和宗旨在於：「……撤藩籬而破壁壘，凡諸門戶，通為一家。經學上之問題，同時即為史學上之問題。自春秋以下，歷戰國，經秦迄漢，全據歷史記載，就於史學立場，而為經學顯真是。遂若有以超出於從來經學專家藩籬壁壘之外，而另闢途徑，別開戶牖，此則本書之所由異夫前人也。」[10]這正是錢穆所謂經學精神和治經方法的充分體現。

如前所說，錢先生是一位通儒。他精通經學之古文經與今文經，經學之外，又精通史學、子學、文學。方法上，他精通考據、義理、辭章之學。錢先生常說，在中國學術史上，通儒的地位往往在專家之上。錢先生的高弟、著名史學家余英時先生說，「通儒」自然是一種理想的境界，不是人人都能達到的。但每一時代總有少數人被推尊為通儒；凡是稱得上通儒的都是能破除門戶之見的學人。錢穆本人就是20世紀國學界的一位通儒，經、史、子、集無不涉獵，而且各有深入。他最初從文學入手，然後治集部，後轉入理學，再從理學反溯至

9　　錢穆：《兩漢經學今古文平議》自序，香港新亞研究所，1958年版。
10　　錢穆：《兩漢經學今古文平議》自序，香港新亞研究所，1958年版。

經學、子學，然後順理成章進入清代的考據學。清代經學專尚考據，所謂從訓詁明義理，以孔孟還之孔孟，其實即是經學的史學化。所以錢穆的最後歸宿在史學。在解決漢代今古文經學的爭論時，他是「就於史學立場，而為經學顯真是」。事實上，他無論是研究子學、文學、理學，也都是站在「史學立場」上。可以說，「史學立場」為他提供了一個超越觀點，使他能夠打通經、史、子、集各門學問。而且他的治學經驗使他深切體會到，如果畫地自限，拘束於某一門戶之內，則對此門戶本身也不能得到比較完整的了解。[11]

3.4　四書學的研究

四書學是錢穆經學思想的一個重要組成部分。早在上世紀二十年代，他就潛心研究過《論語》、《孟子》，並為其作注解。當時他在小學教授《論語》課，讀到《馬氏文通》很受啟發，並按其例論句法寫成《論語文解》一書，這是他的第一部著作。1923年在無錫江蘇省立第三師範任教時，第一年教文字學，第二年教《論語》，第三年教《孟子》。第二年、第三年，分別編撰《論語要略》和《孟子要略》，又為《中庸》和《大學》作解，另外也撰寫了研究《論語》、《孟子》、《中庸》、《大學》等方面的論文。其主要內容後收入他的《孔子與論語》、《四書釋義》等著作中。主要思想和貢獻有以下幾個方面。

關於《四書》義理的演進問題。中國人在宋以前都讀五經，宋以後必讀四書。錢穆認為四書之間既相互一致貫通，也相互區別。大綱

11　參見余英時：《猶記風吹水上鱗》。

領相同，小節目差異。從了解其各別相異之點，去體察其共同一致性，就是錢穆的主旨。

《論語》和《孟子》分別列入經部，它們各自在歷史上的地位有一個演變過程。在宋代以前，孔孟的地位是不平等的。《論語》和《孟子》書中所反映的孔孟思想也是有差別的。錢穆認為，孔子以禮、樂、射、禦、書、數六藝設教。孔門弟子分四科，德行、言語、政事、文學。言語和政事實際是一回事。所謂言語，是指出使四方、不辱君命的外交活動。文學為四科之末。前三科顏淵、閔子騫等是孔子早年弟子；文學一科，子游、子夏受業在後，是孔子晚年弟子。可見孔子教學生，開頭注重在德行、言語、政事三科；德行一科，不是不理會言語政事，只是能不急求進身，不苟合取容；雖然本身抱有從政才能，但沒有施展抱負的正當機會與環境，便不輕求從政。

錢穆認為，孔子六藝之學、四科之教，我們都應該注意。孟子說：「仲尼之徒，無道桓文之事者」，但在《論語》中，孔子極稱管仲，人所盡知。孔子又說：「齊桓公正而不譎，晉文公譎而不正。」如果我們細讀《左傳》，便知孔子對桓、文的這個批評恰中要害。《孟子》七篇中講身心、講義理，與孔子所講並非不一致，而且有些地方講得格外詳細、深刻。但孟子講學似乎偏重在此，所以在他的門下無四科之分。其論及為邦治國之處，也像是只及其大概。滕文公問為國，孟子雖然告以三代制度，但孟子自說：「此其大略也。若夫潤澤之，則在君子。」他學生問：「周室班爵祿，如之何？」孟子答道：「其詳不可得聞。」這和孔子能言夏禮、殷禮，詳略精粗，顯然不同。談到民生問題，孟子只說：「五畝之宅，樹之以桑，五十

者可以衣帛矣。雞豚狗彘之畜，無失其時，七十者可以食肉矣。」談到如何統一天下，孟子只說「不嗜殺人者能一之」。這就是孔、孟講學的不同之處。孔子死後，他的學生為諸侯所爭用，就連再傳弟子如田子方、段幹木、吳起等，也極受重用。孟子學生像萬章、公孫醜等皆不能在實際政治上有所表現。

孟子以後有荀子。荀子著書重視禮，他書中講富國強兵。其門人多在政治上有建樹，如韓非、李斯等。《荀子》書中多論到儒的分類，而《孟子》往往高論師道。可以說孟子重師道，荀子重儒術，孔子兼顧二者。錢先生認為，以後經學的發展，不外以上這兩途，即《孟子》和《荀子》兩大系統，只是不同時期有所偏重罷了。如漢初經學，往往為荀子弟子或其再傳，因此漢儒治經多屬於荀子系統。漢儒雖然在訓詁章句上用力，但主要是通經致用。如賈誼、董仲舒都在政治上有重要意見。綜觀漢代儒學，大體分兩類：一為太學博士，雖然通曉政治，但主要是講學；一為從事實際工作的人，對兩漢政治有貢獻。直到漢末大儒如鄭玄、王肅等，經學分派也是政治分派。南朝門第鼎盛，也重視禮，在經學上有貢獻。錢穆認為這只是孔子學術的一個方面，即治國平天下，荀子承接，開啟兩漢盛運。

在錢穆看來，孔子學說的另一方面，後由孟子發展了的心性義理則被忽略了。其後，果然使道家、佛家乘虛而入。直到唐代韓愈提倡師道，推尊孟子。孟子地位真正提高是宋朝的事。尤其是從北宋二程起，才正式提出《四書》，大力表彰《孟子》書中義理，主要從教育方面入手，引導人們走向理想的人生。南宋朱熹和陸象山繼起，孟子地位開始確定。錢穆在總結《論語》和《孟子》義理演變時指出：

「大體說，宋代理學家接近孟子，近人稱為新儒學。漢唐經學家則比較看重孔子，上與周公並尊，而不免看輕了孟子。所以宋代理學畢竟與漢唐經學有其不同。」[12]由此看出《論語》與《孟子》兩書中義理的同異，其實只是偏輕偏重而已，而這種側重點不同導致了兩漢經學與宋代理學的不同。到了明末，如顧炎武、王夫之、黃宗羲等大儒，嫌陽明學之末流陷入空疏，才再從理學返回經學。

關於《大學》和《中庸》義理之演變。錢穆認為，《中庸》是一部晚出書，其中雜有不少道家思想。論及宇宙、天地、萬物的方面很多，與《論語》和《孟子》有區別。《孟子》從歷史上推論人性，論性善言必稱堯、舜。《中庸》則根據宇宙大自然來探究人性的本源，因此開首就說：「天命之謂性，率性之謂道。」如果說子思作《中庸》，而孟子承之，那麼孟子論性善不應撇開宇宙萬物不理會，而專從歷史上堯舜說起。《中庸》陳義也與老莊有出入，因此能兼與後起的佛學相通。《中庸》一書在南北朝時，已經受人注意，後來禪宗人士好讀《中庸》，唐代李翱，宋代范仲淹、張載、二程兄弟對此書頗用力。朱熹教人先讀《大學》以立其規模，次讀《論語》以定其根本，再讀《孟子》以觀其發越，最後才讀《中庸》，以窮究其微妙之處。錢先生強調，就思想進程而言，《中庸》比《論語》、《孟子》微妙多了，不應把它放在《論語》和《孟子》之間。至於《大學》，錢穆說它只言心不談性，與《孟子》和《荀子》又不同。在「三綱八目」上更偏重於八目，即格物、致知、誠意、正心、修身、齊家、治國、平天下，這是注重治平大道。後來魏晉清談，以及佛家出世都不

12　錢穆：《孔子與論語》，臺灣聯經出版事業公司，1974年版，第173頁。

喜歡此書。宋代理學重視《孟子》、《中庸》心性，目的是要與佛教抗衡。但只講心性，不講治平大道，怎麼能上承孔子儒家大傳統？因此，必須把四書合起來讀。錢穆判定《大學》不是曾子所撰，如其講格物致知，把知與物合論，這顯然是後出的事。他曾在《推止篇》中指出先秦思想兩大趨勢，一主推，一主止。孟子主推，貴能擴而充之；荀子主止，故重師法。大學之道，在明明德，在親民，在止於至善，顯然是沿襲主「止」一派的。[13]總之，《大學》、《中庸》都是晚出書，大約是戰國末年乃至秦初的作品。

關於四書的方法論問題。錢穆研究經學尤為重視考據、義理、辭章方法，這是前面已經提到過的了。他在讀四書時也廣泛地採用了這些方法，如對《論語》、《孟子》、《大學》、《中庸》釋義時，首先考據其成書年代、人物先後，在考據基礎上進一步對四書的思想進行整理和研究，同時也不忘辭章，並把考據、義理和辭章這三者有機地結合起來。看他的《四書釋義》給人一種真實可靠的信賴之感，因為它是建立在堅實的考據基礎之上的。

錢先生在解釋《論語》「人而無信，不知其可也。大車無，小車無，其何以行之哉」這一章時，運用了考據名物的方法。古代的大車小車，體制如何分別，和是車上什麼零件，如果這些不明白，只說孔子認為人不可無信，但為什麼人不可以無信，不懂孔子這番比喻，就沒有明白孔子真義所在。這就要借助舊注考據。此項名物清楚了，本章涵義也就清楚了。又如子曰：「禘自既灌而往者，吾不欲觀之

13　參見錢穆：《中國學術思想史論叢》，臺北：東大圖書公司，1980年版，第二冊，第466—467頁。

矣。」如果要考據禘禮，不像大車小車、和那麼簡單。古人對此眾說紛紜。似乎只有專治考據才能解決這個問題，其實不然。考據是重要的，考據不明，義理也不明，但義理也反過來對考據有作用。另外，考據和義理離不開辭章。他所說的辭章包括字義、句法、章法等。如子曰：「晏平仲善與人交，久而敬之。」他說這章似乎很明白，但中間發生了問題，主要在「之」字上。究竟是晏子敬人呢，還是人敬晏子呢？「之」字解法不同，引申出的義理也不同。這不是一個義理問題，而是一個辭章問題，即是在句法上，「之」字究應指晏子或他人。就句法論，自然這「之」字應指晏子，但《論語》版本不同，有的版本說：「晏平仲善與人交，久而人敬之。」下句多了一個「人」字。這就牽涉到校勘問題。這都說明研究《論語》應把義理、考據和辭章有機地結合起來。

關於四書的體例。錢穆的《四書釋義》最能體現他讀四書的體例。此書彙集《論語要略》、《孟子要略》和《大學》、《中庸》要略而成。前二書1926年曾出版過，作者仍不斷修訂，只到1953年《四書釋義》成，才算完全脫稿出版。雖然此書完成時間長達二十餘年，但體例、觀點前後一致。該書先敘《論語》，次述《孟子》，最後才闡揚《大學》和《中庸》，這種編排與完稿的先後無關，與朱熹的四書體例不同。朱熹四書以《大學》為首篇，因為它是學者入德之門，依次是《論語》、《孟子》、《中庸》，它們所論是天人性命的道理，深奧難懂，所以置於最後。錢先生則以《論語》、《孟子》為開篇，因為它們不僅是儒家的正統，也是中國文化精神的結晶，理所當然被奉為無上聖典。《大學》、《中庸》難與之媲美，但《學》、《庸》二書，

言簡意賅，奧妙入微，是儒家的精品，也應列在《論語》、《孟子》之後，以便使人窺見中國古聖先哲的微言大義，探求中國文化的淵源。這也是該書撰寫的目的。四書雖然有朱熹的集注章句，但未必完全符合現代的觀點和需求。錢先生特地為四書提綱挈領，別出心裁，排比分類，巧加梳理，使之自成系統。而且《學》、《庸》兩書分列全文，兼包不同觀點，使讀者不僅領會原書的精旨，又了解歷代學者闡述發展，對深入了解四書的微言大義大有幫助。錢先生讀四書，先自己苦讀深思，然後再讀歷代注疏，相互比照，旁參日本人的成果，然後斷以己意。他這種極其認真的讀書、治學精神，多麼值得我們學習啊！

綜上所述，錢穆的經學研究極有特色和深意。他考察了經學的淵源及其流變，指出不同時期經學發展中的不同特點，同時強調了經學的基本精神及其方法，認為經學的基本精神是中國傳統文化的核心。他指出和闡述的治經方法，為其平息學術界經學上的今古文之爭提供了方法論指導。尤其是他關於經學上今文與古文問題方面的考證工作，突出反映了他治經學的貢獻，既打破了由於歷代古文與今文之爭所造成的門戶之見，又把人們從經學中解放出來，開啟了學術研究的新風氣。

第四章

疏理百家　自成系統（子學論）

錢賓四先生對先秦諸子的研究用力最勤，早年寫成《墨子》和《公孫龍子》等著作，並在教學之餘積累了大量有關子學研究方面的資料，為後來寫成他的成名之作《先秦諸子系年》奠定了基礎。他另外還有《莊老通辨》、《莊子纂箋》，以及《國學概論》、《中國思想史》、《中國文化史導論》等著作中有關諸子學方面的論述和一些專釋，構成了龐大的子學研究系統。他對先秦諸子進行全面而廣泛的研究，其主要貢獻在於：肯定了先秦諸子興起的積極意義和基本精神，並以儒家和墨家為軸心，對先秦諸子生平、出處、師友淵源加以考訂、辨偽，對諸子學派思想學術流變進行疏理，揭示了他們的師友、學術思想上的前後師承關係，同時也對先秦諸子思想及其總結等提出了獨到的見解。本章對前面提到的錢先生子學研究成果作一些評介。

4.1　先秦諸子學綜觀

錢穆關於先秦諸子學的總體看法包括兩方面的內容：一是關於先秦諸子學的基本精神及其特質；一是關於先秦諸子師友關係、學術淵源及發展脈絡。

錢穆子學研究的最大特點是把先秦學術與當時的社會政治歷史聯繫起來加以考察。他以史學的眼光考研諸子學及其特質，是非常有獨創性的。

一、平民意識的覺醒

錢穆指出，先秦諸子的出現標誌著民間自由學術的興起。這是從

春秋到戰國這一段歷史時期的最主要變化。上古學術尚為貴族階級所特有，具體表現在，貴族封建，立基於宗法，國家就是家族的擴大。宗廟裡祭禮輩分的親疏，規定了貴族間地位的高低。宗廟裡的譜牒，就是政治上的名分。大祭前有會獵，天子祭禮，諸侯畢至助祭，祭後有宴享，表示相互間的聯絡與名分。宗廟的宰和掌禮的相，便是主持這些名分的人。臨祭有歌頌、有祈禱、有盟誓。頌詞、禱文、誓書的保存，便成為後來的歷史。宗廟裡的祝史還兼掌占星氣候，布曆明時，使民間得以依時耕稼。古典文獻記載著祖先相傳的災異及其說明。概言之，古代學術，只有一個禮；古代學者，只有一個史。這就是錢穆所謂的「貴族學時代」。在這個時代裡，政治和教育沒有分離，官員和老師合二而一。學術為王官所有，民間沒有著述，這是西周時期的學術特點。這是「王官之學」時期。周平王東遷以後，「天子失官，學在四夷」，平民學開始。具體表現在史官和禮的崩潰。史官隨著周天子的分封與王權的衰微，而逐漸分佈流散到列國，古代王家學術逐漸廣布於民間。禮本為祭祀，推擴而為古代貴族的生活方式和習慣，這種生活具有宗教的意味與政治的效用。宗教、政治、學術三者還保持著最親密的聯盟。祭禮的動搖，標誌著封建制度的崩潰。一切非禮，逐漸從貴族的奢侈中產生。在貴族階級逐漸衰落中，往往知禮的、有學問的學者處在較下位，而不知禮的、無學問的「學者」卻高高在上。處在下層知禮有學問的學者開始與平民廣泛接觸，且通過他們的教育使王官之學漸漸流散到民間來，成為新興的百家。平民學者中最著名的就是儒家和墨家。

儒家創始於孔子，「儒」字的原義，本為一種通習六藝之士的

稱號。禮、樂、射、禦、書、數，古代稱之為六藝。禮是當時貴族階級的一種生活習慣或生活方式，這種習慣與方式裡，包含著宗教、政治、倫理三部分的內容。射、禦則只是禮的節目。書、數則屬於初級的技能。當時的貴族階級，大體上都必須通曉六藝，平民要想到貴族家庭中去服務，至少也必須通習六藝之一二。這就是當時所謂的士。士的出身，早先多由貴族的庶孽子弟或比較低級的貴族子弟充任。到了後來，漸漸落到平民社會裡去。孔子就是正式將古代的貴族學傳播到平民社會的第一人。他自己是一個古代破落貴族的子弟，因此他能習得當時存留在貴族裡的一切禮和藝。同時，他又把它們重新組織，給予一個新的理論根據。古代典籍傳到孔子手裡，都發揮出一番新精神來。因為孔子自身是一個儒士，所以後世稱他的學派為儒家。

儒家之後為墨家。墨家的創始人是墨子。墨子的學說與孔子相比更具有平民精神。「墨」字本義，是一種刺面塗色以為奴隸標識的刑名。古代的奴隸，或者由罪犯俘虜大批集居城市，或者分配到貴族私家，或者特別訓練成專門的技工。他們的知識程度與身分低於儒士，但卻比普通農民的社會層次要高出好多。墨家的「墨」字，就是取義於古代的墨刑。大體可以說，墨家發生在古代一個工人集團裡，或許墨翟本身就是一個受過墨刑的工人。他早期的弟子與徒弟，恐怕也以工人為多。所以這一學派便稱為墨家了。

儒家學派所得於古代傳統的，是許多古代的典籍以及當時貴族階級流行的一切禮文儀節。墨子據說也在儒家門下受業過，因此對於那些古代典籍及一切貴族禮也知道很多。墨家另有一個特點，那就是精通當時的工業技能與科學知識。

錢先生特別指出，儒墨兩字都有特殊涵義，是古代社會的兩種生活流品，而道、法、名、陰陽諸稱，一見便知為學派名稱，即此可證儒墨兩家在先，而其他諸家在後。

總之，錢先生認為，諸子，首先是儒墨的出現，代表了春秋以來平民階級意識的覺醒。諸子學的實質是平民之學。隨著貴族階級為平民階級所取代，貴族的王官之學也為平民的子學所取代。

二、諸子之相通互動

錢穆進一步考訂先秦諸子師友及學術思想上的淵源關係。

眾所周知，隨著官學日喪，私學日興，於是有諸子。後人講諸子學，皆源於劉歆的《七略》，有九流之目。班固的《漢書・藝文志・諸子略》說：「儒家者流，蓋出於司徒之官」；「道家者流，蓋出於史官」；「陰陽家者流，蓋出於羲和之官」；「法家者流，蓋出於理官」；「名家者流，蓋出於禮官」；「墨家者流，蓋出於清廟之守」；「縱橫家者流，蓋出於行人之官」；「雜家者流，蓋出於議官」；「農家者流，蓋出於農稷之官」；「小說家者流，蓋出於稗官」。於是有九流十家之說。後人在研究諸子學術思想時，便把這一劃分加以絕對化，造成各家之間彼此不通，門戶爭鬥便起於此。錢穆治學貴在貫通，尤其反對門戶之見。

錢穆首先指出，前人考論諸子年世有三大通病。第一，「各治一家，未能通貫，故治墨者不能通於孟，治孟者不能通於荀。自為起訖，差若可據，比而觀之，乖戾自見」。第二，「詳於著顯，略了晦

沉，故於孔墨孟荀則考論不厭其密，於其他諸子則推求每嫌其疏。不悟疏者不實，則實者皆虛」。第三，「前人為諸子論年，每多依據《史論・六國表》，而即以諸子年世事實系之。如據《魏世家》、《六國表》魏文稱侯之年推子夏年壽，據《宋世家》及《六國表》宋偃稱王之年定孟子游宋是也。然《史記》實多錯誤，未可盡據」。針對這三種錯誤，錢穆提出自己治諸子學的用心和宗旨。第一，「余之此書，上溯孔子生年，下逮李斯卒歲。前後二百年，排比聯絡，一以貫之」。第二，「余之此書，一反其弊。凡先秦學人，無不一一詳考。若魏文之諸賢，稷下之學士，一時風會之所聚，與夫隱淪假託，其名姓在若存若亡之間者，無不為之緝逸證墜，辨偽發覆，參伍錯綜，曲暢旁通，而後其生平出處、師友淵源、學術流變之跡，無不粲然條貫，秩然就緒」。第三，「余之此書，於先秦列國世系，多所考核，別為通表，明其先後。前史之誤，頗有糾正，而後諸子年世，亦若網在綱，條貫秩如矣。尋源探本，自無踵誤襲謬之弊」。[1]

　　錢穆主張，考證這一時期的諸子師授的淵源以及諸子所稱引，雖然多有出入與不同，但他們應該是相通的，因此不能夠拘泥於九流十家之例。他極力反對把諸子之間的關係絕對化，認為他們的學術、師承或多或少都是相互聯繫的。如墨子學儒者之業，受孔子之術（見《淮南子》），墨學源於儒。李克是子夏的學生（見《漢志》班注），《漢志》有李克七篇在儒家。而法家有李子三十二篇，班注：「名悝」。悝、克一聲之轉，即李克，不是二人。兵家有李子十篇，沈欽韓說：「疑李悝」。法家與兵家相通而都源於儒家。吳起師曾子，而

1　　錢穆：《先秦諸子系年》，北京：中華書局，1984年版，自序，第1—2頁。

吳起四十八篇在兵家。商鞅受李悝《法經》以相秦（見《晉書‧刑法志》），法家、兵家均有《商君書》。《漢志》農家，神農二十篇，顏師古說：「劉向別錄云：『疑李悝商君所托』。」那麼，法家、兵家又與農家相出入。尸佼為商君師（見《藝文志‧班注》），而其書列為雜家。許行為神農之言，《呂氏春秋‧情欲篇》說：「許犯學於禽滑。」禽滑即禽滑釐。禽滑釐為墨子之徒，而許犯就是許行。這說明農家也與墨家相通。荀子以墨翟、宋鈃並舉，《漢志》把宋鈃列為小說家。《莊子‧天下篇》以宋鈃、尹文並舉，而《漢志》把尹文列入名家，觀其「禁攻寢兵」，就是墨子「非攻」之說。五升制飯，就是墨子量腹之意。因此，墨家也與名家、小說家相通。班注：「孫卿道宋子，其言黃老意」。墨家、小說家又與道家相通。《荀子》以慎到、田駢並舉，《莊子‧天下篇》以彭蒙、田駢、慎到三人並舉。而《漢志》田子在道家，慎子在法家，則道家與法家相通。荀子以陳仲、史鰌並舉，陳仲之學與許行相近，也屬農家、墨家之流，而荀子以為類於史鰌。莊子又常以曾史並稱，那麼農家、墨家與儒家也相通。荀子稱「子思孟子案往舊造說，謂之五行」，而《漢志》中《鄒子終始》在陰陽家。《文選‧魏都賦注》引《七略》說：「鄒子有終始五德，從所不勝。土德後木德繼之，金德次之，火德次之，水德次之」，則陰陽家與儒家相通。韓非學於荀子，《漢志》韓子入法家。司馬遷稱其歸本於黃老。那麼，法家與儒家、道家均相通。這是錢穆經過大量考證而得出的關於諸子百家相通的一些基本看法。

在此基礎上，錢穆強調，諸子多重關係中有一個基本關係，就是儒家與墨家，這兩家為當時顯學。他進一步以儒墨兩家為軸心來疏理

其他諸家，建立以儒墨為主的諸子學系統。

　　錢穆認為，開諸子之先河的是孔子。孔子是儒家的創始人。他生於東周衰敗之世。當時學者主要是維護「禮」，「禮」是貴族階級一切生活的準則。凡是當時列國君大夫所以事上、使下、賦稅、軍旅、朝觀、聘享、盟會、喪祭、田狩、出征，一切政事、制度、議文、法式等等，沒有不出於「禮」的。用錢穆的話來說：「蓋治掌故以明禮，習禮文以致用，固當時之學問然也。即孔子所以見重於時人者，也惟在其知禮。」[2]孔子以平民儒士，挺身而出，批評貴族君大夫的生活，想加以糾正。但是貴族階級的失敗，終不可避免，孔子正名復禮的主張，隨之成為泡影，然而由此開啟的平民講學議政之風，相推相蕩，影響了日後興起的諸子百家。戰國末年諸子蜂出並作，議論橫出，離孔子逝世已近二百五十年了，然其精神與孔子學說相貫通。

　　錢穆認為，儒家本務知禮，而禮最後又行不通。學術隨世風而變，出現了進取的、急功利而明法的法家。他們是李克和商鞅。李克就是李悝，是子夏的弟子。吳起是曾子的弟子。李悝作《法經》，商鞅受之以相秦。法家源於道德，而不知「道」實淵源於儒者。法家所主張的守法奉公，就是孔子正名復禮的精神，隨時勢而轉移罷了。錢穆把法家歸類於儒家門下。

　　在錢穆看來，真正與孔子對立，獨樹一幟的是墨家。墨家開始於墨子，也學儒者之業，但能變通。墨子之學從孔子批評貴族階級的精

2　錢穆：《國學概論》，臺灣商務印書館，1983年版，上冊，第38頁。

神出發，並作了進一步發揮。以後許行、陳仲、莊周及《老子》一書又更進一步發揮。墨子學派思想趨於激進，在先秦諸子學中屬於左派，而儒家一脈屬於右派。孔子主張正名復禮，代表貴族階級的意見。墨子主張天志、兼愛，代表平民階級的立場。他們在抨擊當時貴族的生活方面有相同的一面，而被抨擊的對象有所不同。只有墨子學說興起，才真正代表平民階級覺醒。

戰國中期以後，七國稱雄，周禮盡廢，而平民學者的勢力愈來愈旺。當時學術流派眾多，主要有許行所提倡的「並耕之說」。墨子反對禮樂，只希望王公大臣政治有所改進，忽視生活方面。許行等則強調了人類生產勞動等方面的作用。孟子又進而批評許行過於重視物質生產的片面性。莊子不想當官，遠離仕途，與陳仲和許行非常相近。莊周和老子提倡無為而治的理論，也是對許行等的進一步發展。又，莊子與惠施交遊，惠施也是墨子之徒，莊子受其影響。如惠施承墨學之緒風，說：「泛愛萬物，天地一體。」《莊子·齊物論》也說「萬物與我為一」。因此，道家的理論實質上淵源於墨家。

錢穆認為，孟子在世的時候，縱橫家蘇秦和張儀專務仕進，獵取祿利，其行誼最為卑鄙。許行、陳仲等人以苦行不做官為榮，不能拯救人民於水火。稷下諸先生則逞談辯，溺富貴，名實兼營，而無心於世局。只有孟子有救世之舉。可以說，孟子繼承了孔子的學說，並在新的歷史條件下有所不同。孟子所謂的「禮」字已經不是孔子所說的「禮」了。孟子所提倡的王道、仁政，不讚賞霸道，斥獨夫而言民貴，都不是孔子尊王正名之旨。然而這正說明學術隨著時代變化而變化。當然，孟子立說意圖與孔子有相似之處，他保持了儒家傳統本

色。

三、諸子之兩流、五派與三期

根據諸子的學術特點，錢穆進一步把他們分為五派：（一）勞作派。代表人物是許行和陳仲。基本主張君民同耕，不恃人而食，這似乎是墨家精神最高的表現。（二）不仕派。代表人物是田駢、淳于髡。基本主張安享富貴生活，寄生在貴族卵翼之下，而盛唱其不仕之高論。（三）祿仕派。代表人物是公孫衍、張儀。基本主張積極地務祿仕。縱橫即聯絡各國祿仕主義者，以外交路線，相互結成一個勢力，以期於不倒。（四）義仕派。代表人物孟軻。這一派一面反對陳仲和許行，主張分工易事，承認政治生活；一面反對田駢、淳于髡，主張士不托於諸侯，必須以官職來換俸祿；同時又反對公孫衍、張儀專以妾婦之道來謀祿位，而主張以禮進退。（五）退隱派。代表人物為莊周。這一派從理論上徹底反對政治事業，更不願寄生祿仕，只有限於冥想的生活中。

錢穆的觀點是，以上五派主張雖有不同，然而他們思考和討論的中心，則全從自身著眼，並不像孔墨兩家多對貴族發言。這證明平民學者的地位已逐步提高，而貴族階級在當時的重要性已逐步下降。錢穆又認為，除孟子屬於儒家系統之外，如許行、陳仲、莊子等均屬於墨家系統。

到了戰國晚期，學術思想又發生變化。錢穆稱這時期的學術為「平民學者之反動思想，或從此激而為反游仕反文學之思想」時期。這時期代表為老子、荀卿和韓非。錢穆對這三家思想及關係進行了分

析。

老子理論的要旨在於反尚智，反好動，反游仕、食客，這都是針對當時社會現象而發的。老子主張在上者無治，在下者歸耕，這顯然與墨家相近。

荀子與老子不同，主張禮治。禮為人倫，荀子是要用他的新人倫觀來重新規定社會秩序，主張去掉世襲的貴族，而以才智為等級。荀子把人分為四等。一是大儒，知通流類，明百王之道貫，為天子三公，能效法先王。二是小儒，奉法守法，為諸侯、大夫、士，能效法後王。三是眾人，為工農商人，安職則畜，不安職則棄。四是奸人，才行反時，殺無赦。荀子主張以聖王為師，以王制為是非之標準，主張定學術於一尊。

韓非比荀子更進一步，主張法治。他是一個褊狹的國家主義者，主張為一個階級的權益而謀富強。他抱有強烈的階級觀念，徹底主張維護貴族階級統治者的私利。他說，上下利害相衝突，治世只能靠三條：利、名、威。他引用荀子的性惡論，提倡嚴而少恩。他要驅使民眾於耕戰，徹底反對文學言談之士。他的理想是：無書簡之文，以法為教；無先王之語，以吏為師；無私劍之捍，以斬首為勇。

錢穆強調，老子、荀子、韓非三家立論各有不同，然而在主張裁抑戰國末年遊士高漲的氣焰上，卻是一致的。這三家的理論，都已為秦漢統一政府開了先路。總之，戰國學術思想的轉變，從孔子、墨子，經許行、孟子、莊周等，到老子、荀子、韓非，恰恰是貴族階級逐步衰落、平民學者逐步高漲而後又趨於一統的反映與寫照。

錢穆還把先秦諸子具體分為前後三個不同的歷史時期，並分別指出不同歷史時期學者們所面臨與討論的中心問題，使我們進一步看出先秦學術發展的特點。

第一時期是孔子和墨子的時期。當時所討論的中心，是貴族階級的生活如何走正路，如何使之成為正當的問題。第二時期是陳仲、許行、孟子和莊子的時期。當時所討論的中心，是士或知識份子自身對於貴族階級究竟應抱有什麼態度的問題。第三時期是老子、荀子和韓非的時期。當時所討論的中心，是士階級的氣焰與擾動，如何而使之漸漸歸於平靜與消滅的問題。因此，初期問題中心是「禮」，中期問題中心為「仕」，末期問題中心是「治」。他認為這種劃分基本上反映了先秦諸子思想的流變。第三時期諸子，在解決如何「治」的問題上，儒與墨的衝突表現為韓非的法與老子的無為之間的對立。在這裡，他進一步發揮了法家從儒家轉來，道家從墨家轉來的思想。

在總結先秦諸子思想流變時，錢穆指出：

蓋囊括而言，先秦學派，不出兩流：其傾向於貴族化者曰「儒」，其傾向於平民化者曰「墨」。儒者偏重政治，墨者偏重民生。法家主慶賞刑罰，原於儒；道家言反樸無治，原於墨。故一主禮，一非禮。一主仕進，一主隱退。一尚文學，一主勞作。此當時學術界分野之所在也。今綜述諸家對於貴族生活之意見，荀子從富力之分配與功效立論，而承認治人階級之貴族生活者也。墨子從富力之消費立論，而反對治人階級之貴族生活者也。孟子、許行、陳仲皆自富力之生產立論，而於治人階級之貴族生活，或贊成或反對者也。宋鈃則自

富力之需要立論，莊周、老子則自富力之享用立論，而反對社會一般之奢侈者也。要之，自春秋之末，貴族階級一旦崩壞，而社會組織於以大變，此實當時一大事。故自孔子以下學者精神所注，莫非討論人類政治與生活之兩問題。其他論點，則均本此而引伸。必明此乃始可與語先秦學術之真相矣。又其次為韓非。非本學於荀卿，而好老子書，遂融兩家之說，倡法治之論，於當時學者階級之氣焰，尤深憤慨。[3]

從錢穆對先秦諸子基本精神及其特質，以及師友淵源和學術流變的研究中可以看出：第一，錢穆肯定孔子的歷史地位以及諸子學的基本精神。孔子的歷史地位，不僅在於其具體思想方面的建樹，更重要的在於他總體上的貢獻。他既是王官之學的繼承者，又是諸子平民之學的創立者，是承前啟後、開一代風氣的人物。這一特殊歷史地位，決定他在先秦諸子學說中的重要作用。同時，錢穆也肯定了諸子學是春秋以來平民階級意識的覺醒，是「天子失官，學在四夷」，即學術下移民間的產物。

第二，以儒墨為軸心梳理諸子學。儒學是孔子所創，開平民學之先河；墨子早年接受儒術，源於儒家，後來成為儒家的反對派。由此形成了諸子學最早的兩個對立學派。以後諸家都是在儒墨兩家基礎上立論，以這兩家為基礎。至於道家的地位，在秦漢以後才變得愈來愈重要。另外，錢穆也看到儒墨兩家的聯繫，他們作為諸子之學，作為平民之學，其基本精神是一致的。他們在對貴族的或王官之學的態度

3　錢穆：《國學概論》，臺灣商務印書館，1983年版，上冊，第59─60頁。

方面出現分歧，所不同的，只是墨子是平民之學的激進派而已。

第三，把諸子學看成一個有序的系統。錢穆治先秦諸子最大的特點是強調諸子之間的聯繫、貫通。他借助考據、辨偽等方法，有根據地研究諸子之間的學術淵源，予以整理，排列次序。不像有些治諸子的學者，僅把他們的學術思想平鋪開來，只重視思想，而不重視不同學派之間的學術和師友關係。讀錢穆的著作，給人一種整體之感，對諸子思想及學派之間的聯繫一目了然。就是說，他既重視學派內部的思想創建，又重視學派之間的思想聯繫，打破了門戶之見以及侷限於每一流派的狹隘性，為諸子繪製了一幅有機整體的圖畫。

第四，子學也是史學。錢穆把諸子學定位為平民之學，從學術下移民間的歷史事實出發，理解諸子的出現反映了平民意識的覺醒，又比照諸書，揭示諸子之間的學術淵源和相互關係，充分顯示了他的史學功夫。可以說，他不僅從諸子書出發，也從先秦史書出發去論諸子，並把子書與史書結合起來，體現了他所謂子學也是史學的基本精神。

4.2　儒、墨、道三家之比較

錢穆不僅考證、揭示了先秦諸子師友淵源和學術流變，而且對諸子思想進行了深入研究。他研究的重點是儒家、墨家和道家。

一、儒墨的分歧

錢穆指出了墨家學派的基本特點：第一，墨家學派由於產生在工

人集團中，他們的理論顯然偏向實用，偏向於一種極富倫理性的實用方面。但墨家理論，不免過分注重人生實用了，因此不僅極端地反對奢侈，而且也忽略了一般的審美觀念的重要。但在工人集團的意見裡，他們反對審美觀念也不足為奇。因為當時的審美觀念，大體上是借用來區分人類的貴賤等級的。墨家反對人類社會的階級分別，自然要牽連到反對一切文飾方面了。

第二，墨家學派因為起於當時的工人集團，使他們不僅熟練於各種工藝製造（尤其如墨子製造器械以防禦魯國巧匠公輸般所造攻城利器雲梯的故事），而且也通曉許多在當時有關製造方面的科學知識。如關於數學、幾何學、力學、光學等方面的知識，現在大部分還保留在《墨子》書中幾篇經和經說中。

第三，墨家學派不僅有許多科學知識，而且也有他們一套獨特的邏輯與辯證法。這種邏輯精神與辯證法，在墨子的言論中到處流露出他們一種特有的風格，後來這一派的流傳便成為名家。

錢穆強調，墨家學派更重要的是其實行精神，是其對於改造社會運動中所帶有的宗教性的狂熱。因此他們工藝製造方面及邏輯辯證方面並不占重要地位。

錢穆從儒墨比較的角度進一步揭示及闡明了儒墨兩家的不同之處及各自的學術思想特點。

錢穆認為，中國古代，是將宗教政治化，又要將政治倫理化的。換言之，就是要將王權代替神權，又要以師權來規範君權的。平民學

者的**趨勢**只是順應這一古代文化大潮流而演進，尤其是以儒家思想為主。因此他們最看重學校與教育，並將它置於政治與宗教之上。他們已不再講君主與上帝的合一，而只講師道與君道的合一。他們只講一種天下太平、世界大同的人生之道，這就是人道或平民道。

錢穆以仁為中心具體闡發了儒家的人道思想。他把儒家的仁看作是人道的代名詞，認為仁是一種超出動物之上的人心的境界與功能。儒家的孝悌最能體現這一境界和功能。孝悌是人類超個體而相互感通的一種心境。孝是時間上的直通，悌是空間上的橫通。人心有孝，人生境界可以悠久無盡。人心有悌，人生境界可以廣大無窮。此外還有忠恕。盡己之謂忠，推己之謂恕。孝悌是對家屬而言，忠恕則泛及朋類。這種孝悌忠恕之心就是孔子最看重的仁，也是人與人相處之道。隨後孟子又補充愛敬。孝悌忠恕全只是愛敬。人沒有不想望獲得人家的愛與敬的，人就先以愛與敬施於其他人，這就是孝悌忠恕，也是仁或道。

孔子講的道，有時像是依然要保留當時社會階級性的禮的精神，但孔子在禮後面已安放了一個新的靈魂，就是人心之仁。孔子認為禮由仁生，禮雖然是階級的，而仁則是平等的，禮雖然像宗教的，而仁則是人道的。那時在政治化的宗教裡的最大典禮是郊天之禮。只有天子可以郊天，這表示著階級性。孔子認為祭禮最莊嚴處就在發自內心的仁，祭天與祭父母一樣從人類內心的仁出發。仁既然為人人所共有的心境，那麼祭禮的莊嚴也應為人人所共有，不分貴賤。天子可以祭天，而人人可以祭其父母。人人能在祭祀中獲一種心的最高境界，使其內心的仁自然流露。人心能常有這種訓練與這種認識，那麼世界就

能到達理想的人道。

　　孔子學說把古代政治化的宗教進一步變成了人道化的政治和人道化的宗教。這種學說根源於中國古代傳統的家族情感，而被孔子發揮得淋漓盡致。因此孔子的教訓並不排斥或遺忘政治的重要，只是上帝鬼神的地位淡薄而已。孔子的教訓裡依然保留著政治意味的階級性的禮，只在人道意味的平等性的仁的精神下面來推行，而宗教性與神道性的禮全變成教育性與人道性的禮了。孔子的教訓只在指點出人心中一種特有的境界和功能而加以訓練，使之活潑流露，好讓人自己認識，然後根據這種心能來改進現世真實的人生。

　　在錢穆看來，墨子與孔子有所不同。墨子站在人類平等觀念上反對貴族階級，但他所主張的平等，實際上是無差別與齊一。他主張兼愛是一種無差別無分等的愛。他說要視別人的父親如自己父親，這是違反人類內心的自然情感的，但他卻說這是上帝的意志。在世人看來，自己的父親和別人的父親不同；在上帝看來，這兩者沒有什麼區別。所以墨子把天志當作他提倡兼愛的根據。他的思想，一面違反了人類內心的自然情感，另一面又要落入宗教的陷阱。

　　另外，墨子主張的平等太偏於物質生活的經濟方面，因此他又徹底反對禮樂，認為禮樂是階級性的有差別的一種奢侈，因此墨子學說裡很少有藝術文學的趣味。他雖然接近古代樸素的宗教觀念，但缺少一種人心特設的訓練方式，他沒有想如何讓人類的內心與他所信仰的上帝意志相感通。他雖然重新採用了古代宗教的理論，但又毀棄了古代宗教的一切儀式和方法，這是因為他太看重人生經濟實利。在人生

經濟實利上建築無差別的平等主義，等級與區別全是奢侈，於是他只認現世社會最低標準的物質生活為人類理論上的正確生活，並在這個理論上裝上上帝意志來強人必從。

墨子的人格是可敬的，但其理論不實際。就徹底反對古代貴族制度及其生活來看，墨子的態度比孔子更前進了，但他不免回到古代樸素的上帝鬼神的宗教理論上去，這顯然比孔子後退。孔子雖不講上帝，不近宗教，但卻有一個教堂，家庭和宗廟就是孔子的教堂。墨子雖然主張有上帝，但缺乏一個教堂，因為他不看重家庭與宗廟。墨子把握不到人心，其學說缺乏深穩的基礎，又違反中國古代由家族情感過渡到人道觀念的傳統精神，因此後來成為絕學。

錢穆並不是一味地表彰儒家，也指出了儒家思想的缺點：（一）儒家太看重人生，容易偏向人類中心、人類本位而忽略了四周物質世界與自然。（二）儒家太看重現實政治，容易使他們偏向社會上層而忽略了社會下層，常偏向於大群體而忽略小我自由。（三）儒家太看重社會大群的文化生活，因此他們容易偏陷於外面的虛華與浮文，而忽略了內部的樸素與真實。老莊道家正是為克服這些不足而產生並發展的。

二、道家與儒墨

在論及道家的特色時，錢穆斷定道家產生在儒墨兩家之後。莊子與孟子同時，而《老子》一書與荀子基本同時。莊子思想實際仍延續孔門儒學，因此《莊子》內篇屢次提到孔子，並加以推崇。內篇引孔不引墨，可以看出《莊子》中的兩家輕重。韓非首次稱儒家一分為

八。孟子師承子思；荀子非常推崇仲弓；而《莊子》內篇則推顏淵。具體地說，莊子思想承襲孔門的顏子，這說明晚周時期，儒家仍有傳述顏氏學說的一個宗派。《易傳》成書晚於《老子》，因此多會通老莊，而又從孔門傳來，獨稱顏淵，因此可以證明顏淵與莊子是相通的。到了東漢，道家興盛，顏淵獨自成為東漢諸儒推崇的對象。北宋理學興起，必溯源於周敦頤，他的《太極圖說》接近道家，而《通書》盛尊顏淵。這又證明孔門諸賢，獨有顏淵與道家相通。

從宇宙論看，先秦儒道兩家分兩個階段：孔子到莊子為第一階段，特點是一切思想從人生界出發，而推演引申到宇宙界，即人生可知，宇宙不可知。從《老子》到《易傳》為第二階段，特點是一切思想觀點從宇宙界出發，然後落實歸宿到人生界。

另外，錢穆也看到了莊子與孔子、顏淵的不同。孔子講學精神側重在人生界，顏淵基本一致。而莊子側重在向外窺探宇宙界。在宇宙中，人與物並生。孔子重人，莊子人與物並重，這是莊子在先秦諸子中的貢獻。要之，錢穆從莊子與顏淵的關係角度，證明儒道兩家相融相對的關係。但他傾向於儒墨關係為諸子最早的對立統一關係，儒道關係發端於墨家思想被儒道兩家吸收之後。

總之，儒墨為古代平民學派先起的兩大派，而道家則較為後出。道家思想是承接儒墨兩派而自為折衷的，但論其大體，則道家與墨家更近。他們同時反對古代傳統的禮，認為不平等而奢侈，又同樣不如儒家從人本主義出發。墨道兩家的目光與理論，皆能超出人的本位之外而從更廣大的立場上尋找根據。墨家根據天，即上帝鬼神，而道家

則根據物，即自然。《莊子》一書裡有許多非常精美的自然哲學的理論。但到《老子》書裡則似乎又偏向於人生哲學及政治哲學。老莊哲學的流傳，到底不能真的走自然哲學與科學的路，而依然循著中國民族文化的大傳統，折回到人生方面來。因此在中國思想系統中，儒道兩家成為正反兩大派。儒家常為正面而向前，道家則成為反面而糾正的。儒、墨、道這三家，都能站在人類大全體上提出問題。其他如名、法、農、雜、陰陽、縱橫諸家地位比較狹隘，不能與他們相比。

在這裡，錢穆通過對儒家與墨家，以及與道家思想上的比較，強調了儒家在諸子百家中的核心地位。無論是從思想淵源還是從思想自身的特點來看，儒家都在墨、道兩家之上。這是因為儒家思想直接產生於中國社會歷史，最能反映和體現中國社會歷史的實際和中國人的生活方式與思維方式，它是地道的中國農業文明的產物。歷史也證明，儒家思想是中國文化的主幹，先秦以後，歷代思想家大體上都是以儒家為軸心來建立自己的思想體系並融和其他諸家的。如果說儒家是正，那麼墨、道兩家則是反。他們兩家是以批評、補充儒家的面貌出現的。如果說儒家多為建設性的進取，那麼他們兩家則主要是社會批判性的。尤其是墨家思想不符合中國社會實際，秦漢以後便成為絕學了。而道家思想多少反映了中國人的另一面，主要在民間發展。

三、先秦諸子之總結

關於先秦諸子學術思想的總結問題，錢穆也提出了自己獨特的見解。他認為，先秦諸子總結不在先秦時期完成，而是在秦漢之際完成的。說得確切一些，是在秦始皇到漢武帝這一段歷史時期內完成的。

這一總結的完成表現為一個過程。他極力反對那種認為從秦始皇到漢武帝這一歷史時期是中國學術思想史上空隙時期的觀點。他指出，先秦時代學術思想非常自由和開放，呈現百家爭鳴、道術分裂的狀態，繼之而來的新時代，學術思想與政治社會一樣都需要統一。從秦始皇到漢武帝這一時期，正是當時一輩學者努力從事調整與統一的時期。

在他看來，這種統一是通過兩種途徑進行的。首先是政治上的統一，主要是指從李斯到董仲舒的努力。李斯是荀子的學生、韓非的同窗，其統一的指導思想是法家。李斯是以法家為軸心在政治上實行統一的，歷史證明這種統一是錯誤的。片面地強調法治，不重視禮治，招致人民的反對，最後導致秦王朝的滅亡。董仲舒吸取了這方面的教訓，在政治上實行的統一是比較成功的。

其次是思想學術上的統一。實質上，思想學術上的統一是為政治上的統一服務的。

錢穆著重分析了先秦諸子是如何統一的問題。先秦百家，最偉大的不外儒、墨、道三家。墨家的精髓多半被儒道兩家吸收，形成正、反對抗形式的只有儒道兩家。後世做調和與統一工作的學者，擺在他們面前的只有三條路：一是超越於儒道墨諸家之上來調和統一；二是以道家為宗主來調和統一其他各家；三是以儒家為宗主來調和統一其他各家。最先努力是走第一條路，稍後又分別走了第二、第三條路。

要走第一條路，必須有宏偉的氣魄超然諸家之上，另創一個新統一。（孔子對於古代學術曾做過這種工作。）有志於這項工作的，是秦相呂不韋及其賓客，他們寫成一部《呂氏春秋》。他們雖然想調和

統一以前的諸家，但他們並沒有超越於諸家之上的更偉大更高明的觀點與理論，因此他們便沒有吸收融和諸家的力量，只是在諸家思想裡左右採獲，彼此折衷，做成一種灰色的景象，這不算是成功的。

代表第二條路線的是與漢武帝同時的《淮南子》一書，由淮南王劉安及其賓客所撰成。大體上說，道家思想是追在儒家的後面加以指摘與糾正的，它多半屬於批評性的而非建設性的，它在思想史上的地位，根本不是一種最高境界，而且當時歷史大流正向正面積極的方向汹湧直前，因此《淮南子》也不算是成功的。

在錢穆看來，調和與統一工作做得最成功的是儒家。儒家是走調和與統一工作的第三條路。他們的確有很大的功績，只可惜這一工作沒有為後代的思想史家們所注意。從學術上看，應以《易傳》以及收入《禮記》中的《大學》、《中庸》、《禮運》、《王制》、《樂記》、《儒行》等篇章為主，它們對儒家思想的發展有很大的貢獻，都能吸收墨道各家的重要思想，並把它們融化在儒家的思想裡，成為一個新的系統。

錢穆具體分析了儒家調和統一諸子的過程。首先是《易傳》和《中庸》。老子的貢獻，在於提出了天人合一，即人生界與宇宙觀合一、文化與自然合一的一種新觀點。這個問題是世界人類思想必然要遭遇到的最主要的問題。春秋時代人的思想傾向於把宇宙暫時撇開，專心解決人生問題。如子產就是這方面的代表。孔子思想雖然承接春秋，但其思想深處隱含著天人合一的傾向，只是引而不發。孟子的性善論可以說已經在天人相交處明顯地搭上一座橋，但也還只是從天過

渡到人，依然偏重在人的一邊。莊子要使人重新回歸到天，然而用力過猛，因此荀子說他「蔽於天而不知人」。但荀子又把天和人割裂了，這顯然背離了孔子的思想。老子開始提出「人法地，地法天，天法道，道法自然」的口號，面對修身、齊家、治國、平天下等人生實際方面重視不夠，過多偏重在自然，輕視人文。《易傳》和《中庸》則彌補了這方面的缺陷。

《易》、《庸》一方面認為人道本身即是天道，這種思想淵源於孔子和孟子；另一方面則先從認識天道入手來規範人道，這種思想繼承老莊。《易》、《庸》的宇宙觀是一種德性的宇宙觀，是採取莊老的自然觀來闡發孔孟的人文觀。《易》、《庸》以儒家思想為宗主，把諸家思想統一起來了。

其次是《大學》和《禮運》。《大學》的貢獻在於把全部複雜的人生界，用內外（心與行、德與業、知與物、我與人）、本末（身與家國天下、個人與社會大群）等一些簡單的觀念與系統來加以包容和說明。這是人生哲學裡的一元論，也是一種德性一元論。在這人生一元論中，政治只是一種文化事業，一種道德事業。國家如家族，是社會大群體中應有的機構，這種社會大群體應以全人類為最高層。每個人也在全人類大群體中各占一個中心地位。善是人生最高的理想，而善也是人心內所固有的。把人心內固有的善發揚光大，則全人類可以到達一個終極融和的境界。這項事業在每一個人身上平等負擔。這種孔孟傳統在《大學》裡卻以最簡單明確而又系統化的方式表達出來了。

如果說《大學》偏重政治，那麼《禮運》則偏重經濟，它們是姊妹篇。《禮運》把理想的人生社會分為兩個階段，到達治國階段的僅是小康世界，到達平天下階段的才是大同世界。在治國階段的人，不免為己為私，化不盡家庭觀與國家觀。到了平天下階段，並不是說沒有家族和國家，而是說為己為私的觀念轉化成為公為眾，這就達到了人生理想的至善境界。《禮運》思想還是儒家思想的推衍，但提高了道的地位，抑制了禮的地位，這已融進了道家觀念。另外，關於人不獨親其親、不獨子其子以及重視物質經濟等，也融合了墨家思想。

在錢穆看來，正是儒家融合統一了諸家。諸子中的儒家既是結束王官貴族學開啟諸子平民學的宗主，也是結束諸子學開啟兩漢經學時代的宗主。[4]

錢穆有關先秦諸子統一的論述是有建樹的。第一，與許多學者認為先秦諸子統一完成於秦統一中國以前不同，錢穆肯定先秦諸子思想統一工作完成在秦漢之際。當然，這裡並不否認先秦有些學者，如荀子、韓非等也想做統一之事，或多或少也做了這件事，但他們都是不成功的。因為以法家思想為指導的秦朝統一不久就滅亡了。這也證明中國哲學思想與政治有著十分密切的聯繫。第二，表明先秦諸子學術統一不是一下子完成的，而是一個過程。在這個過程中，學者們提出了一系列統一的方案和主張，後來經過篩選、實驗，最終確立以儒家為宗主統一先秦諸子百家。這不是學者個人主觀心血來潮的產物，而是根據中國當時社會歷史情況所作出的正確選擇，後來開啟了漢武帝

4　以上詳見錢穆：《中國思想史》，臺灣學生書局，1985年版，第86—110頁。

政治上的大一統的文治政府，從而帶來了漢代的繁榮強盛。錢先生比較客觀地描述了這一歷史過程，對正確了解、評價當時的思想界有啟發意義。

此外，錢穆對「子學」有一種寬泛的理解，他把隋唐新佛學、宋明理學等納入子學範圍。在他看來，到了漢代，平民階級已經被消除，大一統文治政府建立，王官之學代替了平民之學，儒學經學化占統治地位。不久佛教東來，道家興起，三足鼎立，三教會通。宋明理學是儒融合了釋道的產物，也是儒學平民化的產物。從王官之學向平民之學的下移來說，隋唐新佛學和宋明理學亦被界定為廣義的子學。

4.3　老子其人其書的考辨

由於老子生前遺留史跡不多，因此，關於老子其人其書的時代問題，自五四以來，就不斷發生爭論。有人認為老子在孔子之先，有人認為在孔子之後，有人認為在莊子之後，有人認為老子在戰國時代，有人認為老子是漢初人，更有人認為根本就沒有老子其人，《老子》一書為漢代人偽造。真是眾說紛紜，莫衷一是。

民國初年，老子其人其書成為熱門話題。胡適《中國哲學史大綱》出，判定老子先於孔子。1922年，梁啟超評胡著，提出質疑，認定老子為戰國末年人。顧頡剛不同意胡、梁之說。錢穆也參加了討論。據羅根澤統計，僅收入《古史辨》中討論老子的文章就有30萬字。關於老子時代問題，清代以來大體有三種意見：

有一派學者認為《老子》一書是老聃遺說的發揮，老聃確在孔子之前。主此說的有馬敍倫、張煦、唐蘭、郭沫若、呂振羽、高亨等。第二派學者的意見，認為老子是戰國時代人，《老子》書也是戰國時代的書。主張這種說法較早的有清人汪中，及近人梁啟超、馮友蘭、範文瀾、羅根澤、侯外廬、楊榮國等。第三派學者認為《老子》成書更晚，在秦漢之間。主張這一派學說的有顧頡剛、劉節等。[5]

錢穆先生認為，老子其人其書年代問題不弄清，先秦諸子學術源流次序就無法解決。他主張《老子》一書成於戰國後期，在《莊子》內七篇之後。其說近於上述三派中的第二派。錢說雖受汪中、梁啟超的影響，但汪容甫所疑，特在《史記》所載老子其人其事，未能深探《老子》書之內容。梁任公疑及《老子》其書，舉證堅明，但仍限於清儒途轍，未能開出新境。而且《老子》書晚出於《論語》，其說易定，而其書之著作年代，究屬何世，莊老孰先孰後，則難以確立。錢先生繼踵汪梁，力主《老子》書出在莊子、惠施、公孫龍之後。自1923年寫成《關於老子成書年代之一種考察》（此文1930年發表於《燕京學報》，又收入《古史辨》中），至20世紀30年代《再論老子成書年代》、40年代《三論老子成書年代》、50年代《老子書晚出補證》，以及20—60年代所作有關莊老比較、莊老思想、莊老與易庸、魏晉莊老論等近二十篇論文，錢先生從不同角度一再論證自己的觀點，垂老弗變，所用訓詁考據方法，頗有超出清儒舊有軌範之外者。錢先生有關論文，1932年上海大華書局編成《老子辨》一書。臺北東大圖書公

5　　參見任繼愈主編：《中國哲學發展史》（先秦卷），北京：人民出版社，1983年10月版，第237—243頁。

司1991年出版錢氏之《莊老通辨》，收文最全。與它相應者，另有先生的《先秦諸子繫年》、《莊子纂箋》、《國學概論》、《中國思想史》、《墨子》、《惠施・公孫龍》諸書。

一、老子其人事蹟的真偽問題

究竟有沒有老子這個人呢？戰國諸子很喜歡稱述老子的是《莊子》一書。錢穆認為《莊子》一書多寓言而無實。關於老子其人的故事傳說主要有三種。

第一，孔子見老聃。這個老聃實際上是老萊子，也就是《論語》中的荷篠丈人，此人是南方的一位隱士。孔子南游時，子路曾向他問路，並曾在他家留宿。而後，孔子又讓子路再去見他，但沒有見到。孔子見老聃的故事就是由此而衍生出來的。

第二，太史儋去周適秦。此見於秦史的記載。但後人認定他就是孔子所見到的老聃，於是老聃就成為周朝的史官，又成為去周適秦的隱士了。

第三，老聃出關遇關令尹。這個故事流傳最晚，出處無法考證，大概是漢朝初年。關尹是戰國道家環淵的誤傳。環淵與詹何同時齊名，於是後來把詹何誤混為太史儋，而引出上述遇關令尹的傳說。而現在《禮記》中的《曾子問》一篇，為何也記載孔子適周問禮於老聃之說呢？這是因為孔子問道於老聃的說法流傳得太廣了，所以後代的儒家也記載了孔子適周問禮於老聃的傳說。在錢穆看來，儒家稱述孔子的故事有許多不可信之處。

錢穆綜合了先秦古籍中有關老子的傳說後指出，以上三種傳說指的是三個人，一是孔子所見的南方老萊子，神其事者為莊周。二是出關游秦者周朝史官儋，而神其事者屬於秦人。三是著書談道列名百家的楚人儋何，而神其事者則為晚周的小書俗說。混糅三人為一人，合而流傳則從《史記》開始。基於這一點，他又對《史記》中關於老子其人其事等問題闡述了自己的看法。他認為《史記》中關於老子名耳字聃姓李的說法是沒有根據的，並引用《說文》「聃，耳曼也」及《毛詩》「曼，長也」來證明老聃是長壽人的通稱。長耳朵是長壽的相，所以說老聃是一位耳朵長的老者。古書又有稱續耳、離耳的。如《禮記‧學記》引韓詩「離，長也」。《莊子》一書也只說孔子曾去見了一位長耳朵的老者，但後人穿鑿附會，便把離耳轉變成李耳，於是變成老子名耳字聃姓李了。針對司馬遷說李耳是楚國苦縣厲鄉曲仁裡人這一說法，錢穆又加以考辨，認為這更簡單。老子已成了漢代的大名人，自然應該替他安排一個出生地。厲鄉又名賴鄉，賴字音近於老萊子的萊，厲字音近於李耳的李，而且苦縣地點又近於沛，因此遂替那位長耳朵的老人選定了他的出生家鄉。

　　關於老子的後代子孫問題，司馬遷《史記》又斷定，老子的兒子名宗，是魏國的將軍，宗受封於段幹，宗的兒子注，注的兒子宮，宮的玄孫假，假在漢孝文帝時做官等等。由此看來，司馬遷筆下的老子不僅有了姓氏、出生地，而且還有了後繼家譜。錢先生認為這是不符合歷史的。司馬遷《史記》說的魏列為諸侯，這是戰國時期，如果說老子年齡長於孔子，試問他的兒子如何能在魏做將軍呢？大概這封於段幹的，最早也該與孔子的孫子子思同時了。《戰國策》一書有段幹

崇為魏使秦割地求和的事，依字形看，段幹宗必然會是段幹崇。但這已經是魏安釐王時的事，連當太史儋的兒子也不配，如何說是孔子所見的老聃的兒子呢？或許漢代李氏與戰國段幹氏，在其先世的血統上有什麼關係吧。

那麼《老子》一書是誰作的呢？就此錢先生談到中國古代書籍寫作的特徵。中國古代名著不知道作者真實姓名的不限於《老子》，如《中庸》、《大學》也不知著者是誰。後人把《老子》看作是出自孔子所見的老聃之手筆，正如把《易傳》看作是出自孔子的手筆一樣，是不可信的。

二、關於《老子》的成書年代

錢穆在考證老子其人及行事後，又進一步考證《老子》成書的年代。他主要從三方面來考證《老子》一書。

首先考證《老子》的時代背景。錢穆先就《老子》書中對於當時政治、社會所發種種議論而推測其書的歷史背景，認為該書為戰國晚期的作品。他認為老子關於不尚賢的理論是戰國中期以後時代的產物。尚賢是墨子最先提出的，是針對當時貴族世襲崩壞而發的。到了戰國中期，學者的尚賢理論變為政治上的真實情況，以後尚賢制也出現弊病。而發展為不尚賢之論一定是在戰國中期以後。然而《老子》雖然提倡不尚賢的理論，但在無意中也不脫尚賢的舊觀念。由此錢穆證明老子成書年代一定是正值尚賢思想濃厚之際，書中以聖人為理想中的最高統治者，這就是戰國中晚期尚賢思想無形的透露。

錢穆考證《老子》關於從政者就是聖人、官，而在下的被統治者是百姓的說法，不是春秋時代人的用語。另外，《老子》中的尚智、多欲、好動、輕死等，凡書中認為民之難治的話都不是春秋時期所有的現象。《春秋左傳》記述了春秋二百四十年的歷史大事，基本上是以貴族階級內部相互鬥爭或不同貴族階級之間的鬥爭為主。而《老子》書中的百姓好智、多欲、好動而輕死，這是王官之學流散入民間，諸子興起、百家爭鳴時代才有的現象。就《老子》一書語言的時代背景反推《老子》成書年代，在錢穆看來是比較可信的。

　　其次考證《老子》一書的中心範疇及其與先秦思想史系統的相互關係。錢先生說：「大凡一學說之興起，必有此一學說之若干思想中心，而此若干思想中心，絕非驟然突起。蓋有對其最近較前有力之思想，或為承襲而闡發，或為反抗而排擊，此則必有文字上之跡象可求。《老子》一書，開宗明義，所論曰『道』與『名』，此為老子書中二大觀念。就先秦思想史之系統，而探求此二大觀念之所由來，並及其承前啟後遞嬗轉變之線索，亦未始不足以為考察其成書年代之一助。且一思想之表達與傳佈，又必有所藉以表達與傳佈之工具。如其書中所用之主要術語，與其著書之體裁與作風，皆是也。此等亦皆不能逃脫時代背景之影響與牢籠，則亦足為考定書籍出世年代之一助也。」[6]錢先生抓住了《老子》的主要思想範疇「道」及與「道」有關的名詞範疇「帝」、「天」、「地」、「物」、「大」、「一」、「陰陽」、「氣」、「德」、「有無」、「自然」、「象」、「法」、「名」等，與先秦諸家典籍和思想反覆互證，一一指陳、分析其涵義，又推

6　　錢穆：《莊老通辨》，臺北：東大圖書公司，1991年12月，第21頁。

論其在思想史上展衍遞進之層次與線索。

　　先秦時期的思想家，其人其著可考無疑的有：孔子、墨子、孟子、莊子、惠施、公孫龍、荀子、韓非、呂不韋等。就其人其世先後的順序而知其書中彼此先後思想的條貫，這也是一種考據。然而先秦諸子之著作也有不能確知其書的著者和著者年代的，如《易傳》、《中庸》、《老子》等。其人雖然不可知，而其世則大約尚可推。在考據其書背景外還有一種方法，就是探尋其書的思想線索。每一家的思想，都有前後承繼的關係，這種承繼的關係，就是思想線索。

　　考證一條思想線索，必須先已知另一條思想線索的存在，然後以此為據才能類推。錢穆是以先秦諸家為基準，即孔子、墨子、孟子、莊子、惠施、公孫龍、荀子、韓非、呂不韋這一思想順序來確定《老子》一書的成書年代的。如《論語》重言仁，而《老子》說：「失道而後德，失德而後仁」，又說「天地不仁」，這是老子晚出於《論語》的證據。《墨子》有《尚賢》一篇，《老子》言「不尚賢，使民不爭」，這又是老子思想晚出於墨子的證明。

　　莊子和惠施後學都說「萬物一體」，莊子是從道的角度來立論的，惠施則是從名的角度來立論的。《老子》一書開宗明義，把道和名兼舉並重，因此而知老子思想晚出於莊子和惠施。先秦道家開始於莊子，名家應開始於惠施，不能說老子是道家和名家兩者始祖。老子綜合莊子和惠施兩家創立新說。

　　《老子》說：「視之不見名曰夷，聽之不聞名曰希，搏之不得名曰微。此三者不可致詰，故混而為一。」錢穆認為，這一條立論很新

奇，尋遍先秦諸家思想，公孫龍的《堅白論》主張堅白可以外在於石而相互獨立存在。公孫龍說：「拊石得堅而不得白，視石得白而不得堅，故堅白石可二不可三。」就常識而言，石是物的名，堅白是象貌狀態之詞。物體是實，象貌狀態是虛，石為一個實體，兼包堅白二象狀。因此，堅白相聯，不相離。公孫龍把實體與屬性割裂開來。《老子》一書認為，所視、所聽、所觸，都相互脫離，各別存在，由於不可致詰，故遂混而為一。這與公孫龍的思想很相似。

「道」為老子書中的中心範疇與觀念。錢穆比較《論語》、《墨子》，前者僅指人事，後者言義不言道，思想淺近、質實，而《老子》獨深遠、玄妙。《莊子》內七篇所言道，如「道不欲雜」、「惟道集虛」、「魚相造乎水，人相造乎道」等，皆較素樸，唯《大宗師》「道有情有信，無為無形，可傳而不可受，可得而不可見。自本自根，未有天地，自古以固存。神鬼神帝，生天生地」一句稍有玄遠之意，但此頗有晚出偽羼之嫌，即使出自莊子親筆，在莊子思想中亦未將此貫徹到底。然在《老子》中乃就此「道生天地」之說發揮無遺，卓然成一系統，亦表明老子承莊子而起。《莊子·齊物論》以道與言並稱，即老子道與名並提之所本。在莊子之義，僅以道與言之矛盾破「儒墨之是非」，因儒墨在當時群言淆亂，皆所以爭道之是非，故莊子有此說。孔墨積極地尊信天道，知天命天志之必如此，還從人事上盡力；莊子則消極地尊信天道，即謂天道不可不遵依，而天道又未必盡可知，於是遂使其於人事，有彷徨卻顧，而失其勇往直前的毅氣與壯志。然其指導人當知天命，實與孔子相近。「可見《老子》書中『道』字之地位，實較《莊子》七篇之言道者為遠過。故曰『天乃

道』，曰『天法道』，加道於天之上，乃不再見有古代素樸的天帝觀念之纏縛，此與莊子之言天者遠殊矣。即此可證老子書當較《莊子》七篇尤晚出也。不然，老子之於道與天，先已分言之，明明謂道尊於天，莊子思想既承襲自老子，而於此複混言之，又謂令乎天乃道，此非學術思想層累前進之象也。故在莊子時，古代神秘的天之意義雖已變，而至老子時，古代神秘的天之地位乃大降，即此可以推斷莊老之先後也。」[7]

《老子》一書說天地最先，只有一物混成，這就是他所謂的道。道的衍變是先有象狀，再有具體。如此言之，抽象的道名在先，而個別的物名在後。簡單地說，老子的思想是，天地間應該先有黑白之分，然後才有白馬、白石、白羽之分，黑白之分在先，叫作可常，而馬、石、羽之分在後，叫作不可常。因此，《莊子》一書多次談及物，而《老子》書則屢次言名、言象，這是兩書的差別。《莊子》雖然屢次言物，然而莊子實際上主張未始有物。《老子》繼承這種看法，並改造為一切象狀、可名者。莊老思想大體不同由此匯出。

惠施分別說大一小一，由此推論萬物一體，而公孫龍改造其說，主張堅白石相離不相盈，天地間萬名各離而自止於其所指。而老子又改造其說，主張成象的名在先，物名在後，由此出發來證明天地最原始的不可名狀的道。由此看出老子的思想與公孫龍的思想一脈相承。

公孫龍說：「物莫非指，而指非指。」錢穆認為，如果把公孫龍與《老子》互相參照，可見公孫龍的「指」字與老子的「象」字

7　錢穆：《莊老通辨》，臺北：東大圖書公司，1991年12月，第30—31頁。

很相似。就人言說指，就物言說象。凡天地間一切物的抽象之名，兩家都認為可以離開物而獨立存在。因此老子的說法與公孫龍的說法都師承惠施，由惠施轉變而來。堅白之學是由惠施提倡，公孫龍繼承並加以發展，所以成為當時的名家。莊子不喜歡名家，主張觀化而言道，所以成為當時的道家。老子的學說由繼承莊子、惠施和公孫龍的學說而加以改造，並兼攬了道和名的兩種觀點而融化為自己的思想。《老子》又不說堅白，而說夷、希、微。這更為抽象，這就是老子關於「玄之又玄」的道理，從這裡也能看出老子學說晚出。錢穆指出：「凡此云云，則必博綜會通於先秦諸子思想先後之條貫而後始見其必如是，故曰：非通諸子，則不足以通一子也。」[8]

最後，錢先生從《老子》一書文字、文句、文體考證《老子》一書的成書年代。如老子書中關於「道生一，一生二，二生三，三生萬物」的話本源於莊子的「天地與我並生，萬物與我為一」。老子說：「貴以身為天下，若可寄天下；愛以身為天下，若可托天下。」這句話類似於《論語》中「可以托六尺之孤，可以寄百里之命」。老子的話顯然晚出。又如《老子》「天下之至柔，馳騁天下之至堅，無有入無間」。《莊子‧養生主》的「彼節者有間，而刀刃者無厚，以無厚入有間，恢恢其於遊刃，必有餘地矣」，是說以無厚入有間。老子說以無有入無間因襲於莊子，而加深一層。凡此種種，錢穆列舉的例證非常之多。

春秋之際，王官之學未盡，學術還沒有流入民間。孔子的《春

8　　錢穆：《莊老通辨》，臺北：東大圖書公司，1991年12月，自序，第12頁。

秋》本於魯史，《論語》記言記事，是史官著書的舊形式。《孟子》一書議論縱橫，文體不同於《論語》，但也不免有記言的陳式。《莊子》一書儘管寓言多，也沒有超出舊時的記言記事的格局，文體因循，沒有全變。《公孫龍子》、《荀子》等書超脫對話痕跡，不再因襲記言記事的舊套，自抒理論。至於《老子》一書，語言精練，既沒有對話也不同於論辯，運思成熟，熔鑄而出。有許多格言，可備誦記，與以前的諸家不同。如果認為《老子》一書早在前，為什麼老子以後的諸家反而不如他呢？縱觀《老子》一書，總挈綱領，開宗明義，要言不煩，這種文體上的進展，一定在戰國末年，而不能早出《論語》、《孟子》、《莊子》以前。另外，錢穆考證《詩》、《史》、《論》，這三者可以說是古代文字自然演進的三個階段。《老子》一書的文體比《論語》還要進步。結句成章，又加上有韻味，可以說是論文的詩化，這種情況也見於《莊子》、《荀子》，《老子》以韻化的論文成書，是晚出無疑。

清代考據學，首推閻百詩（若璩）的《尚書古文疏證》。閻氏是書在於證明《古文尚書》是偽書。錢穆考《老子》的成書年代問題與閻氏考《尚書》不同，而是像孟子所言，「在於求知其人，而追論其世」。旨趣不同，方法也就不同。《老子》一書不是偽書，而說者多偽，如果錢穆在辨偽的話，是辨說者多偽，非書之偽。

錢穆從《老子》一書思想反映的時代背景、《老子》一書的文字文句文體以及先秦諸子思想衍變的系統，全方位、多視角地考證了《老子》的成書年代，確定《老子》一書為戰國中晚期的作品，從方法論角度來看，有積極意義。第一，從思想方法上看，他不迷信前人

與權威，敢於向他們提出挑戰。大膽懷疑，精心考證，這本身就是一種科學的方法，對後人進一步研究和考證《老子》，頗有啟發。第二，任何思想都不會是憑空產生的，而是特定社會歷史條件下的產物。同時思想本身的前後承接關係也使其具有相對的獨立性。錢穆考《老子》一書也遵循這種分析方法。他首先從《老子》書中的思想理論特殊性出發，進一步考證書中思想所反映的社會歷史背景，正確說明一定思想是一定時代的產物。因此，又把《老子》一書置於先秦諸家思想發展變化的歷史與邏輯中去考察，從範疇的演變和思想承續關係為《老子》在諸子百家中定位，從而確定《老子》成書年代。第三，錢穆強調，「非通諸子，不足以知一子」，這種聯繫的、會通的方法不僅適用於治子學，而且適用於治整個文化思想史。

必須指出，究竟《老子》一書成書於何時，學術界有不同的看法，也有不同的考證和理論分析作依據。《老子》一書成書年代問題，至今也未有定論。錢穆的觀點只是一家之言。這在科學研究，尤其在人文科學研究中，是很正常的現象。錢先生並不認為自己掌握了絕對真理。錢穆的以上考證，特別是思想、語言、文體的累層衍進的觀點，深受當時進化論的影響。然而，思想、語言、文體之類，不一定是進化的，或者進化之中可能包含有退化或飛躍，而且詩化哲學很可能是早出的。這些都可以再研究。此外，錢先生沒有可能研究馬王堆漢墓出土的帛書《老子》，這也是一件憾事。

第五章

培養史心　求取史識（史學論）

錢賓四先生是學問淵博的史學大師，他的全部著作可以說都是史學著作。他綜合、提揚了傳統史學，又吸納、消化了西方史學，在自己畢生治史實踐的基礎上，提出了一系列的史學理論、思想、觀點與方法，推動了20世紀中國史學的發展。這裡主要根據《國史大綱》、《史學導言》、《中國歷史研究法》等略作述介，掛一漏萬，在所難免。

5.1　史心與史識・智慧與功力

史家有史家的責任，史家有史家的胸懷。錢先生說，治史者須先廓開心胸，廣築基礎，然後可以深入學問之堂奧，獲得學問之實用。治史者必以「世運興衰」、「人物賢奸」這八個字為出發點和歸宿，積久感染，「自能培養出一番對民族國家之愛心，自能於民族國家當前處境知關切。諸位當知治史學，要有一種史學家之心情，與史學家之抱負。若不關心國家民族，不關心大群人長時期演變，如此來學歷史……最多只能談掌故，說舊事，更無史學精神可言」。[1]錢先生認為史學是生命之學，這不僅意味著歷史是活生生的，是精神生命，而且意味著它本身是生命的學問。研究者、學習者必須深切地投入自家的生命，首先是德性生命。

錢先生告誡諸位學史學者：

必要養成一番廣大的心胸，乃及一番遠大的眼光，來看此歷史之

1　錢穆：《史學導言》，臺北：中央日報出版社，1981年版，第36頁。

變化。更貴能識得歷史大趨，一切世運興衰，背後決定全在人。決定人的，不在眼前物質條件，乃在長久的精神條件。須知我們大家負有此時代責任，須能把我們自己國家民族已往在長時期中之一切興衰得失作為我求知識的對象。如此般的知識，可謂之是史識。歷史上有過不少為民族為國家為大群體長時期前程而立志操心的大人物，他們此種心情，可謂之是史心。培養史心，來求取史識，這一種學問，乃謂之史學。史學必以國家民族大群體長時期上下古今直及將來為其學問之對象。由此培養出一番見識與心智，始得把其自身成為一歷史正面人物。便是能參加此民族國家歷史大趨之人物。其所表現，則在此人物之當身，在此人物之現代。在其當身現代所幹之事業，即是一歷史事業，不限於其當身與現代。[2]

　　錢先生堅持的是我國古代史家的優良傳統，以上所引「史心」、「史識」與「史學」的界說，分明弘揚著經世明道的中國史學精神。以史為鑒，經世致用，懷抱熱烈深厚的理想情懷，關心民族國家的興盛衰亡，是我國史家的崇高美德。發奮立志，憂國憂民，秉筆直書，促進後世的史家之出現及其學問之被重視，又多在衰世。他們能明天人之際，通古今之變，把握歷史發展趨勢，指示國家民族之未來。無論在當身還是身後，他們都是民族的脊樑。

　　關於史家修養，劉知幾說，史家必兼有史才、史學、史識「三長」。章學誠又補充了「史德」。錢先生根據近世思想界和史學界的流弊，重新解釋了學史者必須有的素質。「史識」本指歷史見識、

2　　錢穆：《史學導言》，第39—40頁。

見解、眼光、膽識，即觀點和筆法，然錢先生在此集中解釋為關於自己國家民族一切興衰得失的反思。錢先生又提出了一個新的概念：「史心」，即為民族、國家、大群體的長遠利益和前途而立志操心之良史的心情，又指人們對待歷史傳統的心態。錢先生要求治史者必須有一個健康、寬容的心態和博大的胸懷，尤其不要對古史開口就罵，輕肆批評。他說，古人對前代、當代史多有批評，如杜佑《通典》各部分都有雜議論一類，都收載這些批評。但那些批評都是切合事實、有情有理的，絕不如現代有些人不負責任地輕浮謾罵，罵盡中國全部歷史。

錢先生強調，必須把史心、史德、史識、史才、史法、史義統一起來，才能成為史家。錢先生說，世界上絕沒有純客觀的歷史，我們絕不能把過去史實全部記載下來，不能不經過主觀的觀察和了解而去寫歷史。我們必須對史實之背景意義有所了解，並有了某種價值觀，才能拿這一觀點來寫史。因此，從來的歷史，必然寓褒貶，別是非。史家記載下來的歷史，不但要與史實符合，且須與其所記載的一段歷史之過去、未來相貫通。若不能貫通，則此項記載不能稱為歷史。錢穆說：

寫史有史法與史義，如何觀察記載史法，如何了解歷史之意義與價值為義。如何獲得史義，則須有史心、史德、史識。惟其有史家之心智，才能洞觀史實，而史心須與史德相配合，那樣才能得到史識。[3]

3　錢穆：《新亞遺鐸》，臺北：東大圖書公司，1989年9月初版，第325頁。

中國人作史之大義，肇始於孔子《春秋》，司馬遷自稱其寫史學自孔子，又謂《春秋》：「是非二百四十二年之中，以為天下儀表。貶天子，退諸侯，討大夫，以達王事而已矣。撥亂世反之正，莫近於《春秋》。」孔子不問其上下尊卑，據義直書，為的是要達王事。《史記》不以孔子為列傳，而特為世家以表尊重，就是據史遷之史義而致之。

　　至於如何才能寫客觀之歷史，那就是史法的問題。要盡可能客觀地描述，必須有客觀的分析。中國史書有編年、紀傳、紀事本末、典章制度專史、史評、方志等多種體裁。史家對年代、事蹟、人物、自然現象、社會活動及制度、風俗及文化典籍等等，無不客觀、苦心孤詣地記述。從《史記》、《漢書》到《通典》、《通志》、《通考》，舉凡氏族、六書、七音、天文、地理、都邑、禮、諡、器服、樂、職官、選舉、刑法、食貨、藝文、校讎、圖譜、金石、災祥、草木昆蟲，無不詳備，記述之中寓有許多創見卓識。其中既有共同的，又有特殊的史法。

　　錢先生又具體疏解了史才、史識與史德。在史才方面，貴在能分析又能綜合。既能將一件事解剖開來，從政治、社會、經濟、學術思想、風俗及民間信仰等各角度去觀照，析理造微，又要有綜合的本領，將各細節、各事件、各人物、各方面統合起來，能見其大源與多面，這種才智即是史才。

　　所謂史識，即能見其全，能見其大，能見其遠，能見其深，能見人所不見處。歷史是全體性的，其事件不可能一件一件孤立分離，其

過程也並非一時期一時期的。歷史只是通體渾然而下，無間斷、無停止地在向前。能見其遠，能看出每一事之隱微處，不單從外面看，而能深入看，這樣的見識便是史識。

錢先生指出：尚專業，務近利，則其人絕不足以治史；崇公業，圖遠利，其人始得入於史。這就涉及史德的問題。有了史才和史識，更須有史德。所謂德，是一種心智修養，例如不抱偏見，不作武斷，不憑主觀，不求速達。這些心理修養便成了史德。我們如能兼備上述三條，自可取得高深卓越的成就。反過來說，我們從事歷史研究，正可訓練我們分析和綜合的頭腦，增長我們的心智修養，提高和加深我們的見識與智慧。[4]

中國學問主要是「做人」。史學也不例外，錢先生所說的史心、史德、史才、史識、史義、史法，總體來說，是治史者必備的素養，根本上還是治史者本人的人格與人生境界，首先是「天下興亡，匹夫有責」的精神。在這裡，「天下」就是指的民族文化。錢先生特別強調史心、史德、史義，並強調它們與史才、史識、史法的有機結合，把民族大義、社會道義、中國情懷與客觀主義評價統一起來。史家必須內外兼修，以求主客統一。對我們民族的歷史抱著溫情與敬意，投注愛心，予以同情地理解，與歷史的客觀性之間，當然不免會有一些矛盾，但孔子、史遷以來，中國優秀的史家不是結合得很好嗎？

---

4   詳見錢穆：《中國歷史研究法》，臺北：東大圖書公司，1988年1月初版，第10—11頁。

錢穆先生對於入門史學者還談到智慧與功力相結合的問題。他主張，智慧與功力兩者不可偏廢，智慧需要功力的培養，功力也需要智慧的指導。《論語》說：「學而不思則罔，思而不學則殆。」如果把「學」當作功力，那麼「思」就是智慧。學而不思等於只知用功，而無智慧，不免糊塗；思而不學，只憑智慧而不下工夫，也靠不住。「智慧與功力須循環相輔前進。」[5]錢穆進一步從智慧與功力相結合的角度闡述治史的三個階段。

第一階段。這是治史的入門階段。治史必須首先從師與受業。師者，並非只是當面之師。從師要上師古人，讀書也是從師，應懂得「由前人之智慧來指導自己的功力」。學問都有傳統，都是從古到今不斷承續而來的，絕不能認為這項學問由我開始。前人在此項學問上早已加上了不少功力。前人既然成學成業，也有可信的智慧。正因為如此，所以前人的智慧，可以來指導我自己的功力。第二層是「由前人之功力來培養我自己的智慧」。這個前人的智慧，也是由其功力培養而成，因此可以依據前人功力來培養自己的智慧。這兩個層次是治史的入門功夫。

第二階段。第一個層次是由自己的智慧來體會前人的功力。上述第一階段是憑著前人引路來指導自己的功力，培養自己的智慧。現在是自己有智慧了，再回頭去體會前人的功力。起先是跟著別人，現在是要進一步懂得前人，從前是讀前人書，現在是知道前人如何用功而完成此書。讀前人書由不自覺進到自覺。學問做到這種程度可謂與著

5　　錢穆：《中國學術通義》，臺灣學生書局，1984年版，第303頁。

者「同道」了。第二個層次，以上說的是憑自己的智慧來窺探前人的功力，對前人功力有所體悟，自己功力便可又進一步使用。現在進一步，以自己的功力來體會前人的智慧，最先是從別人的心來啟發自己的心，是上面所說從前人的功力啟發自己的智慧。現在是要以自己的心來證發前人的心，即是以自己的功力來體會前人的智慧。學問進行到這一步，才可以說懂得做學問，到了已是「升堂」境界，已能神交古人。上述第一步是「從師治學」，現在第二步是「從學得師」了。如此，才能說有師承，才不是跟著前人走，而是與前人同道而行了。

第三階段。錢穆認為，第三階段不僅「升堂」，而且「入室」，也即是「成學」階段。到了這個階段，學問才開始為我所有，我已為主而不為客，學問成為我的安宅，我可以自成一家。他總結指出，上述第一個階段是「從學」階段，第二階段是「知學」階段，第三階段是「成學」階段。[6]

以上關於史心與史識、智慧與功力諸論，是錢先生對治史者最基本的要求，也是史學入門的門徑和登堂入室的要訣。對於治史者來說，錢先生20世紀40年代在《中國今日所需要的新史學與新史學家》一文中指出的新史家應具備的幾條標準，頗值得記取：第一，對世事有懇切之關懷；第二，明於察往，勇於知來，不拘於世事；第三，凡世間諸事相、各科學智識有相當程度之了解；第四，有哲學融會貫通之頭腦。錢穆認為，不具備以上四條，無當於史學之大任。既有救世

6　錢穆：《中國學術通義》，臺灣學生書局，1984年版，第318頁。

之心、入世之忱，又能淡泊明志，超越於俗世，同時輔以其他主客觀條件，才能做一位史家。

對我們晚輩後學來說，錢先生所強調的廣其心，沉其智，專其業，事其事，甘於寂寞，守先待後……實在是太重要了。錢先生常愛引用朱熹的「放寬程限，緊著工夫」和章學誠的「言公」與「謝名」來勸誡學生。吾輩不追逐時尚，不急於自售，潛心做學問，庶幾不被時俗風潮卷去，而能為中國文化的繁榮做一點實在的工作。

5.2　凝合過去未來為一大現在

錢先生認為，「歷史上之過去非過去，而歷史上之未來非未來，歷史學者當凝合過去、未來為一大現在，而後始克當歷史研究之任務。」「司馬遷所謂究天人之際，通古今之變，此即融貫空間諸相，通透時間諸相，而綜合一視之。」[7]在他看來，歷史是一時間性的學問，而歷史上的「時間」概念，與物理、心理上的過去、現在、未來三分法的時間概念不同。歷史是一生生不已的生命過程，過去與現在、現在與將來，剎那剎那，因果相連，難以割裂。在歷史這一大生命、大事業的過程中，任何歷史事件其實都是改變過去與改變將來的事業，因此這一「現在」或「當下」，莫不有相當的寬度。錢先生有時把這一寬度解釋為「無限量的寬度」，認為我們總是在這一無限量寬度的現在中不斷努力，以把握將來而改變過去。

7　　錢穆：《世界局勢與中國文化》，臺北：東大圖書公司，1977年版，第234、238頁。

所謂歷史時間，是附著在歷史事件上的。錢穆以講演為例，巧為比喻。如講演以兩小時為一單位，這兩小時的時間附著在演講上。現在已講了五分鐘，但這五分鐘並沒有過去。如果過去，人們就聽不懂以下的講演。這五分鐘的內容保留在聽眾的腦子裡，所以才能繼續往下聽。如現在再跑來一人，他不知前面所講，將感到摸不著頭腦。所以說，過去的並未過去。如說未來，它早來了。講者還要再講一小時五十五分鐘。聽眾不知道所講的內容，而講者早已知道。這說明過去的沒有過去，未來的卻早已來了。進一步說，演講者講的是同樣一番話，而聽者接受不同、反應不同。正因為各人過去不同，他們都是帶著他過去的人生、過去的觀念來聽講演的，他們各人依各自原有的立場和生活體驗作出不同的詮釋，足見過去並沒有過去。

錢穆認為，我們的人生，是一個真現在或大現在，整個歷史也是一個大現在。學習歷史，主要在學知人事，學知人生。一切人事，各有一個時間單位。各個人生也有一個時間單位。不應把它們一秒一分一小時那麼分割。一切過去，都保留在未來中。過去永遠保留。未來的可以早侵入到過去，過去的也可以早控制著未來。因此，一切歷史絕不是死的歷史。這使我們想起了克羅齊的話，「一切歷史都是當代史」！

錢先生說，全部歷史都活在這裡。一部中國史，便活在今天我們中國人身上。由此來考察歷史，才能懂得歷史的意義與價值。錢穆說：「歷史是一個大現在，上包過去，下包未來，是一個真實不動

的大地盤，我們即憑此地盤而活動。」[8]如此看來，中國的過去並沒有過去，中國的現在，正是中華民族五千年大生命的發展形態，既涵蓋著過去，又包孕著未來。民族文化生命的發展是永無止境的。任何歷史事件都不是孤立的，許多事件和合成一件大事，就是我們民族國家的創成與擴展。這一件大事及其背後的大生命，還在無限地繼續下去。有了這一大生命，才有各人的小生命。歷史所見的不是自然物質生命，而是文化精神生命。就歷史文化生命而言，今天的中國人都是從這一悠久的文化中產生的。離開了歷史，我們只是一個野人、一個原始人。「我們的所謂歷史，把文字記載下來的，只是一些狹義的歷史。我們的人生過程，我們人類大生命的過程，才是廣義的歷史。」[9]每個現在的人都是這一大過程中的一分，同時也能長久保存。只要歷史不朽，我們的人生也就不朽。在這裡，歷史不再是死的物的歷史，而是活的人的歷史。如此，歷史主體的作用得到了高揚。

錢先生的這一歷史觀是生命哲學的史觀。如前所述，他把歷史當作民族精神生命的大流，當作大群人生的經驗。在這一生命流程中，「所過者化，所存者神」（孟子語）。在歷史流衍中，不值得記憶的，只是一種鬼相。鬼者，歸也，散歸太虛。而值得人們再經驗再記憶再創造的，不褪淡、不消失、具有生命活力的，是一種神性。神者，伸也，能伸展、能再創。歷史事件一件件地過去了，歷史人物一個個地死亡了，然卻過而未去，死而不亡。因為歷史事件和人物影響到當今與未來，且後代人會不斷地詮釋出新義；因為它或他（她）留傳下來

8　　錢穆：《史學導言》，第53頁。
9　　錢穆：《史學導言》，第68頁。

的神（歷史精神）還要再伸展、再創造、再詮釋、再經驗。這一歷史精神就是神，就是天。人們通過總結歷史事件或人物的歷史經驗得到的歷史知識，就與歷史大生命相應，而究天（即神或歷史精神）人（即現代人）之際，通古今之變的史學方得以經世致用。[10]

錢先生的這一史觀，仍是經世致用的史觀。所謂把過去、未來凝合為一「大現在」，根本上是重視當今，重視當世，「使史學與當身現實相緒合」。他的「新史學」、「新國史」，意在「通今」：「史學本求通今，若治史而不通今，此亦失治史之旨，並將無史可治耳。」[11]錢穆強調歷史研究應當「求以合之當世」（「明天人之際，通古今之變，求以合之當世」）。[12]

錢穆先生並不是老古董，他的史觀、史論與史學方法，在正確全面體認民族傳統及史學方法的基礎上，力求革新，求以合之當世，並為民族革新的事業服務。這就是在「常」的歷史精神之指導下，在先人業績的基礎上，繼續創造以完成一個大現在。所謂「通今」，也就是既不埋怨古人，又不被古人束縛，力圖創造一個盡可能好的「現在」。錢穆肯定近世史學的「革新派」，就是肯定他們密切關注現實。把史學與現實聯繫起來，治史才有意義。錢穆的《國史大綱》也是為了現實的目的，為了造就一個好的現在的中國。歷史學家揭示歷史正反兩方面的經驗教訓，為改革者提供參照，就是「通今」。知古

10　參見蔣義斌：《錢賓四先生之歷史思想》，《錢穆傳記資料》第三冊，臺北：天一出版社，1981年。

11　錢穆：《朱子新學案》，臺北：三民書局，1982年4月再版，第5冊，第58頁。

12　錢穆：《中國近三百年學術史》，北京：中華書局，1986年影印本，自序，第4頁。

不知今，是為「陸沉」。

　　錢先生早年生長在積弱的中國，他治史的動機與目的，就是尋找中國不亡的根據，為中國招魂。他承繼了清末學人（如梁啟超、章太炎和國粹派）所提出的問題，為論證中國文化和歷史自有其獨特的精神而另闢蹊徑，作出解答。實際上他是在中西文化激烈碰撞的時代，針對全社會共同關注的中華民族在現時代的生存危機與未來走向問題，作出史的反思。他的反思和解答無疑是在「大現在」中為「大現實」服務的。而且，他反思和回答的方式也是現代的，「求以合之當世」的。他對知識的態度，與中外一切現代史學家相比，都毫不遜色。「五四」時人所看重的一些精神，如懷疑、批判、分析之類，他無不一一具備。他的疑古有時甚至超過了顧頡剛，但他不承認懷疑本身即是最高價值，他要重建可信的歷史。他對科學精神是虛懷承受的，只是不接受「科學主義」罷了。因此，他在精密詳細考證的基礎上，撰《劉向歆父子年譜》，把支配學術界一二十年之久的康有為的《新學偽經考》及其所反映的今古文經學的爭論結束了，又撰《先秦諸子系年》，解決了梁啟超、章太炎、胡適所未能解決的問題，為諸子學與戰國史開一新紀元。[13]

　　所有這些，都為他的史觀作了注腳。

　　錢先生「凝合過去未來為一大現在」的史觀，又是針對傳統與現代二分的弊病的。他說，中國人言世界，世乃時間，界則空間，時

13　參見余英時：《猶記風吹水上鱗─錢穆與中國現代學術》，臺北：三民書局，1991年10月，第22─24頁。

空和合為一體。中國人重視時間之綿延。孔孟老莊言道則必有變，但變中又必有常，有時間性之綿延乃可連貫會通而成為一傳統。西方人言變，無中國人之所謂「化」。化則同一存在，而有時間性。變則在同一存在中各自相異，其相互間無和合、無連貫、無時間性。史學最富時間性，雖曆變而仍有其連貫性，依然是一體。「就中國人立場，當由中國之舊傳統而現代化，不應廢棄舊傳統，而慕效為西方之現代化。不當喜新厭舊，而當由己之舊而達於新，乃始得之。」[14]「今日國人好言現代化，憎言傳統。所謂現代化，乃指西化言。其實西方亦自有其傳統，而中國歷史亦各有其現代化。」孔子曰：『殷因於夏禮，所損益可知也。周因於殷禮，所損益可知也。其或繼周者，雖百世可知也。』其言因言繼，即言其傳統。其言損益，即當時之現代化。夏商周三代，何嘗非當時之現代化？」「今則欲盡棄故常，一掃而空以為損，一因西方以為益。則西方傳統縱其盡善盡美，亦恐無以益於此一空之我矣。其然，豈不然乎？」[15]

可見歷史上的任何「現在」，都是當時的現代化，都離不開當時的傳統。因革損益，變中有化，不失其常，任何現代化都離不開傳統，傳統之中亦涵蓋著現代。知今不知古，是為「盲瞽」。在他看來，凡是對以往歷史抱有一種蔑視態度的人，都是一切真正進步的勁敵。只有憑藉過去才能認識現在，也只有對現在有真實的認識，才能有真實的改進。因此，研究歷史最重要的不僅在於鑒古而知今，而且還在於將為未來精神的孕育起嚮導作用。想要國民對國家有一種深厚

14　錢穆：《現代中國學術論衡》，長沙：嶽麓書社，1986年5月版，第138頁。
15　錢穆：《現代中國學術論衡》，長沙：嶽麓書社，1986年5月版，第149—150頁。

的感情，就必須先讓他們對國家已往的歷史有深厚的認識，想要國民對國家當前有真實的改進，也必須先使他們對國家已往的歷史有真實的了解。任何民族國家的現代化，都是該民族國家自身傳統的現代化。

我們每個人都置身於歷史大生命中，完成一個融通過去、未來的「大現在」；在這一過程中，亦成就了個人，成就了人格。錢先生這一史觀在歷史和現代人之間建立了一座橋樑，使我們可以通過這座橋樑去究天人之際，通古今之變。

5.3　論通史、部門史、文化史

錢穆把人類的知識分為兩大類，一自然，一人文。歷史是研究人文科學的一種最基本的學問。史學是一門綜合性的學科，在人文科學中是一門比較特殊的學科。它既有科學性，又具有哲學性和藝術性。政治、經濟、社會諸學科雖然自成其體系，但必有史實為根據，以史學為基礎。

歷史由三方面組成，一為歷史本身，一為歷史材料，一為歷史知識。歷史本身就是大群人生整個已往的經驗。至於這個經驗，這已往的人生，人們用文字記載，或因種種關係，保存有許多從前遺留下的東西，使人類的後代，可以根據這些來了解，來回頭認識已往的經驗，已往的人生，這叫做歷史材料與歷史記載。人們憑藉這些材料和記載來反觀已往歷史的本身，再憑反觀所得來預測人類的將來，這叫做歷史知識。

錢穆史學研究範圍很廣，無論是通史、部門史，還是文化史，都有涉獵。他治史的邏輯是：首先對歷史作通體研究，然後把歷史平鋪開，分門別類研究政治、社會、經濟、學術、人物和地理等專史，最後又回到文化史，把通史與文化史有機地結合起來。歷史在文化史中得到最終的完成。這體現了他所謂「研究歷史，所最應注意者，乃為在此歷史背後所蘊藏而完成之文化，歷史乃其外表，文化則是其內容」[16]的基本精神。

一、對通史的研究

他首先指出了研究歷史的三種途徑：第一，由上而下、從古到今，根據時代的先後對歷史進行通體研究，這是一般所說的研究通史。第二，與前一途徑相反，即從下溯上、從今到古，由現代追溯到古代的研究途徑。注意把握住現代史上無論是政治的、社會的、經濟的、學術思想等的任何一方面，然後根據眼前的實際問題循序上推，尋根究源，由此可以明白這一事實的由來。第三，純從自己的興趣出發，或是根據各自的方便，作為研究歷史的開端。這種研究只求在一方面深入有所體悟，然後欲罷不能，便推及到其他地方去，其治史的範圍愈來愈廣，程度愈來愈深遠。這就是一種歷史研究。

在這三種途徑中，錢穆最欣賞第一種。在他看來，根據某一問題來研究歷史並非是最理想的。因為在同一時代中，諸多事件之間都有相通之處，且相互影響。必須把一個時代的政治制度、社會形態、經

16　錢穆：《中國歷史研究法》，序，第1頁。以下主要依據於本書，轉述之處，不再另注。

濟情況、學術大概、人物風尚等等一一加以綜合，相互會通，才能真正把握這一時代。千萬不要把它們各自分開，只當作一些孤立和偶然的事項看待。在這三條治史路徑中，他強調第一條，即研究歷史要從頭到尾作通體研究，首先要研究通史，在略知通史的基礎上再進一步深入地、分時期地研究部門史或斷代史。對部門史或斷代史有了研究之後，再返回研究通史。如此循環往復不斷深入下去，才能真正明白歷史的時代變化，才能貫通上下古今，把握歷史的大全。《國史大綱》堪稱通史研究方面的佳作。

　　錢穆說，近代研究史學主要有三派：一是傳統派（即記誦派），二是革新派（即宣傳派），三是科學派（即考訂派）。他認為，傳統派主張記誦，熟悉典章制度，多識前言往行，精於校勘輯補。科學派是應科學方法整理國故的潮流而起。這兩派都偏重於歷史材料方面，缺乏系統，因而無意義，是一種純書本文字，與現實無關。革新派治史有意義、有系統，並努力把史學與現實結合起來。但他們急於求知識，而怠於問材料。對於歷史，他們既不如記誦派知識廣，也沒有考訂派所獲的史實精。因此，革新派的治史實質上由於缺乏史實和史材，治史的意義也變成無意義的了。

　　錢穆指出：「此種通史，無疑的將以記誦、考訂派之工夫，而達宣傳革命派之目的。彼必將從積存的歷史材料中出頭，將於極艱苦之準備下，呈露其極平易之面相。將以專家畢生盡氣之精力所萃，而為國人月日流覽之所能通貫。」[17]錢穆與近世革新派研究史學的目的

17　錢穆：《國史大綱‧引論》，北京：商務印書館，1994年版，上冊第8頁。

一樣，都是為了拯救中國，但研究方法和結論則與之相反。

近代新派史學在政治制度、學術思想和社會經濟三方面研究的結論大體上是：在政治上，秦以來的歷史是專制黑暗的歷史；在文化上，秦漢以後兩千年，文化思想停滯不前，沒有進步，把當前的病態歸罪於孔子、老子；在社會經濟上，中國秦漢以後的社會經濟是落後的。

錢穆的通史研究在立論的標準上反對以一知半解的西方史知識為依據，主張深入理解本民族文化歷史發展的特性。他又以整體與動態的方法，把國史看作是一不斷變動的歷程。他認為，幾千年來的中國社會經濟、政治制度、學術思想是發展變化著的，而不是一成不變的。

就政治制度而言，綜觀國史，政治演進經歷了三個階段，由封建（分封）統一到郡縣的統一（這在秦漢完成），由宗室外戚等人組成的政府漸變為士人政府（這自西漢中葉以後到東漢完成），由士族門第再度變為科舉競選（這在隋唐兩代完成），考試和選舉成為維持中國歷代政府綱紀的兩大骨幹。就學術思想而言，秦以後學術，不僅從宗教勢力下脫離，也從政治勢力下獨立，淵源於晚周先秦，遞衍至秦漢隋唐，一脈相承，歷久不衰。北宋學術的興起，實際上是先秦以後第二次平民社會學術思想自由發展的新氣象。就經濟而言，秦漢以後的進步表現在經濟地域的逐漸擴大，而經濟發展與文化傳播、政治建設逐漸平等相伴而行，儘管在歷史上快慢不同，但大趨勢是在和平中向前發展。

錢穆認為，中國古代社會的政治、經濟運作的背後有一個思想觀念存在。在學術思想指導下，秦以後的政治社會朝著一個合理的方向進行。如銓選與考試是《禮運》所謂「天下為公，選賢與能」宗旨所致。在全國民眾中施以一種合理的教育，在這個教育下選拔人才，以服務於國家，有成績者可以升遷。這正是晚周諸子的士人政治思想的體現。秦漢以後的政治大體按照這一方向演進。漢武帝按董仲舒的提議，罷黜百家，專門設立五經博士，博士弟子成為入仕唯一正途。此後，學術地位超然於政治勢力之外，也常盡其指導政治的責任。三國兩晉時期統一的政府滅亡，然而東晉南北朝政府規模以及立國的理論仍然沿續兩漢。隋唐統一政府的建立，其精神淵源則是孔子、董仲舒一脈相承的文治思想。秦代政治的後面，也有一個遠大的理想，這個思想淵源於戰國學術。秦漢不失為沿著時代的要求與趨勢而前進的進步政治。隋唐統一無疑證明，中國歷史雖經歷了幾百年的長期戰亂，其背後尚有一種精神力量依然使中國再度走上光明之路。錢穆所講的這種精神力量是以儒家為主的優秀文化傳統，它才是民族文化推進的原動力，即「生力」。

　　錢穆也分析了阻礙中國歷史發展的「病態」。如中唐以後的社會是一個平鋪散漫的社會，政治仍為一種和平大一統的政治，王室高高在上，社會與政府之間相隔太遠，容易招致王室與政府的驕縱與專擅。又如社會無豪強巨富，雖日趨於平等，然而貧無賑，弱無保，其事不能全部依賴於政府，而民間又苦於不能自振。再如政府與民間溝通在於科舉，科舉為官後出現腐敗等。這都是中唐以後的病態。宋儒講學主要是針對這種種病態而發。然而宋以後不能自救，招致蒙古入

主中原，使中國政治進一步遭到損害。明代廢除宰相，尊君權，以及清朝統治，皆背離了傳統士人政治、文治政府的精神。這些都是中國歷史中的病態。

挽救這些病態則需要一種「更生」。這種更生是國家民族內部自身一種新生命力的發舒與成長。錢穆認為，我民族數百世血液澆灌、精肉培壅的民族文化精神具有頑強的生命力，充滿了生機，不僅能挽救自身病態，而且能回應西方文化挑戰，爭取光輝的前途。

錢穆的通史研究，不僅充分注意了中國史與西洋史的區別，努力察其異，揭示特殊性，而且充分注意了歷史的變異性。這是他研究通史的特點。

二、對部門具體史的研究

錢穆研究歷史的邏輯是：「先對普通史求了解，然後再分類以求。從歷史的各方面分析來看，然後再加以綜合，則仍見此一歷史之大全體。」[18]錢穆本人不僅熟悉、通曉通史，而且也曾分門別類地研究了部門史。

（一）政治史。早在上世紀三十年代，錢穆在北京大學就講授過中國政治史這門課，此後也多次涉獵中國傳統政治，尤其是傳統政治制度問題。

在回答為什麼研究政治史這個問題時，他指出，政治是文化體系

18　錢穆：《中國歷史研究法》，第15頁。

中一個重要項目。尤其在中國，其文化精神偏重在人文方面，儒家的抱負一向看重修身、齊家、治國、平天下。要研究中國傳統文化絕不應該忽略中國傳統政治。這是他從文化大視野中談研究政治史之必要。另外，辛亥前後，由於革命宣傳，把秦朝以後的政治傳統用「專制黑暗」一筆抹殺。由於對傳統政治的忽視，而加深了對傳統文化的誤解。如果平心客觀地來檢討中國文化，自然應該檢討傳統政治。這也是他研究政治史的原因之一。再者，政治制度必然有其自根自生的特殊性，即使有些可以從外國借鑑，也要先與本國固有的傳統結合、溝通才能發揮作用。否則，無生命的政治、無配合的制度是無法成長的。挖掘二千年來中國傳統政治，檢討傳統政治的現代意義，也是錢穆研究政治史的原因。他尤其不能接受用「專制黑暗」四個字把中國傳統政治全部否定的簡單做法。從某種意義上說，他研究政治史是由此而發的。

在他看來，政治應該分為兩方面，一是人事，一是制度。人事經常變動，制度則由人創立、由人改訂。制度較為穩定，可以規定人事、限制人事。他研究中國政治史的側重點是制度的沿革問題。他說，研究制度主要有四個方面的問題，即政府的組織，考試和選舉，賦稅制度，國防與兵役制度。這四個方面，從漢代起，經過唐、宋、明、清四朝，大體反映了中國政治制度的沿革。

研究政府的組織指的是研究政府職權的分配。從漢、唐、宋、明、清五個朝代看中國歷史上政府職權的分配制度，可認識中國傳統政治的大趨勢及其內在的根本意向。研究考試和選舉制度，指的是讓人們知道在中國歷來的政治上規定著什麼樣的人才可以參加政府，政

府是怎樣組織的，政府的職權是怎樣配合的，進而明了其內在的意義。一個國家的政權，究竟應該交給哪些人，這是第一義的，至於政府內部各項職權應該如何分配，這是第二義的。「中國歷史上考試和選舉兩項制度，其用意在政府和社會之間打通一條路，好讓社會在某種條件、某種方式下來掌握政治、預聞政治和運用政治，這才是中國政治制度最根本問題之所在。」[19]至於政府內部職權是怎樣分配的，這是政府的組織法，它是產生政治的根本大法。研究政府的賦稅制度，指的是研究政府的財政經濟制度，它也是一個很重要的方面。唐代杜佑的《通典》，是中國第一部專講中國政治沿革的書，最先的一門是「食貨」，其中就講到賦稅等經濟制度。研究國防與兵役制度，指的是研究武力保衛政府的問題。除此以外，其它如學校制度、教育制度等，錢穆都進行了全面的考察。

在對諸項制度進行了系統研究以後，錢穆總結出幾條結論：（1）中國傳統政治，論其主要用意，可以說全從政治的職分上著眼，因此第一注重的是選賢與能，第二注重的是設官分職。（2）因為中國是一個大國，求便於統一，因此不得不保留一個舉國共戴的皇帝，但因無法運用民意來公選，皇位不得不世襲。（3）要避免世襲皇帝的弊害，最好是採用「虛君制」，由一個副皇帝即宰相來代替皇帝負實際的職務及責任（明清兩代則由皇帝來親任宰相之職，只不負不稱職之責）。（4）政府與皇室劃分（此直到清代皆然）。（5）政府與社會融合，即由社會選拔賢才來組織政府。（6）宰相負一切政治上最高而綜合的職任。（7）選拔人才的責任，交付給各級行政官員自行採用

19　錢穆：《中國歷代政治得失》，香港大中國印刷廠，1966年版，第3頁。

其屬員（從漢至唐辟舉），考試權交付給禮部和吏部（宋代以後則專在禮部）。（8）考得成績升黜官吏則交給吏部。（9）監察彈劾權交付與特設的獨立機關（唐代之禦史台下至明代之都察院）。（10）對皇帝的諫諍責任及最高命令的複審與駁正權交付給事中與諫官（這兩官職，唐代隸屬於宰相，宋以後到明漸漸成為獨立機關，清代廢除）。（11）職權既定，分層負責，下級官各有獨立地位，幾乎政府中許多重要職權都分配在下級，而由上級官綜其成，宰相則總百官之成。[20]

　　錢穆指出，研究政治史，首先要研究制度，但僅從制度入手是不夠的，必須把與制度相關的包括人事等方面聯繫起來研究，才能認清制度的本質。研究制度，還必須明白任何制度背後都有一套思想或理論存在。把制度、人事與理想結合起來，才能把握中國政治史的精神。

　　（二）社會史。錢穆認為，中國社會堅韌性最大，持續力最強，且推動力也最大，融化力也最強，因此能延續至今有四千年以上的悠久傳統。他將中國社會與西方社會進行了比較，認為它們是不同的。西方的封建社會起於北方蠻族入侵，羅馬帝國崩潰以後，西方社會處於無政府時期，因而封建體制自下而上建立起來。而中國從秦朝以後基本是統一的郡縣制；西歐封建社會中存在著貴族與平民兩大階級，而中國無階級，中國知識份子掌握政權，通過考試做官，非世襲；西方封建社會的解體，是由於工商業在城市的興起，而中國歷史上城市早已存在，中國城市就是政治、經濟的中心，上面有統一的政府，下

20　　錢穆：《國史新論》，臺北：東大圖書公司，1984年版，第52—53頁。

面有自由的商業，它與西方中古時期城市獨立於封建系統是不同的。

　　基於這些不同，錢穆揭示了中國社會特殊性之所在：中國社會是一個士農工商組成的「四民社會」。在四民社會中，士即知識份子，占主導地位。中國社會的歷史傳統在於政治與社會是相互聯繫在一起的，而這兩者的結合處是士，士既是社會的主要中心，又是政府組成分子。中國一向稱耕讀傳家，農村子弟，勤奮讀書，再經過層層考試，從社會進入政治。因此，士是劃分中國社會的標準。中國社會最重要的劃分在於士或知識份子地位的變動上，由此出發，他把中國社會分為以下幾個時期：

　　（1）遊士時期。這是指春秋戰國貴族階級崩潰、士人新興的轉型時期，這個時期上面結束了春秋時期的封建貴族社會，下面開啟了秦漢以後的士族新社會，可以說這個時期是遊士社會。（2）郎吏時期，或選舉社會、士族興起時期。這是指兩漢時期的政府已經變為士人的政府，而士人參加政府的途徑，首先是郎或吏。封建貴族崩潰在春秋末年，而士族興起在東漢初年，這中間從戰國到兩漢，可以說是社會的轉型時期。（3）九品中正時期。這是指魏晉南北朝時的門第社會。這個社會是承接兩漢士族興起而達到士族全盛的時期，也可稱之為士族確立時期。（4）科舉時期。這是指唐代，也可以說是「白衣舉子」的社會。唐代科舉制度的產生，門第社會的崩潰，又是中國社會的一個轉型時期。（5）進士時期。科舉進士雖唐代已有，但絕大多數由白衣上進，則是從宋代開始的。唐代以後的中國社會一併稱為「科舉社會」，但將宋代以後特稱「白衣舉子社會」或「進士社會」更為貼切。

錢穆以「士」階層地位之變化，來說明中國社會演進的形態，自有獨到之處。要之，他主張根據中國歷史的實際情況來劃分社會發展的不同時期，反對先立下一種哲學的歷史觀，任意裁剪中國歷史。

　　錢穆又說，研究社會史，除了正史有關社會方面的史料之外，還應該注意姓氏學與譜牒學，以及地方誌，包括省志、州志、府志、縣誌等，這些史料是當時社會史的記錄，借助它們可以了解所研究的社會的情況。

　　（三）經濟史。錢穆認為，研究中國經濟史，首先應該注意中國傳統對經濟的基本觀點：人生對經濟的需要並不是無限的。經濟的發展應該有一個限度，低水準的經濟要求對人生是有積極價值的，而不必要的高水準的經濟要求對人生是消極的，甚至是有害的，因為這種經濟要求只能提高人的欲望，而不能有益人生。基於這種認識，錢穆研究經濟史主要從兩方面入手，一是保持必需的經濟低水準方面，一是防止經濟超高水準方面。首先是平均地權，這種井田思想在歷史上具體表現為各時代的均田制，主要是裁抑兼併，所謂「富有者田連阡陌，貧者亡立錐之地」是中國歷代政府所力求糾正的。隨著土地政策而來的，如廢除奴隸使其成為自由民，歷代賦稅制度主要是輕徭薄賦以及各項憫農、恤貧、救荒、賑災、義倉、獎勵等義舉善行，這都是中國兩千年來政府所宣導和盡力履行的。這些工作也受到一般士大夫們的鼓吹與支援，其用意旨在使一般人民的經濟生活不致降到低水準之下。其次是防止經濟超過高水準、走上不必需的經濟無限發展之路。如鹽鐵政策，禁止日用必需品為商人所壟斷，又如，禁止商人進入仕途等，這也是中國傳統法制的一項內容。

錢穆說，研究經濟史，要把它與政治史、社會史結合起來，應該從政治史、社會史來研究經濟史，也應該從政治思想、社會思想來研究經濟思想，還應該從政治制度、社會制度來研究經濟制度。

　　（四）學術史。在政治史、社會史、經濟史上有一個最高的人文理想在領導。因此，必須研究學術史。中國學術的基本特點是會通，研究學術史應從會通出發，不是單攻一門。從會通出發，才能把握中國學術的大氣象。錢穆指出，中國歷史的傳統理想是由政治領導社會，由學術領導政治，而學術起於社會下層，不受政府的控制。中國學術的主要出發點是一種人本主義，人本主義的基本精神以人為主，重視人在社會中的地位。另外，中國社會宗教不發達，而儒家思想本身含有一套宗教精神，代替了宗教的功能。就中國學術而言，大體分心性之學和治平之學。心性之學是德性之學，屬於人生修養方面，簡稱心學。治平之學屬於人群實踐方面，是史學。心學是做人的大宗綱，史學是做事的大厚本。中國學術傳統主要就在於如何做人、如何做事上，雖具體流變有所不同，但這一大方向是不變的。當然，把中國學術看成是心性和治平之學，反映了其主要精神，但僅僅歸結於這兩方面，不免仍是片面的。

　　錢穆還分析了中國學問的特點。他認為，中國學問有三大系統：（1）人統，其中心是人。中國人說「學者所以學為人也」。一切學問主要用意在於如何學習做人，如何做一個有理想、有價值的人。因此，其所成的學問以如何做人為中心系統或以學者個人自身的完成為中心系統，這是人們從事學問的一種創造意志和領導原則。（2）事統，這是以事業為中心的系統，也就是所謂的「學以致用」。我們從

事學問的動機及其終極意義，就在於對社會、對人群有用，有貢獻。因此，其所完成的學問以人生為中心，也必連帶及於事業，只有學以致用才能見其學問的大體。（3）學統，這是以學問本身為中心的系統，所謂「為學問而學問」屬於這個系統。它與其他兩個系統的關係是：由人來做學問，學問本身超然於人之外；由學問而產生出學人；學問也是一項事業，任何學問在人群中也各有其貢獻；學問系統在人統、事統的意義上說，是一貫遞下，可以說是事統的分支。錢穆根據以上三系統對中國古代思想進行了分類。他指出，偏重於第一系統的有儒家、道家、墨家。他們學問的中心問題絕非發現一套真理或發明一套哲學，而是在於如何做人。偏重於第二系統的主要有法家、名家、農家、縱橫家、陰陽家等，他們則重在經世致用方面。第三系統晚出，包括一些經學家、史學家等，他們是從第二系統轉入的，純粹的學統在中國是沒有的。中國學術主要偏重在第一、第二系統，尤其重在做人的問題上，這是其最大的特點，也反映出與上述心性之學和治平之學之統一性。

（五）關於歷史人物。錢穆認為，歷史是人事的記錄，有人才有歷史，而少數人在歷史上作用巨大，因此要重視歷史人物研究。他按心性與事功關係把歷史人物分為三類。（1）治世盛世的人物與衰世亂世的人物。中國歷史上的歷史人物產生於衰亂世的更多於治盛世的，而且強於治盛世的。因為盛世時期，事業有所表現，其表現即成為歷史，但在事業上所表現出的人物，其人物本身則絕非事業可盡。相反，處在衰世的人物無事業表現，但在事業之外正能表現他自己，他所表現的正是赤裸裸的一個人。（2）得志成功的人物與不得志失

敗的人物。歷史有成功與失敗，人隨時代的成功而成功，這是當然的。但人能在失敗時代中有其成功，這才是大成功，因為他能引起將來歷史的更成功。（3）有表現的人物與無表現的人物。無事業表現的人物不能載入歷史，但在無表現背後，則卓然有一人在，這就是一大表現。錢穆這種劃分是把人的心性與治平、人格與事業相對隔開。他所說的衰世、不成功、無表現的人物是指事業而言的，以此反襯其心性、人格的偉大。反之，他所說的盛世、成功、有表現的人物，正因為事業偉大，反而壓抑了人的心性和人格，心性和事功相互乖離。錢穆強調了應多注意研究失敗、無表現、衰世的人物，這對反思歷史是有益處的。

（六）關於歷史地理。在錢穆看來，研究歷史，同時要重視研究地理，如果把天代表共通性，地則代表了個別性。人處於共通的天下，但必經由個別的地，而後才能回復到共通的天，這是人類歷史演變的大進程。中國人何以能夠至於大一統？何以能將不同地區、不同性格、不同風俗的人們共同陶育在同一個文化系統之下，並共同來創造這個歷史傳統呢？就是因為中國地理擴展不是西方式的以武力向外征服，而是一種自然地趨向於文化的凝聚與統一。西方史上所謂英國人、法國人，好像一種化學單位，而中國歷史上的中國人，則好像化學上的一種混合製劑。由於文化的因素，中國地理擴展是以文化擴展為背景的。反過來，中國文化的擴展也以地理的擴展為前提，隨著新地域的轉進而得以擴大。例如，中國文化新生大體均產生於新的疆土地域上。總的來看，中國的地理與文化的推擴是由北向南移進的，其拓展是由中原向四周輻射的。

錢先生的歷史地理學是從經學入門的。閻若璩《四書釋地》、胡渭《禹貢錐指》、顧棟高《春秋大事表》，還有顧祖禹《讀史方輿紀要》對他都有啟發。直接影響他治古史地理的，是讀《船山遺書·楚辭通釋》後關於屈原行跡的思考。1922年秋，錢先生開始考訂屈原行跡，並旁及春秋、戰國時的地理。1930年，錢先生在燕京大學成《周初地理考》等多篇，1934年成《楚辭地名考》等，多創闢可怪之論，前人絕未道及。這些論文均收入錢先生《古史地理論叢》甲乙兩部。1939年錢先生又撰成《史記地名考》。錢先生的《先秦諸子繫年》及《國史大綱》也都吸收了他自己古史地理的成果。錢先生治古史地理有三通例，對地名原始、地名遷徙、地名沿革有一套考證辦法。其治古史之四要項，分別為氏族、地理、人物、年代。他認為光憑年代與人物，無法確證古史，必須考察古民族之文化狀態與地理區域。[21]

錢先生認為，中國之偉大正在其四千年來的歷史進展，不僅是地區推廣，同時是歷史疆域、文化疆域也隨而推擴了。中國歷史文化之不斷推擴，卻仍保留到各地區的分別性。長江流域不同於黃河流域，而珠江流域也不同於長江流域，甚至廣東也不同於廣西，福建又不同於廣東。中國民族，乃是在眾多複雜的各地居民之上有一相同的歷史大傳統。這一大傳統實在是多樣之統一。人的歷史為地理區域所劃分，歷代區域內之地理背景與其社會風習、人物性格、經濟榮枯、文化升降、心理傾向均有著複雜的關聯及變動。但中國能由分別會歸到共通，又在共通下保留著分別。

21　參見王恢：《錢賓四先生的歷史地理學》，《錢穆傳記資料》第一冊，臺北：天一出版社，1981年。

錢穆對具體部門史的研究極為廣泛，他把對具體專門史的研究置於其整個史學研究之中，廣泛地運用分析方法，對不同部門史進行解剖。他不僅看到部門史之間的差異，同時也看到了它們之間的有機聯繫及其會通之處。部門史是整個中國文化史的不同組成部分，每一部分都以中國文化精神為其共同的鋼骨。錢先生對部門史的具體分析，既是他通史研究的進一步拓展，也是他文化史研究的豐富而詳實的具體化。可以說，他的專門史研究與他的通史和文化史研究相互融通，相互補充，相互深化，相得益彰。

三、對文化史的研究

　　文化史是錢穆歷史研究的歸宿。他指出：「如果專從文化史角度看，其範圍要比上述（指政治、社會、經濟、學術、人物、地理）各方大，可以說，文化是全部歷史的整體，應該在歷史的整體中去尋求歷史的發展過程，這才是文化的真正意義」。[22]他進一步說，歷史是人事的記載，但有很多人事不載入史籍中，凡沒有載入史籍中的並不是不重要，只是由於史體所限而不能一一載入。這裡所說的歷史整體是兼指載入史籍與沒有載入史籍而言的。文化是人生，這裡指的人生不是個別人的分別人生，而是大群體的全人生，即有大群所集合而成的人生，包括人生的各部分，無論是物質的還是精神的，這才成為大群人生的總體。它又是立體的，而不是平面的，並兼涵在歷史演變中。這是他所研究的文化史的內涵。可以說他的通史與專門史研究都是以文化做背景的，都是在文化大視野中進行的。歷史在文化中得到

22　　錢穆：《中國歷史研究法》，第115頁。

最終的顯現，文化史使歷史的內涵達到空前的豐富。研究文化史使歷史活了，使歷史變成了一幅幅活生生的有血有肉的民族精神的畫卷。錢穆的史學可以說就是文化史學。關於他的中國文化史研究，本書有專章（第2章）述介，這裡就不贅述了。

5.4　史學研究的方法論

錢穆先生的史學成果頗為豐碩，研究的深度與廣度，並世罕有人能夠企及。他不僅有特有的史心、史德、史識、史慧、史才與深厚的功力，不僅有獨到的史義、史觀、史論與史考，而且還有豐富而精粹的史法。他的史學方法論本身就是一個值得深究的課題。在共與殊、變與化、變與常、古與今、通與專、博與約、客與主、內與外等各方面的關係上，錢先生的史學理論和實踐都有「推故而別致其新」之處。

第一，共殊相別，變常互通，以求尺度準確。

錢穆的史學研究，特別注意闡發民族歷史的特殊性。沒有特殊性，就不成其為歷史。如果世界上一切國家民族的歷史文化及其發展走向，彼此間沒有區別，那麼只需要一部人類史或世界史就夠了，再也不需要各國的歷史了。過去馮友蘭先生在《貞元六書》特別是其中的《新理學》、《新事論》中提出過「別共殊」的問題，但馮先生意在指出世界文化發展大勢之共相，因而把中與西的文化問題置換為古與今的問題、中古與近代的問題、生產的家庭化與社會化的問題。當然，後來馮先生關於中國哲學史的論著也充分注意到中國哲學與文化

的特殊性。梁漱溟先生自始關注「殊相」與「個性」，20世紀40年代末曾就文化的共殊問題、「中西之異」是否就是「古今之別」的問題在《中國文化要義》中批評了馮友蘭。[23]

錢先生極力強調文化與歷史的民族性、特殊性，對「無分中外，惟別古今」、以歐洲歷史文化的發展作為唯一的尺度來衡量中國的主張，給予了痛斥，指責提出上述主張的人「蔑視文化之個性」，「襲取他人之格套，強我以必就其範圍」。從地理環境、文化類型、生活樣式、社會風俗、國民性格與心理，到經濟、政治、學術、文藝、宗教、道德，乃至民族精神，錢先生凸顯了民族的差異。這樣，在立論的尺度上，錢先生沒有如時俗那樣，只有西方標準，而能自立權衡，還中國史之原貌，找到中國歷史發展的特殊道路及其內在精神，建立了具有中國特色的歷史學體系。

錢先生是不是以民族差異掩蓋了時代差異呢？是不是否定了、抹殺了人類文明的共同趨向呢？不是的，錢先生對中西歷史與文化的比較，並沒有忽視普遍性、時代性的問題。問題在於，很多人所說的文化的普遍性，並不具有普遍性，而是拿也是殊相的西方史作一些似是而非的抽象，然後把這些似是而非的抽象當作教條，當作共相。例如所謂「五種生產方式」云云，對東方民族或其他民族，甚至在西方史上也沒有普適性。錢先生對所謂「中國比西方落後一個歷史階段」，仍處於「中古」或「封建」諸說屢加批駁，反對用「封建」

23　關於胡適、梁漱溟、馮友蘭在中西文化共與殊、古與今之關係及民族個性等問題上的討論，詳見郭齊勇：《梁漱溟的文化比較模式析論》，《武漢大學學報》1988年第2期；《文化學概論》，武漢：湖北人民出版社，1990年2月版，第166—176、143—148頁）。

兩個字概括中國的傳統社會,以「專制」兩個字概括中國古代的政治體制,有力地駁斥了這兩個名詞的濫用,言之鑿鑿,論證有力。中國西周的「封建」根本不能與西方中古封建制度相提並論,秦漢以後更是不同。錢先生指出中國古代政治,特別是官制,是世界文化史上的特例。與世界上其他前近代社會相比,中國古代社會及政治結構確有其特性。錢先生主張深入細緻地、不帶先入之見地把東西方,首先是中國史的問題弄清楚,再來考慮人類文明的共性問題,這才真正是一種史家的態度。

關於時代差異,錢先生不僅不忽視,反而對它作了精到的研究。他強調歷史在變動中的進展,重視歷史時期的相異處,指出「歷史時代之劃分,即劃分在其變上。如果沒有變,便無時代可分。……無時代之變,便無歷史可寫」。「歷史之必具變異性,正如其必具特殊性。我們再把此二者,即特殊性和變異性加在一起,就成為歷史之傳統性。我們研究歷史,首先就當知歷史的三種特性。」[24]他對中國史與西洋史發展階段的劃分及各階段特點的勾勒與比照,既別開生面,又頗有說服力,他對中國史自身的常與變、變與化之關係的把握也十分準確,這都表明他真正把握了歷史文化發展的普遍與特殊的關係,文化的民族性與時代性的關係,歷史的常住性與變動性的關係及漸變與突變的關係。他提出並論證了「歷史中的特殊性、變異性與傳統性」的關聯,即涵蓋了以上諸問題。

第二,內外兼修,通專互涵,以求主客統一。

24　錢穆:《中國歷史研究法》,第2—3頁。

錢先生既是專家，又是通儒，一再堅持章學誠「道欲通方，業須專一」的主張，一再批評門戶之見與黨同伐異，其見解都是非常深刻的。通專結合是史家的一大目標，做到通專結合，才能真正把主觀與客觀統一起來。錢先生不僅在專門問題上用功甚勤，尤其強調通識。他說，學問「貴會通以求，不貴分別以觀」[25]；「通學在前，專精在後，先其大體，緩其小節，此乃學問之常軌正道」。[26]

　　關於主客統一。按當代詮釋學的觀點，所謂歷史傳統是主客觀的交融和統一，既不是主觀的，也不是客觀的，而是一種涵蓋一切的過程和關係。傳統其實就是理解者內在地置身於其中的歷史。在歷史學學習和研究的過程中，理解者或史學家的視域就進入了他要理解的那個視域，並與過去的視域不斷融合。歷史的主體屬於傳統並參與傳統。我們總是在一定的傳統中理解、改鑄、發現、創造新的傳統。傳統是多維的、開放的、變動的，而且是歷史上人們不斷參與進去的過程。

　　我們在前面多次談到先生在經、史、子、集研究中堅持歷史事實的客觀性，重視傳統思想、學術在中國古代社會文化生活方式中的客觀基礎，堅持史料的考證、甄別，堅持多聞闕疑、實事求是的態度。同時，錢先生又有自己主觀情感的投射，特別是他德性生命的投射。他對中國特性的抉發，恰恰是主客觀的絕好的統一。這種統一有賴於史家內外兼修。前面介紹的錢先生有關史心、史德、史才、史識、史義、史法的結合，通與專的結合，中國情懷與客觀主義評價的結合，

25　錢穆：《現代中國學術論衡》，第68頁。
26　錢穆：《學籥》，香港自印本，1958年版，第143頁。

史家的智慧與功力的結合等等，都表明了內外兼修的重要。這正是錢先生解釋傳統的獨特之處。在這一方面，他真正善承中國古代史家之德。錢先生的視域會不會因情感偏見的影響而發生偏差？

這裡需要談一下徐復觀先生對錢穆先生史學的批評。徐先生也是當代有名的思想學術史家，其代表作《兩漢思想史》對秦漢社會及學術的考察與錢先生的研究有同有異。徐先生尖銳地批評錢先生，指出錢先生發掘的兩千年的專制並不是專制，因而我們應當安住於歷史傳統政制之中，不必妄想什麼民主。徐先生說：「而我所發掘的卻是以各種方式反抗專制，緩和專制，在專制中注入若干開明因素，在專制下如何多保持一線民族生機的聖賢之心、隱逸之節，偉大史學家文學家面對人民的嗚咽呻吟，及志士仁人忠臣義士，在專制中所流的血與淚。」[27]

徐先生的秦漢史論自有其特點，特別由於徐先生一度捲入軍政界高層，對民國政治的負面有切身體驗，因而他的參入和發現傳統與錢先生有一些區別。徐、錢二先生在弘揚民族精神的終極目的上是一致的。徐先生對傳統政制的鞭笞是值得大大肯定的。但徐先生對錢先生關於「專制」的理解有誤會。錢先生絕不是要讓我們安住於專制中，不必妄想什麼民主。錢先生對緩和專制的開明因素的發掘，對反抗專制的平民文化特質的闡揚，以及對社會良知和道義擔當的儒者之表彰，頗有其獨到之處。一方面錢先生是從中西比較的角度認識中國自己文化系統的特性，例如注意中國行政官吏選拔制度，士在文治政府

27　徐複觀：《良知的迷惘—錢穆先生的史學》，臺灣《華岡學報》，1979年第8期。

中的地位和政治權力與四民社會的關係等等，不能籠統地一言以蔽之曰：「專制」、「黑暗」。實際上錢先生也批評了中國史上有一個「跡近專制的王室」及元、清兩朝政制「更趨於專制黑暗」。另一方面，錢先生致力於從舊機構中發現新生命，希望通過正確認識自己的傳統為現代化提供借鑑和參照。因此在他近似守舊的言論中，每每寓有維新之意。對徐、錢二先生的視域，我們都必須同情地加以理解。

第三，打破門戶，考據、義理、辭章三結合，以求文質並茂。

錢先生對經、史、子、集的研究，充分體現了義理、考據、辭章互不偏廢的精神，說明了「考據正所以發明義理，而義理亦必證之考據」的相通相合的道理。他以考據見長，但他對片面追求考據的學風給予了批評。他在《學術與心術》一文中指出：「考據誠所當重，然不當即以考據代學問。」錢穆折衷漢宋，批評以宋學義理或漢學考據之專家自負的人，壁壘清嚴，門牆峭峻，或支離於餖飣章句，或漫言無據，標新立異，或言之無文。同時，他也批評學術界「隱退事外，騰身雲霧」，不關心社會、民眾之痛癢的風氣，堅持「經世致用」的學風。錢先生的史學研究，又體現了宏觀、中觀與微觀研究的統一。他的宏觀研究，如《國史大綱》、《國學概論》、《中國思想史》中有微觀的根據；他的微觀研究，如《朱子新學案》、《劉向歆父子年譜》中有宏觀的涵義。他還有大量的中觀研究的專著，如《中國近三百年學術史》、《宋明理學概述》等等。他提倡小中見大、部分中見整體、繁多中見統一、流變中見貞常的方法，強調研究中的具體分析和據實分析，反對將中國文化史、思想史、經學史、儒學史等等，化約成幾個抽象的概念，或者如時下我們許多人習慣的做法那樣，輕

率地「一言以蔽之」，武斷地、片面地、籠統地說中國文化如何如何。另一方面，他又反對只見樹木不見森林，反對把研究狹隘化。他更多地注重通識，注重整體性和全域。總之，錢先生的史學思想、方法與實踐，是現當代中國史學中的一面鏡子，十分值得珍視。

第六章　超越漢宋　重建宋學

宋明理學是錢賓四先生研究的重頭課題，他的《朱子新學案》、《陽明學述要》、《宋明理學概述》、《中國思想史》、《國學概論》、《中國學術通義》等著作，對宋明學術作了廣博而精微的研究，是當代學者研究宋學的重要文獻。

自清代以來，一些學者一味地貶低和攻擊理學，認為理學是對漢唐學術的反叛，同時又強調清代學術直接繼承漢學，與理學無關。與這些看法不同，錢穆則十分推崇理學，在看到理學與漢唐、清代學術之區別的同時，也注意到它們之間的聯繫，把理學看作是上承漢唐學術，下啟清代，溝通漢唐思想與清代思想的橋樑。基於這一點，錢穆揭示了理學在中國思想史上的獨特價值與意義，並對理學諸家思想體系及其淵源與流變進行了總體分析，拋棄了門戶之見，指明各家思想的聯繫及其相通之處。這對我們進一步研究宋學頗有啟發。

6.1　新生命與新氣象

首先，錢穆對宋明理學在中國思想史上的地位，作了客觀分析。他指出：「中國思想以儒學為主流。儒家可分先秦儒、漢唐儒、宋元明儒、清儒四期。漢唐儒清儒都重經典，漢唐儒功在傳經，清儒功在釋經。宋元明儒則重聖賢更勝於重經典，重義理更勝於重考據訓詁。先秦以來，思想上是儒道對抗。宋以下則成為儒佛對抗。道家所重在天地自然，因此儒道對抗的一切問題，是天地界與人生界的問題。佛學所重在心性意識，因此儒佛對抗的一切問題，是心性界與事物界的問題。禪宗沖淡了佛學的宗教精神，挽回到日常人生方面來。

但到底是佛學，到底在求清靜，求涅槃。宋明儒沿接禪宗，向人生界更進一步，回復到先秦儒身家國天下的實際大群人生上來，但仍須吸納融化佛學上對心性研析的一切意見與成就。宋明儒會通佛學來擴大儒家，正如《易傳》、《中庸》會通老莊來擴大儒家一般。宋明儒對中國思想史上的貢獻，正在這一點，在其能把佛學全部融化了。因此有了宋明儒，佛學才真正走上衰運，而儒家則另有一番新生命與新氣象。」[1]

　　錢穆雖然強調宋明理學與先秦儒學與佛學之間的聯繫，但也注意到宋明理學與它們的區別。從宋明理學與先秦儒學的關係看，先秦儒學是當時新興的平民學，所針對的是當時的貴族階級即世襲的國君與卿大夫之流。而宋明理學則承接南北朝、隋、唐社會佛學餘波，所針對的是方外（即佛老）。先秦儒學自詡為當時社會政治的改造者，而宋明儒學具有宗教氣氛，他們雖然講治國平天下，但他們的主要精神放在修身、齊家方面。只有北宋初期儒學對政治頗感興趣，接近於先秦儒學，但也帶有漢唐文人的氣息（指北宋初期對經史子集等方面的研究）。中期以後，漢唐文人氣息洗滌一淨，換上嚴肅的面孔。如果說先秦儒偏向上層政治，那麼宋明儒學則偏向下層教育，並帶有宗教師的色彩。從宋明儒學與隋唐宗教師比較來看，一則宗教師偏重在出世，而宋明儒學主張入世；二則宗教偏重信，以及外在之教，宋明儒學則由信轉悟，由教轉理。不重外在之教，而要轉回頭到心悟其理，唐代禪宗為這兩者的過渡。禪宗主張本分為人，已經扭轉了許多佛家的出世傾向，又主張自性自悟，自心自佛，早已從信外在之教轉向到

1　　錢穆：《中國思想史》，臺灣學生書局，1985年版，第171頁。

明內在之理。「宋明儒則由此更進一步，乃由佛轉回儒，此乃宋明儒真血脈。」[2]因此說它直接承繼孔孟不全對，說它是禪學也不是真像，而是儒道釋三者融會的產物。

這是錢穆對宋學的基本看法。接著他把宋明學術分為北宋初期的儒學、中期宋學、南渡宋學和明代理學四個歷史時期，並進一步分析不同時期的學術特點。

6.2　初期宋學之博大

談及宋代儒學，就會使人容易聯想到理學，人們往往把宋代儒學與理學混為一談。錢穆的觀點是，理學在宋儒中也屬於後起。在理學之前，已經先有一大批宋儒，他們的學術，被稱為北宋初期儒學。他認為，後來的理學或道學都是從宋初儒學中轉來，因此，「不了解宋學的初期，也將不了解他們（理學）」。[3]錢穆從兩個方面考察了北宋初期的學術。

首先是北宋初期儒學的產生問題。他在分析宋初儒學產生的原因時，既重視其思想淵源，又兼顧到當時的社會歷史條件。從思想上看，南北朝、隋唐，是佛學的全盛時期。武則天以後，禪宗興起，直到唐末五代，佛學幾乎全歸入禪宗。五代時的永明禪師，在長期黑暗與戰亂中，寫成一百卷的《宗鏡錄》一書。他是唐末五代唯一的大

2　　錢穆：《中國學術思想史論叢》，臺北：東大圖書公司，1979年版，第七冊，第280頁。
3　　錢穆：《宋明理學概述》，臺灣學生書局，1977年版，第31頁。

師。他的書成為唐末五代唯一的巨著。然而佛學盛行，到他那個時代開始衰落，他的書就像戰國末年的《呂氏春秋》，想包羅戰國諸子百家各派的學說，《宗鏡錄》也想包羅佛學各派。一個時期的學術思想，到了包羅和融合的時期，似乎在宣告這個時期學術的衰竭。除了佛學之外，晚唐以來的進士輕薄的詩詞，以及那些頹廢無力的小文藝，都已經滿足不了人們思想精神上的需要，於是需要一種學術出現。這是宋學產生的思想原因。

從當時社會歷史條件看，宋朝雖然可稱之為統一時代，但宋代開國，北面有遼，西面有夏，並不曾有真正的統一。而且承接了五代時期傳下來的黑暗頹廢的氣象，因此宋代開國時，從政治上說，無法與漢唐升平之世相比，似乎擺脫不了一種撥亂世的心情。這種社會環境使其學術路向不像漢唐時期儒學那麼安和、專一，而是開闊，向多方面發展。

其次是宋初儒學的特點。錢穆認為，這種社會歷史條件決定了宋初儒學的特點是教育修養、政治治平、經史之學和文章子集之學的全面發展。

（一）教育與修養方面。錢穆認為，宋學最先是偏重在教育的一種師道運動。這一運動淵源於唐代的韓愈。韓愈開始辟佛衛道，在《原道》中建立了堯、舜、禹、湯、文、武、周公、孔子、孟子的道統。孟子以後這個道統失傳了，即中國文化的大傳統失傳了。韓愈要恢復重建這個道統或師道，作為他反佛的武器。他的道統在當時並沒有多大影響，直到宋學興起之後，其影響才開始顯現。宋學興起，首

先重視教育與師道，於是連帶重要的是興辦書院與學校。而胡瑗和孫復是當時體現人格修養與教育精神的教育家和大師。胡瑗是宋代第一個教育家。他創立類似於近代的分科教學法，設立經義、治事兩齋。經義是選擇心性疏通、有器局、可任大事的人，給他講明六經。治事則人各治一事，又兼攝一事，如治民以安生、講武以禦寇等。書院使學生在一起講習，也召他們各論所學。大體說，經義重在通才、學理，治事重在專家、實習。他的教育法重在各就其性，自己研修，而濟之以師友輔助，相互討論。這種精神是宋學興起的精神。又如孫復也是一位尊師重道的大師。胡瑗和孫復的弟子徐積和石介都繼承了尊師重道的傳統。他們都以中國的道統反對佛教的道統。大體說，孫復和石介代表宋初的北方派，胡瑗和徐積代表南方派。後來南方派為宋學正宗所推崇。

（二）政治與治平方面。錢穆認為，宋學初興，注意教育精神與師道的風氣，很快就轉移到政治運動上面去了。范仲淹是初期宋學中第一個政治家。他以天下為己任，「先天下之憂而憂，後天下之樂而樂」，參與國事，開啟了當時士大夫關心政治的風尚。他的《十事疏》，以及社會、政治、經濟方面的主張對後來的改革運動影響很大。第二位有影響的人物是王安石。他是范仲淹以後奮起改革政治的人物。在思想上，他對王霸之辨，有一套新穎而深刻的見解。撇開政治，王霸之辨成為義利之辨。他把心術與政術結合到一起，修身正心與治國平天下一以貫之，為後學所遵循。他的《萬言書》與范仲淹的《十事疏》，引起了慶曆、熙寧兩次變法。第三位是司馬光。他是王安石的反對派。王安石崇古而薄今，泥於古代，忽於現實，司馬光則

相反。在漢唐儒中，只有賈誼的《陳政事疏》與董仲舒的《天人三策》能與宋初改革家相比，而賈誼和董仲舒的改革開出了漢代儒家政治的新氣象，慶曆熙寧的變法反而引起混亂局面，北宋也隨之而亡。這是由環境所造成的。

（三）經史之學方面。錢穆認為，經史與政事治平之學是表裡相依的。宋儒的經學與漢儒經學不同。漢儒重視專經講習，纂輯訓詁，用力在書本文字上。所謂通經治用，也僅是為了政事而援引經義，建樹不多。宋儒經學側重在經學的義理發揮上。如胡瑗「經義即所以治事，治事必本於經義」，這也是漢儒通經致用之意，但比漢儒意義更明確，氣魄更宏大。談及北宋諸儒治經，如胡瑗的《易》與《洪範》、孫復的《春秋》、李覯的《周官》都氣勢磅礴，發揮新義，不限於訓詁章句。其他如歐陽修、劉敞、王安石、蘇軾等人，都主張經術兼通，也喜歡另闢新徑、創新解、立新義，與漢儒經風不同。這也是宋儒近似先秦儒的特徵之一。宋儒在史學方面也見長，如歐陽修的《新五代史》、《新唐書》，司馬光的《資治通鑑》。還有如蘇轍的古文，劉攽的漢史，范祖禹的唐史，劉恕的上古及五代史等。就一般而論，宋儒史學比漢唐水準高。宋儒的史學也喜歡創立議論，不限於纂輯敘述考訂，除著史考史外，也擅長論史。

（四）文章子集之學方面。錢穆認為，宋儒文章子集之學承接唐代韓愈古文運動而來，從歐陽修以後，古文大興，王安石、蘇軾都是一代巨匠。宋詩與唐詩風格不同。專就文學而論，漢代文學在辭賦，唐代文學在文選，這些都在儒學範圍之外，只有宋儒把文學與儒術結合起來，這是宋儒的一大貢獻。另外，北宋諸儒也多涉獵先秦子書。

宋代以後，「孔孟」並稱，與漢唐「周孔」並稱不同。這也是中國儒學傳統及整個學術思想上的一大轉變。這種說法雖然始於韓愈，但成於宋儒。其他如徐積有《荀子辨》，范仲淹向張載傳授《中庸》，蘇洵通六經百家之說，蘇軾有縱橫家的氣息並喜歡老莊道家。如果根據《漢書・藝文志》學術分類，漢儒如《史記》和《漢書・儒林傳》所說，應歸於《六藝略》，而宋儒則應歸於《諸子略》中的儒家。可以說，漢儒是經學之儒，宋儒轉回到子學之儒。因此，宋儒不僅對子書有懷疑，而且對經書也有懷疑，如歐陽修對十翼的懷疑，劉恕、蘇轍等對《周禮》的懷疑，這些與漢儒關於今古文之爭是不同的。疑古辨偽始於宋儒。

北宋初期諸儒，其中有大師，有教育家，有政治家，有文學家，有詩人，有史學家，有經學家，有衛道的志士，有社會活動家，有策士，有道士，有居士，有各式各樣的人物。五光十色，而又元氣淋漓。這是宋學初興的氣象。但他們中間有一個共同的趨向和目標，「即為重整中國舊傳統，再建立人文社會、政治、教育之理論中心，把私人生活與群眾生活再紐合上一條線。換言之，即是重興儒學來代替佛教，作為人生之指導。這可說是遠從南北朝、隋唐以來學術思想史上一大變動」。[4]必須注意到這個時期那些人物的多方面的努力與探究，才能了解以後宋學的真正淵源與真正精神。

---

4   錢穆：《宋明理學概述》，第30頁。

6.3 畫龍點睛：理學五子

錢穆所指的中期宋學，是宋代理學的創立時期。其主要代表人物為周敦頤、邵雍、張載、程顥和程頤，這五人被稱為北宋理學五子。其他如謝良佐、楊時、游酢、尹焞、呂大鈞、呂大臨等。在他看來，中期的宋學與北宋初期諸儒已經不大相同，主要表現在：

（一）學術路向不同。錢穆指出，初期宋學是在大目標下形成的多方面活動，中期則絢爛之極歸於平淡，較之初期精微有餘，博大轉遜。初期宋學路向包括政治治平、經史博古、文章子集諸家，學術視野寬闊，各種人才濟濟。中期儒學學術顯得單純、專一，不十分博大，但精深了。具體地說，中期宋學主要圍繞宇宙論和人生論兩方面展開，儘管北宋五子在這兩方面各有偏重，但基本上超不出這個範圍。其原因在於，北宋初期的范仲淹和王安石的兩次變法失敗，使理學家們不願意涉足於政治領域，而轉向宇宙論和心性論問題。另外，要確立道統，就必須反對佛教，而佛教思想中的宇宙論和心性論是其兩大思想支柱，反佛就必須打倒它的宇宙論和心性論，建立儒家的宇宙論和心性論。由此看出，學術的客觀發展和形勢的需要決定了這一時期學術的特點。

（二）從文章方面看，錢穆認為，宋學初期風氣大多淵源於韓愈，因而比較注重文章。北方如柳開、石介，南方如歐陽修、王安石的文章是很有代表性的。正是由於他們注意文章，因此能發洩情趣。人生必然與文學結下不解之緣。而中期宋學對文章不感興趣，如程顥和程頤兄弟，講學多用語錄體，很像禪宗祖師們的傳道語錄。中期宋

儒們的語錄式文學雖然潔淨樸實，明白易懂，但拋棄文學，便減少了活的人生情味，這不能不說是一個大損失。

（三）從政治治平方面看，初期宋儒都熱心於政治。南方如范仲淹、歐陽修、王安石，北方如司馬光，都在當時的政治舞臺上有轟轟烈烈的表現。就是北方的孫復、石介也絕非隱士之流。石介作慶曆聖德詩，分別奸賢，直言無忌，掀起了政治上很大的波瀾。他死後，幾乎被剖墓斷棺。中期諸家雖然並不刻意隱淪自晦，但對政治的情趣淡漠了。他們都只當過幾任小官，盡心盡職。從政治角度，錢穆把初期諸家比作「伊尹」，而把中期諸家比作「柳下惠」，他們的政治態度不同。

（四）從教育與師道方面看，錢穆指出，初期宋儒興辦書院與學校，尤其是胡瑗，是一個模範的教育家。中期諸儒講學，則只是師友後進自由相聚，只能算是私人討論，並沒有正式的教育規模。文章、政治和教育，三大方面的活動，中期儒者都不如初期儒者。

（五）從學術論著方面看，初期諸儒都有學術著作，尤其是歐陽修、王安石、司馬光，在經史、文學方面都有大著作，堪與古今大儒頡頏相比。而中期諸儒，在這方面大大不如了。只有邵雍、程頤、張載可以算有正式的著作，但分量上要小得多，性質也比較單純，不如初期諸儒寬闊博大。

錢穆在總結北宋這兩個時期儒學發展關係及特點時指出：「初期諸儒多方面的大活動，要到中期才有結晶，有歸宿。畫龍點睛，點在中期。初期畫成了一條龍，要待中期諸儒替他們點睛。點上睛，那

條龍始全身有活氣。」[5]錢穆所謂的初期諸儒畫了一條龍，是指宋初儒學學術上的多方面表現，包括政治治平、經史博古、文章子集和教育師道等方面的全面發展。這種全面發展開闊了人們的眼界，形成了一種新氣象。但它們是平鋪開來的，廣博有餘而深度不足，沒有把儒學的基本精神突出，也不能對抗佛教的挑戰。而北宋中期興起的理學，突出了宇宙論和心性論，在北宋初期儒家畫的這條龍上點上睛，使北宋學術有了重點。這對反對並消化佛學，使學術向縱深發展有積極意義。

理學的重心放在宇宙論和人生論方面。周敦頤、邵雍和張載偏重於宇宙論，程顥和程頤兄弟則以人生論為主。周敦頤之學傳程氏兄弟。周氏「主靜立人極」，大程改為「主敬」，小程又加上「致知」，成為後世新儒學正統。邵雍學術偏於數術，不被認為是正統，學術流傳很少。張載門下多豪傑之士，三呂（呂大忠、呂大均、呂大臨）對禮制頗有研究，對於軍事、政治、社會都努力奉獻，風格與其他家不同。南宋時的浙東永康、永嘉學派也講事功，與張載學派相呼應。程氏兄弟門庭最盛，朱熹和陸象山都是洛學的後傳。

錢穆對北宋時期儒學發展的研究，體現了他關於儒學發展第五期，即宋元明儒學綜匯期與別出期的特點的論述。就是說，在北宋時期儒學發展也表現為綜匯期和別出期。所謂綜匯，是指這個時期儒學綜通兩漢、魏晉、南北朝下迄隋唐的經史文學。如北宋初期諸儒，大體如此，他們都在經史文學方面兼通匯合，創造出宋儒一套新面目。

5　　錢穆：《宋明理學概述》，第32頁。

其間所有差別，則不過在三者之間有所偏重罷了。如王安石偏重經學，司馬光偏重史學，歐陽修偏重文學等。所謂別出，是指別有一種新儒學出現，即別出儒，以區別於上述綜匯儒。

別出儒主要是指理學家，如周敦頤、張載、程顥、程頤諸儒。他們與綜匯儒的區別在於：其一，他們都不喜歡作詩文，尤其是輕視文學；其二，他們也似乎不太重視史學，即在經學方面，對兩漢以後諸儒治經的功績都不給予充分的重視。因此，他們所創所學，後又稱之為理學。錢穆就兩漢以後儒學大傳統而言，把宋代理學諸儒看作是儒學中的別出派。

6.4　集孔子以來之大成者：朱子

錢穆指出，南渡以來，可以說是宋學發展的第三期。南渡後的政治方面較之北宋相差甚遠。但在學術思想方面卻毫不遜色。就朱熹一人而論，已是掩蓋北宋兩期諸儒之長而有餘。朱熹是中國學術思想史上傑出通儒，在這方面可以說是承續北宋歐陽修一派綜匯儒學一脈而來。朱子學可以說是以綜匯之功而完成其別出之大業者。朱熹有兩個反對者，一是呂東萊的史學，另一個是陸象山的心學。如果說周敦頤、張載、程氏兄弟是儒學的別出者，那麼陸象山則是別出派中的尤其別出者。但以後的儒學是朱熹一派得勢。毫不誇張地說，正統的宋學完成在他手裡。南宋在短暫的偏安中，學術界有這樣的成績，也是中國歷史上少見的。

錢穆的一些著作，如《中國思想史》、《宋明理學概述》、《中國

學術通義》等都闢專章或專題對朱熹學術思想加以論述。尤其是他晚年的巨著《朱子新學案》，是他研究朱子思想的總結。全書五巨冊，約百萬字，作於1964年至1970年間，初版於1971年。書前有長篇《朱子學提綱》，集中表達了作者的儒學史觀和朱子學觀。全書主要分思想之部和學術之部。思想之部又分理氣與心性兩部分。學術之部，分經、史、文學三部分。經學中分《易》、《詩》、《書》、《春秋》、《禮》、《四書》諸題。又於三部外添附校勘、考據、辨偽諸篇，並遊藝格物之學一篇。介乎思想與學術兩部之間者，又分朱子評述濂溪、橫渠、二程諸篇，下逮評程門、評五峰、評浙學，又別著朱陸異同三篇，闢禪學兩篇等，專以發明朱子在當時理學界中之地位。全書專就朱子原書敘述朱子，而于《朱子文集》、《朱子語類》稱引最詳。錢穆評述朱子，尤重在指出其思想學術的變化與發展。在每一分題下，論述每一個或每一對範疇或命題，並不專重其最後所歸之結論，而必追溯其前後首尾往復之演變。錢穆全面評述了朱熹的學術成就，指出：「朱子不僅欲創造出一番新經學，實欲發展出一番新理學。經學與理學相結合，又增之以百家文史之學。至其直接先秦，以《孟子》、《學》、《庸》羽翼孔門《論語》之傳，而使當時儒學達於理想的新巔峰，其事尤非漢唐以迄北宋諸儒之所及。故謂朱子乃是孔子以下集儒學之大成，其言絕非過誇而逾量。」[6]

錢穆抉發朱子在理氣論與心性論諸方面的創新，肯定了朱學兼重人生界與宇宙界，兼重工夫與本體。錢穆分疏了朱子與二程的異同及

6　錢穆：《朱子新學案》，臺北：三民書局，1982年4月再版，第一冊，第33—34頁。

朱子對程門之糾彈，對朱陸異同的疏理，尤為細膩。此書意在破門戶，認為朱子學廣大精深，無所不包，亦無所不透，斷非陷入門戶者所能窺究。錢先生對朱子思想行事及重要的語錄、書信都有所考證，指明年代，對全祖望《宋元學案》、王白田《朱子年譜》，多有糾正。

一、朱子在中國思想史上的地位

一般意見認為，朱熹只是理學集大成者，是對孔子學說的第二次改造（第一次是董仲舒），不把朱子與孔子並提。錢穆則突出朱熹在歷史上的地位，把他與孔子相提並論，看作是中國思想史上兩位最傑出的思想家。他在具有綱領性的評價中指出：

在中國歷史上，前古有孔子、近古有朱子。此兩人，皆在中國學術思想史及中國文化史上發出莫大聲光，留下莫大影響。曠觀全史，恐無第三人堪與倫比。孔子集前古學術思想之大成，開創儒學，成為中國文化傳統中一主要骨幹。北宋理學興起，乃儒學之重光。朱子崛起南宋，不僅能集北宋以來理學之大成，並亦可謂其乃集孔子以下學術思想之大成。此兩人，先後蘥立，皆能匯納群流，歸之一趨。自有朱子，而後孔子以下之儒學，乃重獲新生機，發揮新精神，直迄於今。[7]

圍繞著這個對朱熹的總評價，錢穆從以下三個方面作了論證。

首先，朱熹集理學之大成。理學完成在朱熹手裡。北宋時期的理

7　錢穆：《朱子新學案》，臺北：三民書局，1982年4月再版，第一冊，第1頁。

學諸家，只有伊洛程門這一派弟子眾多，頗有傳人。南宋時期的朱子理學正是由程門傳來。但朱熹開始推崇周敦頤，並奉他為理學開山，確認二程的學術師承于周敦頤。他看到當時的學人對周敦頤輕視，便為弘揚周敦頤的學說做了許多工作，如對周敦頤生平加以考查，對其著作《太極圖說》和《通書》作注解。後人重新了解周敦頤其人的始末，以及學問的底蘊，都是朱熹的功勞。至於說到周程傳統的確立，雖然開始於胡宏，但完成在朱熹手中。朱熹也十分推崇張載。二程對張載的《西銘》篇非常重視，但程顥說《西銘》只是造道之言。程頤也說張載有苦心極力之象，而無寬裕溫和之氣。他們對張載的《正蒙》很輕視。朱熹則推崇《正蒙》，認為張載的「心統性情之說」比二程高明。程頤說「神化」等，不如張載說得分明。張載的工夫論也精於二程。朱子還為張載的《西銘》做論解，並為自己的學生講授《太極圖說》和《西銘》。後人談到北宋理學必然兼舉周敦頤、張載、程顥、程頤，這都是朱熹的功勞。

錢穆還指出，朱熹對於北宋理學，不僅能會通周敦頤、張載、程顥和程頤四位理學大師，使之會歸合一，而且又擴大了理學的範圍，涉及邵雍和司馬光兩人，並特地為這六位先生作畫像贊，以邵雍、司馬光與周敦頤、張載、程顥、程頤並舉齊尊。朱熹對於邵雍的象數學非常欣賞。邵雍又通過數學研究歷史，朱熹也欣賞邵雍的史學。朱熹為司馬光的《資治通鑒》作序，其目的在於通過史學來擴大理學的範圍。因此，朱子雖然是理學大宗師，其名字與周敦頤、張載、程顥、程頤並重，後人稱為濂、洛、關、閩，但朱熹的理學視野，與北宋這四家相比，更為開闊，稱朱熹為集北宋理學之大成者，是當之無愧

的。

　　其次，朱熹集宋學之大成。錢穆認為，朱熹不僅集理學之大成，而且也集宋學之大成。他所謂的宋學，是指理學產生以前的北宋諸儒之學。其學術包括政事治道、經史博古和文章子集等方面。朱熹對北宋儒學的政事治道、經史博古和文章子集之學都有承傳闡揚，克服了理學初期只重心性修養工夫，不重政務、經史、文章及其他的片面性，大有返回宋初諸儒治學的風格。這是其他理學家所不及的。

　　從政事治道方面看，朱熹是理學當中最突出的。他對國事念念不忘，屢向孝宗直諫，無所忌諱。其議論光明正大，指陳實事求是，體用兼備，理事互盡，就是與北宋諸儒及古今名賢的大奏議相比，也堪稱一流。他在地方州郡政務方面頗有政績。如淳熙五年（1178年），他被任命「知南康軍」（今江西星子縣）。次年該地發生災荒，他在解決饑民缺食、修築石堤及辦學等事務方面，頗為幹練。又如淳熙八年（1181年），浙東發生饑荒，孝宗派他提舉浙東，他即單車就道，細訪民隱，於救荒之外，隨事處劃，必為經久之計。再如光宗紹熙元年（1190年），朱熹知福建漳州，提出了行「經界」的主張，要求核實田畝，畫圖造冊，希望糾正貧富「田稅不均」的弊政。

　　再次，朱熹集漢唐儒之大成。錢穆研究理學的獨到之處，在於強調了漢唐儒與宋儒之間既對立又統一的辯證關係。總體上說，漢唐儒學主要在經，可以說當時的儒學就是經學。宋代儒學不侷限於經，而是文史百家之學與經學並舉，經學只是其中的一部分，因此說宋儒是一種新儒學。漢唐儒的經學特點在於章句論疏，宋儒的經學不侷限於

此，重要在於創新義，發新論，也可以說宋儒經學是一種新經學。朱子把經學與理學結合起來，不僅創造出一個新經學，而且也開掘出一個新理學。

錢穆的研究表明，朱熹不僅集北宋時期理學主要思想流派之大成，而且也是自從宋朝以來稱之為新儒家思想體系的主要設計師和漢唐以來儒學的集大成者。因此，只把朱熹侷限於南宋，作為南宋思想家來研究是十分不夠的。正如先秦儒學的出現是由於周朝封建制度走向崩潰作出自覺的反應，並在春秋時期導致了反對腐朽貴族勢力的勇敢鬥爭一樣，理學的興起也應當看作是儒學在面臨分崩離析的危機和佛教的挑戰時的一種自我覺醒。很顯然，北宋諸儒十分通曉國家事務，並努力維護他們所認為的真正的經學和歷史傳統。所以范仲淹和王安石的改良運動，胡瑗、孫復和李覯的經學，歐陽修和司馬光的歷史編纂，以及他們全體的文學著作，都成了朱熹學術的思想資源。

另外，錢穆在研究中，強調了漢儒與宋儒、宋代理學之間的聯繫和區別，打通了漢唐儒與宋儒之間的界限，同時也把宋儒與理學區別開來，這就防止了誇大漢唐儒與宋儒對立，以及把宋儒與理學混為一談的錯誤，並明確宋儒具有返回先秦子學儒的基本精神。這些都是錢穆的獨到之處。

二、經史與理學有機結合

在經史博古、文章子集的方方面面，朱子都有建樹。

當時的二程和張載是以理學說經，而宋初諸儒則是以經學說經。

如果把經學和理學分為兩門學科，那麼，朱熹的理學是承襲了二程和張載，而他的經學則繼承了宋初諸儒。能把經學與理學有機地結合起來，發端於朱子。在史學方面，朱熹不僅承接司馬光，而且超過司馬光。朱子把理學與史學結合起來，以史學擴大理學的研究視野。

從文章子集方面看，朱熹也多有研究。對於文學，理學家是加以鄙視的。只有朱子重視並擅長文章。朱子對於詩也有獨到見解，超越唐宋，上追選體，以舊風格表現新意境。至於子集之學，周敦頤只稱顏回，二程以孟子為限斷，雖然自稱氾濫於百家，但對百家並沒有作廣泛而深入的研究。北宋諸儒大都遵循韓愈而加以推衍，在兩漢舉出董仲舒與揚雄，隋唐舉出王通和韓愈，認為這就是儒學的道統。朱子對這些人多有批評、承續。另外，對老莊道家也多有發揮，並不全加廢棄，對於佛學禪宗進行批判。後代理學家所辨儒釋疆界，幾乎全淵源於朱熹。

當時理學的風氣，讀書只重視書中的大義，由此出發自立新說，新說興起得越多，傳統越脫落。這種風氣在北宋諸儒那裡也在所難免，而理學家更為嚴重。只有朱熹，一方面最能承守傳統，另一方面也能發明創造新義。他為經作注解，無論是古人還是今人的著作，都務求句句了解，字字弄清，這正是漢儒傳經章句訓詁工夫。只求發現書中的本義與真相，絲毫不容主觀臆斷之說摻雜在其中。這也是經學的傳統工夫。明白前人本意，與發揮自己新意並不互相妨礙。因此，錢穆強調經學與理學重在相濟，不在相互獨立。合則兩美，分則兩損。這正是朱熹學術的精神所在。

進一步說，朱子治經，承襲北宋諸儒並在創新義、發新論上超過了北宋儒學。同時他也十分尊重漢唐經學的傳統。他對於經學，雖力主以漢唐古注疏為主，也採納北宋諸儒，又借鑑理學乃至南宋與他同時代人的成果。其用意是融貫古今，匯納群流，採擷英華，釀制新果實。錢氏認為，朱子的經學氣魄之偉大，局度之寬宏，在儒學傳統中，只有鄭玄能與之相比。然而兩人時代不同，朱熹晚鄭玄一千年，其學術思想更新。朱子不僅想要創造出一個新經學，而且也想要發掘出一個新理學。

　　先秦儒學雖然原本於詩、書、禮、樂、易、春秋，後人稱經學；但儒學與經學不同，兩漢經學代替儒學，宋儒又從舊的經學中脫離而重新建立新儒學和新經學。朱熹是這項事業的完成者。

　　朱熹治經，一方面遵循漢唐訓詁、注疏舊法，逐字逐句加以董理，力戒憑自己主觀臆測；另一方面則要就經書本文來解出聖賢所說道理，承守伊洛理學精神。錢穆指出，朱子據《易經》作《易本義》一書，認為《易》原是一部蔔筮之書，因而重視象數，力求經文本義。程頤的《易傳》是從理學來說《易》，不講象數。朱熹則是以《易》說《易》，以經學來說《易》。前人研究易學分為象數、蔔筮、孔子十翼三派，還有《參同契》所講的養生之類，朱子皆加以注意，其分明而豁達，古今學者少見。

　　錢穆指出，朱子治《詩》有自己獨特的解《詩》功夫。朱子考證出《詩小序》不可信，在詩學上「盡破毛鄭以來依據小序穿鑿之說」；在書學上指出伏生與孔安國兩家今古文的同異，「開出後來明清學

者斷定《尚書》古文之偽一案」；在易學上「主張易為蔔筮之書」。這三者「同為經學上之三大卓見」。朱子治《春秋》，強調《春秋》為史書。朱子對《禮》也有卓立之見。

錢穆還把朱子經學與清代經學作比較，突出朱子治經的特點：（一）朱子治經，分別諸經加以考研，找出諸經內在特殊性，這是治經的特殊方法和特殊意義所在。而清儒忽視諸經，認為都是孔氏遺書，所以主張非通群經不足以通一經。這種說法似乎重會通，然而無分別，哪裡有會通可言？（二）朱子治經，除經本書外，必兼顧漢唐以後至宋代諸家的說法，並會通求之。而清儒則重限斷，這樣造成爭門戶，不復辨是非。（三）朱熹說經對其反對者的思想加以採納。清儒相反，對採納委曲閃避，就是沿用也不提其名。（四）朱子治經不乏獨見，清儒不加理會。清儒只根據漢唐古注疏，好像沒有朱子書。（五）朱子論《尚書》、《春秋》每及於史，並有置史於經之意，清代史學則只成經學附庸，治史也只如治經，不見有大區別。

錢穆在闡述朱子四書學時，強調以四書代五經的重要意義。在宋代理學家心目中，四書也是經學，而四書地位，與其他經書相比更為重要。首先提出四書並賦予極崇高地位的是二程和朱熹。（當然，朱子解《論語》、《孟子》與二程有不少差別。）尤其是朱子匯《大學》、《中庸》、《論語》、《孟子》成一系統，並以畢生的精力為《論語》、《孟子》作集注，為《大學》、《中庸》作章句，四書學於是大興。元、明兩朝乃至清末七百年，朝廷取士，大體上以朱子論四書為圭臬，學者論學也以朱子四書為準繩。《四書集注》在後來七百年間成為必讀書，地位越出五經之上，不應僅以科舉取士來解釋。朱子對四

書的畢生研究是有成就的。錢穆指出，朱子論四書，正猶孔子修六經，孔子修六經未必有其事，而朱子論四書其影響之大，無與倫比。以四書地位來代替五經地位，實質上是以當時理學來代替漢唐經學。

錢穆還進一步分析朱子四書學的特點。朱子以前的理學家，研究《論語》、《孟子》以孔孟語錄作開端，接著再闡發自己的見解。這顯然缺乏一種經學精神，勢必使理學與儒學傳統相脫節。而朱子四書學重在就《論語》、《孟子》本文，務求發揮其正義，而力戒自己主觀臆斷，然後孔孟儒學的大傳統得以奠定。這是一種經學精神。然而在朱子注《大學》、《中庸》章句中，終不免有許多自立說之處，這是一種理學精神。由此看出，朱子四書學使經學與理學有機地結合起來，從而使經學日益完善、邃密，也使理學日益精細、深沉。

錢穆對朱子的史學、文學和雜學都一一作了研究。他指出，在理學家中，能精通史學的只有朱熹一人。朱子對著史、論史和考史三方面均有建樹。朱子著有《八朝名臣言行錄》、《伊洛淵源錄》、《伊川年譜》等，均為佳作，對後人寫史啟發很大。朱子也擅長論史，其論史包括論治道、論心術、論人才、論世風四方面，這些都在歷史上產生過重要的影響。朱子還見長於考史，他的考證工夫多用在史學上，而又博及古今，對天文、曆法、地理、風俗、陳法、衣冠制度等一一考證。朱子對於文學有文道合一論，以文學通經學，又進一步以文學通于史學。朱子的雜學分為遊藝與格物兩項。其他理學家視為旁門，只有朱子力主博通，又其興趣橫逸，格物窮理，範圍無所不包，故其學似乎不免出於雜。另外，錢穆也論述了朱子的辦書院講學的事蹟與教育思想，以及朱子的讀書功夫、方法等。

錢穆對朱子學術進行了全方位、多視角的系統研究，克服了研究者由於專業所限在治朱子學術思想時所出現的片面性和狹隘性。錢氏從經史子集角度去闡發統攝朱子學術，為他畫了一幅百科全書式的人物肖像。錢穆為什麼著力闡揚朱子？因為朱子能吞吐百家，匯納眾流。朱子學術特點與錢穆追求的學術風格有近似之處，換言之，通過對朱子學術全景式的研究，我們也看到錢穆治學貴在貫通的特點。

錢穆在研究朱子學術上也充分展示了他治學考據義理並重的特點。錢穆研究朱子，首先貫通朱子全書，發掘思想史問題，後將朱子每一書每一篇每一條重要語錄，可以系年的系年，可以系月的系月，一一加以考證。他關於校勘、考據、辨偽諸篇，更反映出他治學義理與考據並重，以及訓詁鉤沉艱深之功力。考據之所以發明義理，而義理亦必證於考據，二者是相通相合的。

錢穆的研究表明：兩宋諸儒學術儘管派別分歧存在，但有兩點精神是共同的。第一，他們都想重新闡明以往中國學術的大傳統，來樹立一個指導政治和教育的大原則，好以此來達成他們理想的新社會與新人生。其次，他們無不深切地注意到一切學問和治平最後關鍵都在人的心，所以他們對於人類心理方面的研究與探索，尤其特別賦以深厚的興趣，而在此方面的貢獻也非常大。第一種精神比較開展而闊大，第二種精神比較凝斂而縝密。在北宋初期，大家興趣比較偏在第一點，但經過范仲淹和王安石兩次政治改革失敗，大家的興趣便轉向到第二點。他們認為，如果在社會下層學術心術基礎沒有打穩固，急於要在上層政治圖速效，那是無把握的危險事。這是中期宋學的態度。南渡以後，這一方面幾乎已發展到盡頭，顯露出內部的破綻與裂

痕。又加上政治頹敗，國勢衰危，逼得他們轉移目光，重新注意到第一點，尤其是歷史與制度方面的討論和研究。這種學風如果上面面臨著一種少數民族政權的統治（金元），無疑，絕不能發皇暢遂，而必然會曲折改變其面貌，轉移到其他方面，漸漸忘卻了原有的精神。

三、理氣與心性一體渾成

錢穆對朱子思想的研究以理氣論和心性論兩個方面為軸心向四周輻射、展開。他指出：「敘述朱子思想，首先當提出其主要之兩部分。一為其理氣論，又一為其心性論。理氣論略當於近人所謂之宇宙論及形上學。心性論乃由宇宙論形上學落實到人生哲學上。」[8]有一些朱子學研究者在研究朱子思想時，把朱子諸思想範疇平鋪開來，分別加以研究。這種研究的結果只見目不見綱，只見分散不見朱子思想的核心與基本精神。錢穆以理氣與心性兩對範疇來統攝、疏理其它範疇，建立朱子學體系，其結果揭示了朱子思想的真諦和基本精神。這也體現了錢氏一貫宣導的「統之有宗，會之有元」的學術風格。

在理氣論或宇宙論中，錢穆考察理氣論的形成、特點，以及理與氣的關係。他認為朱子的理氣論是對北宋五子，尤其是周敦頤和張載宇宙論繼承發展的產物。朱熹的理氣論主要根據周敦頤的《太極圖說》和張載的《正蒙》。周敦頤只講太極與陰陽，這是繼承《周易》的說法。朱熹換了兩個新名詞，用理與氣取代它。說「物物一太極」，不如說「物各有理」更恰當。張載說太虛與氣，太虛不如「無極太極」深刻、確切。因此朱熹理氣論根據周敦頤太極說而對張載太

8　錢穆：《朱子新學案》，第一冊，第35頁。

虛之說加以辨正。說「虛」不如說「理氣」，但單說理則仍是虛。程顥及以後的理學家多以天理人欲對稱，這是指人心人事，與朱子說的理氣之氣有高低廣狹之不同。因此朱熹的理氣論是對周敦頤和張載之說結合的創新。朱熹的宇宙論也兼通易與道，但與道家不同。道家主張本於自然。朱子理氣論則認自然只是一道，所以說有氣則必有理。在宇宙形上學，理是無情意、無計度、無造作的，但一落實到人生形下界，人卻可以憑藉這種理來造作，理就變成了有作用的。如此，則又從老莊道家轉回到孔孟儒學來。

錢穆進一步揭示朱子的理與氣之辯證關係，認為朱子論宇宙萬物本體，必兼言理氣。氣指其實質部分，理則相當於寄寓在此實質內之性，或者可以說是實質之內一切的條理與規模。朱熹雖然把理氣分開說，但認為它們是一體渾成，而非兩體對立。這是朱子理氣論的宗旨。朱熹把這一點歸於周敦頤的太極說。如果說理氣有先後，那麼朱子必然說理先而氣後，但朱子也不是說今日有此理明日有此氣，雖然有先後，還是一體渾成，並無時間上的相隔。因此，朱子的宇宙論，既不主張唯氣，也不主張唯理，更不主張理氣對立，而主張理氣只是一體。

在人生哲學方面，錢穆分析朱熹的心與性、心性與理氣之間的關係，打通理氣論與心性論。他認為，性屬理，心屬氣，必須先明白了朱子的理氣論，才能研究朱子的心性論。

朱子對程頤的「性即理」有深入體會。理是天地公共的，性是人物各別的。理屬於先天，性屬於後天，由理降落為性，已是移下了

一層次。朱熹一方面認為理氣合一，由此說性氣不離，另一方面又主張理氣分言，因此說性氣不能混淆。但萬物的性，各為其形氣所束縛，因此不能達到天地公共的理上去，只有人性可以不為形氣所限制，由己性直通於天理。但要有一番工夫，即心理工夫。這是從人生角度來談的。如果從宇宙角度來看，則無工夫可用。只有在人生方面用工夫，才會打通宇宙界。如果只囿於人生界，而違背宇宙界，那麼一切工夫均是徒勞的。在朱子看來，宇宙與人生是一體兩分，非兩體對立，其通處正是「性」。性是體，其發而為工夫則在心，心屬用。朱子說性即理，又說性氣不相離，也不相混淆，便又把張載、程氏兄弟所言的天地之性、義理之性與氣質之性的對立給全部融化了。

接著，錢穆又對朱熹的「心」範疇進行研究。他強調：「朱子論宇宙界，似說理之重要性更過於氣。但論人生界，則似心之重要性尤過於性。因論宇宙界，只在說明此實體而落到人生界。要由人返天，仍使人生界與宇宙界合一，則更重在工夫，工夫則全在心上用，故說心字尤更重要。」[9]但不能說朱子認為心重要，就說他接近唯心論，因為心只屬於氣。他既不主張唯氣，自然也不主張唯心。就宇宙論而言，理離不開氣；就人生論而言，理又離不開知覺，即理離不開心。心是氣之靈，只有人類才有這氣之靈，所以能有此心，能覺此理。心所覺全是理，滿心全是理，這就達到了心即理的境界。這裡的心所覺的理，不僅是自然宇宙，也是人生文化方面的理。人生文化方面的理，也即在宇宙自然之理中。人心能明覺到這種理，一面可以自盡己性，一面又可以上達天理，既可以弘揚文化，也可以宣贊自然。

9　　錢穆：《朱子新學案》，第一冊，第48頁。

儒家不同於老釋的精義，理學家的終極目標都在於此。後人多認為程朱主性即理，陸王主心即理，由此分別程朱為理學，陸王為心學。從錢穆的論述看出，這一區別並不恰當。理學家善言心者莫過於朱子。朱子正是通過對心的論述，把宇宙與人生、理氣與心性結合起來。錢穆不贊成理學心學之二分法，認為朱子之學其實是一種更加圓密宏大之心學，並就朱子對心之特點、作用、活動過程，心與理、心與性情、心與知覺的相互關係作了精到的研究，也對朱子早期、中期、晚期的心學思想作了周到的考證。朱子的這些思想，較之陸學對心的研究更為細緻具體。[10]

　　錢穆在總結朱子的理氣論與心性論關係時指出：「以上略說朱子之理氣論與心性論。在此，朱子已盡力指陳了心之重要。在人生界中之心，正可與在宇宙界中之理相匹配。而就人生界論人生，則心之重要更過於理。因理是已存底，而心則是待發底。也可謂理屬體，心則主要在用，在工夫論上，故尤為理學家所重視。所以說，謂陸王是心學，程朱是理學，此一分別，未為恰當。若說陸王心學乃是專偏重在人生界，程朱理學則兼重人生界與宇宙界，如此言之，庶較近實。」[11]

　　以理氣論和心性論為軸心，錢穆對朱子的其他哲學範疇進行了廣泛的研究。他分別論述了宇宙的仁和神。如果說理氣是宇宙的體，仁

10　參見陳來：《〈朱子新學案〉述評》，《中國哲學》第九輯，北京：三聯書店，1983年2月。陳來認為，錢穆的立場是徹底尊朱的，以朱學為心學乍看起來似乎非朱是陸，其實恰恰相反，毋寧說著者之意在徹底剝奪陸學的本錢。此外，《朱子新學案》對朱陸之爭也多有責於陸氏。

11　錢穆：《朱子新學案》，第一冊，第55頁。

神則是宇宙的用。只有把這四者聯繫起來，才能理解朱子宇宙論的全貌。在仁神的造化中，人是最有靈氣的，在人中聖人上合天德。如何能成為聖人？要成聖人就必須有聖人之心，聖心通天心在於仁，這種仁是宇宙之仁和人心之仁的統一。要做到人心之仁，就必須誠。朱子的誠也分宇宙、人心兩方面。仁與誠是天賦人而為的，是心的本體，然而心有不仁不誠的時候，由此論述了天理人欲論和道心人心論，這些都是理氣論與心性論的具體化。

錢穆還強調理氣論和心性論的聯結處，即心或工夫論的重要性。朱子的工夫論分兩方面展開。一是致知。圍繞致知，錢氏闡述了朱子的敬、靜、已發與未發等範疇。一是格物。致知在格物，格物是零細的工夫，而知致才能得總體。錢穆對朱子工夫論的論述不僅在於貫通理氣與心性，更重要的在於高揚主體自覺的精神。

錢穆從理氣與心性渾然一體出發研究朱子思想體系，頗有啟發意義。

（一）突出了中國哲學兩大主題。錢穆注意到朱子思想諸範疇之間的有機聯繫，並通過理解朱熹思想最主要、最基本的範疇（理氣與心性），去統攝其他範疇，這樣建構了和諧有序的朱子思想範疇體系。他所著重研究的理氣論和心性論不僅是朱子理學的主題，也是中國哲學思想史上的一個主題。突出這個主題，不僅對朱熹哲學思想研究有意義，而且對中國哲學史的宏觀研究也有啟發。

（二）超越西方思想中的物質和精神兩極對立，把握中國哲學的最高境界天人合一。學者們認為朱子的形而上學，講的是理氣二元

論，不是一元論。理氣雖然可以分開來說，但也絕不是兩體對立的。既然不是兩體對立的，那麼就無所謂誰先誰後的問題。如果一定要問先後的話，那麼就宇宙論而言，理在氣先，就人生論而言，氣在理先。錢穆根據這種絕對與相對的關係，用理氣一體渾成的道理，解決了一些學者對理氣是二元還是一元的爭論，也杜絕了凡治中國哲學必先言物質和意識誰為第一性、誰為第二性、決定與被決定的二項式思維方式。錢穆打通了宇宙論與人生論的界限，把宇宙觀與人生觀、宇宙形而上學和道德形而上學有機地結合起來，體現了天人合一的思想境界。這個境界不僅是朱子，也是理學，乃至整個中國文化的基本精神之所在。

（三）破除了理學研究中的門戶之見，強調理學諸家之間的內在聯繫。他關於理氣合一論的思想，把二程與張載統一起來；關於理氣心性合一論，則泯合了朱熹與陸象山之間的門戶之見。例如明清王學所謂「朱陸始異終同」、「朱子晚年從陸之悔」等，則不攻而自破。這對於完整準確地理解朱熹及其理學思想，不無意義。

當然，宋代理學也不是鐵板一塊，對於理、氣、心、性等範疇的理解，在本體與方法上，各學者、各學派，既有所同，更有所異。張程之間、程朱之間、朱陸之間的差別，並不都是門戶之見。重視所同，又重視同中之異，統一中之差別，正能窺見宋代學術之繁盛。理學本身也是多樣的，如此才有內在的張力，才能促使理學思潮的發展。

事實上，我們從錢先生詳實的考證中，可以看出朱子與周敦頤、

張載、二程思想的異同，朱子與東萊、南軒、象山思想的異同等等。其間的差別，不僅有經學方面的，而且也有理學方面的。至於朱子思想的流變過程，朱子上與漢唐、下與明清諸儒的聯繫與區別，《朱子新學案》中也有詳考。

6.5　再建良知：陽明與明學

錢賓四先生於1930年春寫成《陽明學述要》一書，後收進商務印書館《萬有文庫》，1954年再版於臺灣。此書著意揭示王陽明的真精神。全書依次討論的問題是：「宋學裡面留下的幾個問題」、「明學的一般趨向和在王學以前及同時幾個有關係的學者」、「陽明成學前的一番經歷」、「王學的三變」、「王學大綱」、「陽明的晚年思想」、「王學的流傳」等。書後為「陽明年譜」。作者把陽明學放在整個宋明學術本體論與工夫論（修養方法論）的走向與爭論的背景上加以考察，討論了陽明的心路歷程，以及良知、知行合一、致良知、誠意、謹獨、立志、事上磨煉等主要命題。

錢穆認為：「人心即是天理，更不煩有所謂湊泊。人心自然能明覺得此天理，也不煩再有所謂工夫了。這便是王學對宋儒傳統大問題獲得了一個既簡易又直捷的答案之最大貢獻處。」[12]陽明以致知來代替北宋相傳的集義和窮理，又以知行合一和誠意來代替北宋相傳的一個敬字。北宋以來所謂敬義夾持，明誠兩進，講工夫上的爭端，在陽明則打並歸一，圓滿解決。至於對本體方面心與物的爭端，「據

12　錢穆：《陽明學述要》，臺北：正中書局，1967年3月，第4版，第57頁。

普通一般見解，陽明自是偏向象山，歸入心即理的一面；其實陽明雖講心理合一，教人從心上下工夫，但他的議論，到底還是折衷心物兩極，別開生面，並不和象山走著同一的路子」。[13]

　　錢穆認為，陽明實不曾樹起革命的叛旗，來打倒北宋以來的前輩。他批評了後世講程朱的人要痛斥陽明，講陽明的人也要輕視程朱的門戶之見。他強調陽明仍是宋儒講學的大傳統。陽明把天地萬物說成只是一個靈明，又講離卻天地萬物，亦沒有我們的靈明，是其獨特精神之處。他認為陽明晚年特別提出事上磨煉，只為要在朱子格物和象山立心的兩邊，為他們開一通渠。對陽明晚年思想，錢穆認為其「拔本塞源論」（按：即《答顧東橋書》末節）比《大學問》和「四句教」更為重要，更為根本。由此可看出，王學並不偏陷於個人的喜怒哀樂方寸之地，而把良知推到個人內心之外，擴及人類之全體、人生一切知識才能與事業，兼及人與人之相同與相異處，並由倫理推擴到政治經濟社會的一切問題上。

　　以下我們根據錢先生的《宋明理學概述》和《中國思想史》，來看他對王陽明及明代理學的把握。他在這兩部著作中對陽明學的看法，與早年所著《陽明學述要》略有不同，較多談到朱王之異。

一、明代學術

　　「明代學術，大體沿襲宋。關於學術上之中心問題及最高目標，均未能擺脫宋人，別自創闢。而且明代學術，較之宋代，遠為單純。

13　　錢穆：《陽明學述要》，臺北：正中書局，1967年3月，第4版，第67頁。

初期宋學之博大開展，以及南渡後浙東史學之精密細緻，明人都沒有。他們只沿襲著正統宋學的一脈，但又於正統宋學中剔去了周邵張三家。實際明代學術，只好說沿襲著朱陸異同的一問題。他們對此問題之貢獻，可說已超過了朱陸，但也僅此而止。明學較之宋學，似乎更精微，但也更單純。」[14]

在總體上把握明代理學之後，錢穆又把明代理學分為初期理學、中期理學、晚期理學，並對這幾個時期的學術流變及其特點進行分析。

初期明學。其實明代學術，只有舉出王陽明一個人作為代表，其他有光彩有力量的，也都在王陽明之後。由此出發，錢穆把王陽明以前的明代學術稱之為初期明學。但明代初期的學術與宋代初期的學術無法比擬。明代初期只是經歷過蒙古百年統治之後，一種嚴霜大雪掩蓋下的生機萌芽，而宋代初期的學術則氣勢宏偉、規模龐大。

中期明學。中期明學是明代學術思想發展的輝煌時期。初期明學，南方如吳與弼、陳獻章，都是隱退之人，偏於田野山林；北方如薛瑄，也謹慎持守，對於義理方面很少有發揮。明代學術要到王守仁，才開始光彩畢露，因此錢穆把王守仁所處的時代定為明學的中期。與王守仁同時代的還有湛若水、羅欽順兩人。王守仁問學於婁一齋，湛若水從游於陳獻章，而婁、陳都是吳與弼的學生。王守仁和湛若水相交遊，而講學宗旨不同，一時在學術上形成平分天下的態勢。當時學於湛若水的，有的卒業於王守仁；學於王守仁的，有的卒業於

14　錢穆：《宋明理學概述》，第253頁。

湛若水。王守仁和湛若水並立，就像南宋時的朱熹和陸象山對立一樣。而羅欽順則學無師承，生前也很少講學授徒，死後也沒有什麼後學，可以說獨來獨往，獨自發明。羅欽順與湛若水、王守仁形成明代中期學術界三足鼎立之勢。明代的學術以中期為最盛，中期以後的學術，如王學支流、後學，直到明末才開始發生大變化。因此王門各學術派別也屬於中期。

晚期明學。錢穆認為，如把中期宋學看作是宋明理學的正統，那麼程顥應該是中期宋學的正統代表人物。從他開始到程頤、朱熹一路，卻由中期會合到初期。這是指朱子一反程氏兄弟以來正統理學學術狹窄，只重心性、理氣的道學風習，而返回宋初諸儒的政治治平、經史博古和文章子集之學上去。另一條路是從程顥到陸象山，再到王守仁，由王守仁再轉到泰州學派而至羅汝芳。這條路與朱熹走的那條路不同。這條路到此走到盡頭，如同遠行人到了家，到了家就無路可走了。如果你不安於家，盡要向外跑，那必須得再出門。晚期明學就是承接那一條走到盡頭的路，到了家，又想另起身，另闢蹊徑。可惜晚明儒出門行走得不遠，撲面遇著暴風雨，阻礙了道路，迷失了方向，那是明清之際的大激變。只有臨時找一個安全之處躲藏，但一躲下來，不免耽誤了，而且把出門時原有的計畫打消了，放棄了，那才有清代乾嘉時期的經學考據。

錢穆認為，真正想沿著晚明儒初出門時那條路走下去的是東林學派。東林學派與王門諸流派不同。王守仁死後，浙中王門與泰州王門，所在設教，鼓動流欲，意氣倡狂，跡近標榜。但東林諸賢卻不然。他們雖然有一個學會，但僅作朋友私人的講習。後來「東林」

兩字擴大到全國，一切忠義氣節之士歸到東林門下，好像東林成為當時一個大黨派，甚至後來把明代亡國也說成是東林黨禍所招致的。錢穆指出，東林諸家雖然講學設教不同，而在精神上是一致的。他們都不是憑空追尋宇宙或人生的大原理，再把這個原理運用到現實，或憑這個原理衡量已往的歷史。他們似乎更著眼在當時的實際情況和已往歷史的客觀經過上。因此他們的理論，更針對現實，客觀了解過去，在思想上也沒有要自己建立一個完整的體系，或信守某家某派的理論和主張。這一點，顯然是一種新態度。六百年來的理學，便在這一新態度上變了質。

在錢穆看來，明代理學的殿軍是明末諸遺老。思想史上劃時代的大轉變，不是一件容易出現的事。宋明理學發展到朱熹與王守仁，可以說已攀登上相反方面的兩個高峰，宋明理學所要窺探的全部領域早已豁露無遺了。再沿著這兩條路線前進，自然會逐漸走下坡路。但只要繼續地向前，必然會踏上新原野，遇見新高峰。這是思想史演進的規律。基於此點，錢穆把明末諸遺老看成開闢新天地的人物。明末諸遺老，北方有孫奇逢、李顒、顏元等，南方有黃宗羲、陳確、顧炎武、王夫之、張履祥、陸世儀等。還有數不清的在學術思想上傑出的人物，與宋初明初一片荒涼是天壤之別。這已經告訴我們，宋明七百年理學所積累的大力量。但他們表面上雖然沿襲前軌，精神上已另闢新徑。其實清代也有承接宋明理學的，雖然僅是一個伏流，不能與經學考據學相抗衡，但仍然有其相當的流量，始終沒有中斷過。這說明宋明七百年理學，在清代仍有生命，這是下半部中國思想史裡不可磨滅的一番大事業。

二、心體的實踐論

在明代理學家中，錢穆最重視王陽明。王陽明一生真可算是以身教身，以心教心的最具體、最到家的一個實例。王陽明平生講學，總是針對著對方講，從不憑空講，也不意在講書本，或講天地與萬物。他只是本著他自己內心真實經驗講。具體地說，他講的是良知之學，只是講人之心，只是本著心來指點內心。他的學術是真正的心學。錢穆把陸象山看作是理學中的別出，把王陽明看作是別出儒中登峰造極者。所謂終久大之易簡工夫，已走到無可再易再簡，因此說他是登峰造極。

錢穆在解釋王陽明「良知」時指出，王陽明的良知就是知善知惡。陸象山說「心即理」，王陽明為他補充，說心有良知，自能分辨善惡，人心的良知就是天理。但知善知惡是能知的心，善惡是所知之理，它們之間是不同的。就宇宙論而言，是非不一定就是善惡；就人生論而言，是的便是善，非的便是惡。一個是物理，一個是事理，朱子把這兩者合攏講，王陽明則分開說。王陽明所謂天理，主要是指人生界的事理，不再泛講天地自然，如此便把天理的範圍變狹窄了。陽明說這一種是非的最後標準根本在於人心的好惡。人心所好就是是，人心所惡就是非。所好所惡者，雖然是外面的事物，但好之惡之者是人的心。人心所好便是，人心所惡便非，如果沒有我心的好惡，外面事物根本沒有是非可言。縱可說人心有時不知是非、善惡，但哪有不知好惡的呢？知得好惡，就是知得善惡，因此說知善知惡是良知。人哪有不好生惡死的？因此助長人生便是善，陷害人死便是惡。此理因

人心的好惡而有，並不是在沒有生命，沒有人心好惡以前，便先有了此理。既然人心是好善惡惡，為什麼人生界乃至人心上還有許多惡存在呢？錢穆由此研究王陽明的「知行合一」。

錢穆認為，王陽明所謂的知行合一，不指工夫，而是指本體，是說知行本屬一體。王陽明的弟子徐愛因沒有了解他老師的知行合一，來問王陽明：人都應知道對父兄要孝悌，卻有不孝不悌的現象，這說明知行分明是兩件事。王陽明說，人類知有孝，一定已經先自孝了。知有善，必已先自善了。如是豈不又成了行先於知嗎？如果就宇宙而言，除非如西方宗教家所說，行先於知是不錯的。但如果就人文界而言，人類一切行為沒有不發於心，普遍說心是知，不是行。因此說心即理，說知行合一，卻不說行先於知。

王陽明所謂心，是知行合一的。如果把這番話推到宇宙界來講，朱熹的理氣論，也可說理是氣的主意，氣是理的工夫。只說理，已有氣；只說氣，已有理。理氣也是合一的。但王陽明不也說知是行之始嗎？朱熹說理先於氣，豈不仍然與王陽明一致？錢穆認為，這裡卻又有個分別。因為王陽明說的知是活的，有主意的；朱子說的理是靜的，無造作的。因此朱熹說知只是覺，而王陽明說知卻有好惡的意向。朱熹只說心能覺見理，卻沒有說心之所好就是理。朱熹是性與心分，王陽明是性與心一。因此，朱熹不得不把心與理分離，而王陽明則自然把心與理合一。如果心知了只是覺，則知了未必便能行，因此心與理是二。如果心知覺中兼有好惡的意向，則知了自能行，因此心與理是一。

錢穆由王陽明的心與理是一，進一步談到他的工夫論，並認為王陽明把「誠」字來代替「敬」字是他與程朱心學工夫上的主要分歧點。這種所謂心體之誠，說起來容易，得來卻不易。人自有生以來，就有種種習染，積累成私欲，如鏡上塵埃，水中渣滓，夾雜在心，把心體之誠遮掩了。那麼如何廓清心體呢？錢穆認為，王陽明發明了兩種工夫。其一是常教人靜坐，息思慮，使自悟性體。王陽明這番工夫，有點像張載、程頤所謂變化氣質，以及朱熹所謂靜存動察。尤其是佛家對這種工夫更加注意。這種靜坐與省察克治僅是消極工夫。其二是教人致良知，教人即知即行，這是積極工夫。人人都有良知，人人都能自知善惡，如果自知這一念是惡，就應該把它克了，必須徹底不使這一念潛伏在胸中。如果自知這一念是善，就應該紮紮實實地依著這一念去做。不要使潛藏在心裡的和顯露在外面的日漸分成兩半，如此就是所謂存天理去人欲。如此做法便可使心純乎天理，即達到知行合一的境界，到達這個境界就是所謂的聖人。

　　可見王陽明的良知之學實在可稱為一種心體的實踐論。與其說他看重知，毋寧說他更看重行；與其說他看重心，毋寧說他更看重事。錢穆認為，王陽明之意，「除卻對天地萬物之感應，將不見有心。除卻對此種感應之是非判別，將無所謂良知。所謂致良知，只要叫我們去事上磨煉。所謂事上磨煉，只要叫我們立誠。所謂立誠，只要叫我們認識此知行合一之原來本體。一切所知的便是所行的，所行的便是所知的。平常往往把知行劃成兩截，就內心言，往往潛意識與顯意識暗藏著衝突。就人事言，往往心裡想的與外面做的並不一致。種種利害的打算，把真性情隱晦了。這些都不是良知，都不是天理。人不

須於良知外別求天理，真誠惻怛的性情，便是天理本原。須求自心的潛意識與顯意識能融成一片，須求外面所行與內心所想也融成一片。全無障隔，全無渣滓，那便是真誠惻怛，那便是良知，那便是天理，那便是聖人」。[15]這是錢穆對王陽明良知之學基本原理的總結。

錢穆在分析王陽明良知之學原理的基礎上，考察王陽明根據良知之學所幻想建立的理想社會。在錢穆看來，人文世界的演進愈來愈複雜，外面事變紛繁，利害關係複雜了，使得人人的心都包蘊著重重的衝突和矛盾，潛藏的和顯露在浮面的不一致，內心所打算的和向外所表白的不一致，不僅人與人之間有一層障礙，而且自己心裡也存在著種種障礙。結果把原來心態，即孟子所謂本心和王陽明所謂良知喪失了。那麼以後的表現在陽明那裡被稱為人欲。本來天理是由人欲而生，但後來人欲卻阻礙了天理。王陽明從人文立場出發創生出他想像的人人良知暢遂流行的一種理想社會。這就是他的「拔本塞源之論」。

錢穆認為，中國思想史裡所最缺乏的是宗教，但中國卻有一種入世的人文的宗教。儒家思想的最高發展必然常有此種宗教精神作源泉。人人皆可以為堯舜就是這種人文教的最高信仰、最高教義。這種人文教的天堂就是理想的現實社會。要造成這一理想社會，必先造成人們理想的內心世界、人人共有的心靈生活。這種內在的心地，孔子曰仁，孟子曰善，陽明曰良知。只要某人到達這種心地，這個人就已先生活在這個社會中。這是這種理想社會的起點，必須等到人人到達

15　錢穆：《中國思想史》，第236頁。

這種心地與生活，才是這種社會的圓滿實現。這是人類文化理想的最高可能。達到這種心地與生活的人生就是不朽的人生。這種人生，在大群生命中也是不朽的。

如果依照王陽明的話來說，人類到達這種境界，便覺得人生古今、天地萬物只是一個良知。錢穆把這稱之為中國思想中的一種唯心論，一種人生實踐的唯心論，與西方由純思辨中得來的唯心論不同。這種人生實踐又必然常有中國傳統的宗教精神，即所謂入世的人文教精神。由此看出，王陽明這些思想受禪宗影響很大，所不同的是禪宗歸宿到清淨涅槃，而王陽明則要建立理想的人類文化最高可能的境界。

錢穆抓住王陽明學的核心「良知之學」，對其學術思想總體把握。王陽明的良知就是天理。從前程顥說過，「天理」二字是他自己體貼出來的。什麼是天理，從程頤到朱熹提出格物窮理的教法，要明理首先就必須格物，格物一旦達到豁然貫通的時候，才算是明白這個天理。這種天理的獲得太難了，非下苦工夫不可。現在王陽明卻說，天理就是人心的良知，那麼天理本身就不遠吾人了，不需要勞神辛苦地向天地萬物去窮格。這顯然與程朱傳統不同。那麼良知又如何就是天理呢？王陽明說，天理逃不掉善與惡兩項，正因為人心本身分別有善與惡之知，所以說人心的良知就是天理。既人同此心，心同此理，那麼為什麼有的人是一般的凡人，有的人成為聖人？王陽明認為這在於人是否能發明本心，體悟天理。他的良知之學發展到最高處，就是人人皆可以為堯舜。做堯舜的條件不在外面的事業上，而在自己心性上。人的才性有不同，但就其才性發展到至誠至盡處，便都是堯

舜。佛教發展到禪宗慧能，人人都可以成佛；儒家發展到王陽明，使人人都可以作聖人。這個理論固然淵源於孟子和陸象山，但到了王陽明手裡說得更透闢。

錢穆指出，王陽明「良知就是天理」與「知行合一」有關。「知行合一」是指知行本體原來是合一，不分開的。說良知便已包有行，說良知也已包有天理，知行就是良知。程朱要下苦工夫格物窮理。王陽明意見很簡單，只要知與行達到真實合一處，便就是天理。必須要等到人人做了聖人的人生，才是理想的人生。這樣的社會也才是理想的社會。這樣，通過錢穆的論述，我們懂得，王陽明學術的真精神不在為學術而學術，而在於通過良知之學，以及「人心的良知就是天理」的簡單教法建立一個具有聖人品格的理想人生和理想社會。

三、王門諸流派

錢穆把王陽明當作明學中期的代表，把王門諸儒也歸於這個時期。錢氏指出南宋有了一個朱熹，以後諸儒，或贊成朱熹的，或反對朱熹的，都離不開朱熹這個中心。明代也如此，有了一個王陽明，以後的明學無論是贊同王陽明的，還是反對王陽明的，也離不開王陽明這個中心。錢穆根據黃宗羲的《明儒學案》，把王門後學分為浙中學派、江右學派和泰州學派，並分別闡述這些學派的流變及特點，以示王陽明在明代理學中的地位。

浙中學派。浙中學派以徐愛、錢德洪、王畿三人最重要。徐愛死得早，於是錢德洪和王畿成為王門最大弟子，他們宣揚王學功勞最大。王畿與錢德洪親炙王陽明最久，但兩人學說有很大差異。錢德洪

的徹悟不如王畿，而王畿的修持則不如錢德洪。王陽明良知學，也可說寓含一種社會教育的精神。錢德洪與王畿長期從事社會教育。他們與以前理學講學態度不同。這樣流動性的集會講學，一面是講各自的良知，反身即得，一面是講天地萬物為一體，當下就是聖人。聽講的人多龐雜，講得又簡易，又廣大，自然難免有流弊，於是出現所謂的偽良知。

泰州學派。主要人物是王艮。王陽明的良知學，本來可以說是一種社會大眾的哲學。這種落實到社會大眾手裡的哲學與士大夫階層不同。從這方面講，王艮的泰州學派是王陽明唯一的真傳。王艮的主要思想是他的格物說。他把格物理解成為安身。但安身並不是自私的，他教人把一切過錯歸到自己身上，這才是他安身證法。安身才可以行道，尊身即所以尊道，而尊身之至，必求其能為帝者師，為天下萬世師。可見帝者師不在位上求，而在德上求。雖然身處田野，依然可以是帝者師，是天下萬世師。使自身可以為帝者師，為天下萬世師，就是修其身以治國平天下之道。這是他的格物說。

江右學派。錢穆認為，王陽明學術流衍最大、力量最強的除浙中與泰州外，還有江西一派，當時稱江右之門。這個學派與浙中、泰州學派不同。這是在士大夫階層、讀書閒居人中的王學。主要代表人物有羅洪先、聶豹，鄒守益，歐陽德等。其中最主要的是鄒守益和羅洪先，鄒守益主張戒懼，而得力於敬，認為敬是良知之精明，而不雜以塵俗者。羅洪先是陽明私淑弟子，以為良知是心之本體，即天理、至善。本體湛然，有感必有應，不學而能，不慮而知，順之而已。他也主張靜坐收斂。在晚明學術界，江右學派的影響超過了浙中學派。王

學實在是活潑生動。江右以後，卻變得靜細蕭散，不免帶有道家的氣息。如果再加上一些嚴密的意味，便又要由王陽明返回到朱熹。錢穆認為，明代晚期學術，只在這裡繞圈子，更無新出路，這是宋明理學衰竭之象徵。

錢穆對宋明理學的研究表明，宋明儒已經從佛學悲觀消極的氣氛中解脫出來，開始回復到先秦儒學，重新面對人生現實。他們運用先秦儒的性善觀念，要由人類自身的內在光明來尋求大道。在這裡，有偏近於向外尋理與只限於向內尋求這一區別。另一方面，宋明儒雖然如先秦儒一樣要積極面對人生現實，但他們因受佛家影響，總愛把人生現實的價值安放在整個宇宙裡去衡量，如此則常覺得人生渺小與浮弱。他們總想在現實人生外去尋找宇宙萬物共同的本體。如此人生現實依然渺小、浮弱。因此他們的意境多少帶有幾分悲觀消極，不如先秦儒那樣人生多面活動的活潑與強壯。換句話說，用《大學》八條目分析，宋明儒似乎對誠意、正心工夫用得多，以修身齊家為宗旨，而對上面治國平天下工夫用得少。漢唐儒及北宋初期諸儒可以說對治國平天下工夫用得多一些，對誠意正心工夫不如理學更注重，更深入。「如此言之，先秦儒以下，終是向外工夫勝過了向內，而到宋明理學諸儒則終是向內工夫勝過了向外。」[16]這是錢穆研究宋明儒得出的結論。

綜上所述，錢穆對理學思想的研究既有得也有失。得的方面：（一）重視從總體上把握宋明理學的特徵及其基本精神，並在中國思

16　錢穆：《中國學術思想史論叢》，第七冊，第288頁。

想史、儒學發展史大視野中予以定位，使人對宋明理學的特點、基本精神以及歷史地位一目了然。（二）重視從史學角度研究理學，側重研究理學諸家、諸學派先後師承關係以及學術淵源，揭示了他們不同的特點，以及學術流變的軌跡。這種不把理學家思想平鋪開來，而把他們之間看成是有聯繫的、有序的系統的思想，體現了他治學一貫貫通的學術風格。（三）堅持從中國思想史本身出發治中國思想史的方法論，克服了那種以西學剪裁中學的簡單公式法。這對當前研究中國哲學史有方法論意義。不足之處在於，從史學出發，過多地注重理學學術的流變、師友淵源，而對諸家的思想橫向詮釋或共時性分析的深度不夠。另外，在理學研究專著體裁上多少有學案體的遺跡，引證原文偏多，理論分析少了一些。這與他早年讀夏曾佑書的影響有關。

第七章

每轉而益進 途窮而必變

上世紀30年代初期，賓四先生在北大任教時，就專心於清代學術史的研究，開設了「中國近三百年學術史」的課程，此前梁啟超在清華研究院也開設過這門課。但錢梁二先生的近三百年學術史觀卻大異其趣。

錢先生初講此課時，正值「九一八」事變驟起。在邊講邊寫作《中國近三百年學術史》的五年間，日寇加緊了對我國東北的侵略，並逼近華北。先生1937年元月9日在所作的序言中沉痛地說：「五載以來，身處故都，不啻邊塞，大難目擊，別有會心。」先生在講課與著述中，飽含著民族感情，特別表彰晚明諸儒的民族氣節、人格操守。今日重讀，仍能感覺到先生當年面臨國難的凝重心態和鼓勵後學、啟迪青年「以天下為己任」的激越情緒。

錢先生的大著《中國近三百年學術史》、《國學概論》及有關清代、近世學術的論文，以及後來所著《中國思想史》等，對明代末年至今近四百年學術史作了系統的整理。在這近四百年間，中國的思想界的確呈現了「每轉而益進，途窮而必變」的景象，而明末清初與清末民初，在中國文化所面臨的困境上，既有相同之處，又有相異之點。本章特將錢先生關於四百年學術史的主要看法加以述介。

總體上來說，錢先生對清代和近世諸家的思想主旨把握得準確，不僅論述他們主要學術精義，尤其能注意各家對宋明學術諸派、諸論之批判繼承的關係，研究其師承流派和理論淵源，以及他們相互間的影響和相互間的批評，使人們對整個17世紀初葉至20世紀末葉的學術思想及其流變，及學術思想與社會政治文化諸方面的關係，有了全面

的了解，尤其對這一時期傑出思想家的思想有深切的認識。錢先生關於宋明義理與清代考據之學，關於經學與理學、史學之關係，關於程朱陸王學術在清代的發展及變化，關於明末遺老、乾嘉經史之學、道咸公羊之學的相互關係，關於西學東漸及東西文化問題論戰等等方面，都有不同於流俗的見解。錢先生批評了尊宋貶漢或尊漢貶宋的門戶之見，平實地回顧四百年思想史，每每創見迭出，言人之所不能言。錢先生對20世紀激進思潮的形成及流弊的批評，不乏卓見。

7.1　清學導源於宋學

關於清代學術的思想淵源及其與宋明儒學的關係問題，近代學術界有兩種截然不同的看法。

第一種看法認為清代學術思想是對宋明理學的全面反動。持這一觀點的代表人物是梁啟超和胡適。他們認為17世紀中葉以後，中國學術思想走上了一條與宋明學術思想完全不同的道路。從消極方面來說，這條道路表現為一種反玄學的運動；從積極方面看，則發展為經學考據學。在這兩方面，顧炎武的學說帶有開創性。因為顧炎武不僅深惡痛斥「昔之清談，談老莊，今之清談，談孔孟」，而且還提出了「經學即理學」的明確口號，要用經典研究的實學來代替明心見性的虛理。

第二種看法並不否認清代學術有其創新的一面，但強調了宋明理學的傳統在清代並沒有中斷，仍有生命，至少晚明時代的諸遺老（如王夫之、黃宗羲等），還是蕩漾在理學的餘波之中。這種看法可以說

是對第一種看法的修正。馮友蘭先生就在他的舊作《中國哲學史》一書中專門開闢「清代道學之繼續」一章,討論分析了漢學與宋學的關係問題。在他看來,清代漢學家在講到義理之學時,其所討論的問題與所依據的典籍均未能超出宋明理學的範圍。因此,他主張漢學家(清代)的義理之學,表面上雖然是反道學(指宋明理學),但實際上仍然是一部分道學的繼續與發展。

第二種看法最有代表性的人物是錢穆先生。他指出:「治近代學術者當何自始?曰,必始於宋。何以當始於宋?曰,近世揭櫫漢學之名,以與宋學敵,不知宋學,則無以平漢宋之是非。且言漢學淵源者,必溯諸晚明諸遺老。然其時如夏峰、梨洲、二曲、船山、桴亭、亭林、蒿庵、習齋,一世魁儒耆碩,靡不寢饋於宋學。繼此而降,如恕穀、望溪、穆堂、謝山乃至慎修諸人,皆於宋學有甚深契詣,而於時已及乾隆。漢學之名,始稍稍起。而漢學諸家之高下淺深,亦往往視其所得於宋學之高下淺深以為判。道咸以下,則漢宋兼採之說漸盛,抑且多尊宋貶漢,對乾嘉為平反者。故不識宋學,即無以識近代也。」[1]

錢穆認為,儒學思想淵源於上古,成熟於先秦,在兩漢到隋唐時期稱之為經學,而在宋明到清代後期稱之為理學。理學的復興,一方面與漢唐經學不同,具有返回先秦諸子儒或平民儒的品格;另一方面並不與漢唐儒絕對對立,其本身又包孕漢唐以來的學術而再生。如果沒有漢唐時代的諸儒補充、編輯、整理、注疏諸種經籍,就不會有後

1　錢穆:《中國近三百年學術史》,北京:中華書局,1984年版,第1頁。

來的宋明理學思想的產生。宋明理學的發展並沒有拋棄漢唐時期的經學，清代經學也依然延續宋明以來學術的發展，而只不過切磋琢磨得益精益純罷了。理學本身包含著經學的再生，清代的乾嘉經學考據學盛行也是理學進展中應有的一項內容。

這兩種觀點不同在於：第一種觀點側重強調清代學術在中國學術思想發展史上的創新意義。第二種觀點則注重宋明學術在清代的延續性。從學術思想演變的實際過程看，第二種觀點比較合乎情理一些。因為不僅前一個時代的思想學術不可能在後一代突然消失，而後一個時代的新學術思潮也必然能夠在前一個時代中找到它的根芽。事實上，清儒的博雅考訂之學，也有其宋明學術淵源可尋。梁啟超在《清代學術概論》一書中曾以西方文藝復興比附清學。從史學史的視角看，梁啟超和胡適對清代學術的歷史意義的解釋與布克哈特對義大利文藝復興的解釋有相近之處。布克哈特所描繪的文藝復興乃是與中古時期截然不同的嶄新文化。也就是說，它是中古與近代的分水嶺。但是一百年來的史學研究卻使我們愈來愈明白，幾乎文藝復興時期的所有文化中的新成分都可以在中古時期找到其淵源。時至今日，史學家甚至需要爭辯文藝復興究竟應該算作中古的結束還是近代的開端。對於清代學術思想史的研究自然不能與西方學者對歐洲文藝復興的研究相提並論。然而至少有充分的理由對清代學術與宋明儒學的關係加以重新考查，不要簡單地作出清代學術與宋明學術毫無關係的結論，但也不應把兩者等同起來。[2]

2　詳見辛華、任菁編：《內在超越之路—余英時新儒學論著輯要》，北京：中國廣播電視出版社，1992年版，第435頁。

錢穆指出，近代學者每分漢宋，其實，不知宋學則不能知漢學，更無以平漢宋之是非。他既反對尊漢貶宋，也反對尊宋貶漢，反對宋學與清學的二元分割論，詳論明季和有清一代學術與宋學的內在聯繫，指出明清之際學術的源頭乃宋學精神。宋學精神就是「道德仁義聖人體用以為政教之本」的精神，其革新政令、創通經義之所寄，則在書院。宋元明三朝六百年學術與書院興衰息息相關，而以東林為殿。而明清之際學者則源於東林。陽明學繼朱子而有變異，東林學繼陽明而有變異。在「無善無惡心之體」、「工夫與本體」、「氣質之性與義理之性」諸問題上，東林諸儒頗欲挽王學末流之弊而有自王返朱之傾向，其氣節操守和避虛歸實、重在實行之實學精神，不僅啟導清初遺老，而且啟導乾嘉樸學。

　　錢穆首先肯定近代學術導源於宋代，並對宋代學術進行回顧。宋學導源於唐代的韓愈，正是韓愈的道統開啟宋代學術。宋代學術興起於胡瑗和孫復而非周敦頤，周敦頤只是理學開山。北宋學術的兩大精神不外是經術和政事，在王安石以前比較重視政事，王安石變法失敗以後比較重視經術。南渡以後，兩宋學術發生轉變，其特點是心性之辨愈精，事功之味愈淡。宋學精神，一是革新政令，一是創通經義，而精神的寄託在書院。革新政治以王安石失敗而告終，創通經義到了朱熹也開始停止。至於書院講學之風到明末的東林學派也開始完結。東林學派也本經義推之政事，這是北宋學術淵源的真正體現。

　　東林學派上承北宋精神，下啟晚明諸遺老，是清代學術的直接來源。講到東林，它與南宋以後的書院有關。南宋以後，書院講學之風盛行，當時所講都淵源於伊洛程氏，別標新義，與漢唐注疏不同。到

了元仁宗時期改尊朱熹《四書章句集注》。明朝承襲元代又編《五經四書》、《性理大全》，然後學者競相爭取功名，書院講學之風日漸衰落。此後書院講學之風又曾興起，其中東林書院影響最大。

錢穆分別考研了東林書院的來歷、東林學派及其講學大體、東林與王陽明、東林與明末遺老、東林與乾嘉考據學之關係等問題。東林學派與東林黨不同，東林學派講學不過一郡之內，東林黨則眾多。東林講學大體包括兩個方面，一方面在於矯正王學末流的弊病，另一方面則在於詳說當時的政治現狀。他們通過關於「無善無噁心之體」，「工夫與本體」和「氣質之性與義理之性」這三辨，批判了王學末流憑藉無善無惡為心體之說倡狂妄行，以及重視本體、蔑棄工夫、貶低氣質、空談義理的錯誤。東林之所以能挽救王學末流之弊，也頗得王學原來的精神。東林源於王學，同時對王學末流的批判也開啟了清儒辨宋明理學的先河。東林學者們對當時政治的批評也對清初諸儒議政產生了重要影響。

康熙和雍正兩朝以後到乾隆和嘉慶年間，清代考證學興起，這與東林就不同了。主要表現在，東林學術起源於山林或民間，講學於書院，堅持在牢獄刀繩之下，可以說是非官方之學，而康、雍、乾、嘉之學則主張於廟堂，鼓吹於鴻博，而播揚於翰林諸學士。錢穆從乾嘉上溯康雍，以及明末諸遺老，又從明末諸遺老上溯東林以及王陽明，再從王陽明上溯朱熹和陸象山以及北宋諸儒，可以看出學術變遷的大概，以及宋明學術與清代學術的關係。從間接看，清代學術淵源於宋代學術；從直接看，清代學術來源於晚明時期的東林學派。而晚明諸遺老是承上啟下的人物。

錢穆在《清儒學案・序》中指出：「有清三百年學術大流，論其精神，仍自沿續宋明理學一派，不當與漢唐經學等量並擬，則昭昭無可疑者。」[3]在這裡，他尤其強調學術發展中的「每轉而益進，途窮而必變」的兩大基本特點，並以此分析後一代學術與前一代學術之間前後相繼、相互促進的縱向關係。如兩漢經學，絕對不是茂棄先秦百家而別創所謂的經學，兩漢經學本身已經包含了先秦諸子百家，才成為經學的新生。宋明理學也不是僅僅包括兩漢隋唐的經學，它本身也相容了魏晉以來流行盛大的佛學，這才有宋代理學的新生，這是所謂的「每轉益進之說」。兩漢博士的章句家法，從鄭玄的囊括大典而後已經走到盡頭。魏晉南北朝的義疏，從唐初諸儒編纂的《五經正義》也走到盡頭。至於理學，到了王陽明已經發展到登峰造極的地步，無旋轉的餘地。到了晚明遺老開始轉變，另闢一個新天地，乾嘉諸儒糾正其失。這是所謂的「途窮當變之候」。

　　「每轉益進」，是繼承。前後代學術無論多麼不同，其中必有內在聯繫，必有前後延續的成分，不能只看到差異和創新，看不到量的積累和質的「一脈相承」、「一以貫之」。「窮途當變」，是變異，是延續性的中斷，是學術思想上的革命。每到一定時候，在內在或外在原因影響下，學術思想史上總有人起來更換學術主題，變革學術方法，開創新途。延續與非延續，「每轉益進」與「途窮當變」也是統一的。錢先生這一思想頗值得進一步發揮。

3　　錢穆：《中國學術思想史論叢》，臺北：東大圖書有限公司，1980年版，第八冊，第366頁。

7.2 晚明・乾嘉・道咸

一、清學兩期概說

　　錢穆把清代二百六十多年的學術思想分為前後兩個不同的歷史時期。從清世祖順治入關到乾嘉時代，為第一個時期。從道光、咸豐開始到清朝滅亡，為第二個時期。

　　前期一百七十多年，正值清政權鼎盛之際，清儒在少數民族政權的嚴厲統治下，在刀繩牢獄相交威脅的困難環境中，雖然有追懷故國之思，而懾於淫威，絕不敢有明目張膽的表示。途窮路絕之餘，不得不沉下心情，切實作反省研尋功夫。而多數學者被迫走上了考據訓詁的消極道路，終生沉溺於故紙堆中。其中少數比較積極的學者，在研究經史義理之餘，自覺或不自覺地透露了他們潛在的民族意識，或迫於良知，以評說當時政治現狀為快，為被壓迫奴役下的平民階層發出正義之聲，對當道的統治政權，隱晦地提出了批評。這些思想家在清代早期開拓了一片新天地，其精神直接可以上溯到晚明諸遺老，間接承襲了宋明儒思想的積極治學傳統。

　　道光、咸豐以後的數十年，則屬於後一個階段。一方面清政府的統治勢力，隨著對外戰爭的連續失敗而日趨衰微，一方面西方近代思想隨著外國殖民勢力的東來而源源不斷地侵入。由於上述兩個因素的影響，晚清儒家思想發生了巨大的變化。首先提倡變法的康有為和梁啟超，以及領導革命的孫中山先生，可以說是這一時期的代表。這是錢穆對清代思想的總體認識。

二、晚明諸遺老之學

錢穆先生概述明清之際思潮曰：「蓋當其時，正值國家顛覆，中原陸沉，斯民塗炭，淪于夷狄，創鉅痛深，莫可控訴。一時魁儒畸士，遺民逸老，抱故國之感，堅長遁之志，心思氣力，無所放泄，乃一注於學問，以寄其守先待後之想。其精神意氣，自與夫乾嘉諸儒，優遊于太平祿食之境者不同也。又況夫宋明以來，相傳六百年理學之空氣，既已日濃日厚，使人呼吸沉浸於其中，而莫能解脫。而既病痛百出，罅漏日甚，正心誠意之辨，無救於國亡種淪之慘。則學者觸目驚心，又將何途之出，以為我安身立命之地，而期康濟斯民之實，此又當時諸儒一切己之問題也。」[4]

首先是晚明諸遺老的學術。錢穆認為，清儒學術直接承襲晚明而來，但未能依照晚明的學術路向發展。在晚明諸遺老心中，藏有兩個大問題，一是宋明儒的心學已經愈走愈向裡，愈逼愈渺茫，結果不得不轉身向外去重新尋求新天地，這是學術上的窮途；另一則是他們身世上的窮途。

晚明不比北宋初期，那時的宋代無事將近百年，社會太平，文物隆盛，他們不甘心再淪溺於道佛方外消沉的圈子裡，一時翻身來講人文大群政治教育，一切積極有意義的事業。他們心中只知道回復三代孔孟，這是全部樂觀的。晚明諸遺老則不同，他們是亡國之餘子遺的黎民，他們心中對中國傳統文化、政治、教育等各方面都想來一個從頭到尾的詳細認識，到底哪些是真正有價值確實可以保存或發揚的？

4　錢穆：《國學概論》，臺灣商務印書館，1970年版，下冊，第61頁。

哪些是要不得的？當前的亡國大禍究竟是由什麼造成的？這些都需要加以思索和研究。因此北宋初期諸儒的心情是高揚的喜劇式的，晚明諸遺老的心態始終是低沉的悲劇式的。北宋初期常見其昂首好古，除要用三代孔孟來代替魏晉、隋唐的道釋方外，他們的心情常常是情感的、宗教的、經學的。晚明諸遺老則處在途窮路絕的時期，重新回頭來仔細審思與考察，他們的心情常常是理智的、社會的、歷史學的。

但是晚明諸遺老的學術路向卻並沒有能進一步向前發展。錢穆分析了出現這種情況的原因，就是清廷的部族政權很快就安定下來，社會有了秩序，民生轉入順境，又加上朝廷高壓與威逼利誘兩者相結合，把一些讀書人拉入政治界，並給他們好處，雖然不斷有極其殘酷的文字獄興起，但晚明諸遺老的悲劇心情最終是逐步消散了。被拉入政治界的學者又不允許認真作政治活動，只要你消極順從，只須你應舉守法，如此則不允許你認真地用理智的頭腦去思考，去辦教育，去講史學。

晚明諸遺老的史學，其實已成為一種變相的理學，也可以說是一種新理學。他們要用史學來救世救人，現在則世已太平，人已安業，大家上奉朝廷法令，應科舉，守官職，一切有清朝皇帝做主，不用操心，操心反而會招惹禍殃。晚明諸遺老一片史學心情到此已經無可寄託，心情變了，學術也隨之發生了變化。但在當時，又沒有一個大氣魄的人物來領導這一學術變化，而且他們內心深處並不是要變，只是外面環境逼得你走委曲路。這有些像魏晉王弼和何晏講儒，阮籍和嵇康講老莊，不得已。由外面誘導擺佈，而非內部激發推動，晚明諸遺老的史學，到了清儒手裡變成了一種專尚考據的經學了。

錢穆從總體上研究清代初期學術基本精神以後，又分別對清初一些有代表性的思想家進行個案研究，分析他們各自的學術淵源、流變，以及對後世的影響，使我們看到清代學術千姿百態的情景。

　　「推極吾心以言博學者」，有黃宗羲（梨洲）。黃宗羲從學於劉蕺山，黃氏所謂「盈天地皆心」之語本於劉蕺山「心在天地萬物之外，不限於一膜」之意，於是重於心體引申出博學的宗旨，以矯正晚明心學空疏褊狹的弊病，而說「只是叩我之心體，窮此心之萬殊」。王陽明說「致良知」尚有側重行事的一面。現在黃宗羲說修德而後可講學，雖然仍是王陽明致良知的宗旨，但已經從行事回歸於學問。從此姚江良知包括了博學精神，這是黃宗羲經劉蕺山對王學的改造。有志於姚江良知之學者對於梨洲這個思想不可不知道。在錢穆看來，黃宗羲把讀書與求心、博學與良知統一了起來。這對矯正王學流弊極有意義。黃氏中年主張本體工夫並重，晚年更重工夫，並著意由內而向外，由同一而向萬殊。其政治、哲學、經史之學都有新意。

　　「辨體用，辨理氣，而求致之於實功實事者」，有陳乾初（確）。陳乾初也是劉蕺山的門人，主張「擴充盡才後見性善」。這已經不是蕺山「慎獨」的宗旨了，而頗像黃梨洲的「心無本體，工夫所至即其本體」之說。錢穆把輕本體而重工夫看作是清初理學的一個特徵。後來戴震攻擊宋明返本復初以為性善之說，淵源於此。乾初又主張氣質是情才，由情才之善而見性善，不可以說因性善而後情才善。以義理為虛，以氣質為實，這又是清初理學的一個特徵。後來顏習齋、戴東原由此進一步發揮，成為批評理學的根據。在錢穆看來，黃宗羲、陳乾初是王學的改造者。

「不偏立宗主，左右採獲以為調和者」，有孫夏峰（奇逢）和李二曲（顒）。李二曲、孫夏峰論學本於王陽明，與黃梨洲屬同路。他們都能博綜切實，推廓良知功能，矯正晚明心學空疏放蕩的弊病。對於前人學說不偏立宗旨，各採所長，相互調和，這是孫夏峰和李二曲的獨特之處。如孫夏峰的門人問他朱王得失，夏峰回答說：「門宗分裂，使人知反而求諸事物之際，晦翁之功也。然晦翁沒而天下之實病不可不泄。詞章繁興，使人知反而求諸心性之中，陽明之功也。然陽明沒而天下之虛病不可不補。」李二曲也有類似的說法。關於陸桴亭（世儀），錢穆認為儘管他不喜歡王陽明，這一點與夏峰、二曲不同，但其為學不偏立宗旨而為調和之說，則是相同的。

「絕口不言心性，而標知恥博文為學的者」，有顧亭林（炎武），主張行己有恥。他與李二曲相同，主張博學於文，他又與黃梨洲相同。但他閉口不談心性，這在當時是獨特的。後來乾嘉學風專走考據學一路，也絕不談心性，這種學風的轉移與顧炎武大有關係。

「黜陽明而複之橫渠、程朱，尊事物德行之實，以糾心知覺之虛妄者」，有王船山（夫之）。錢穆說，船山卓然為大家，理趣甚深，持論甚卓，不但近三百年所未有，即列之宋明諸儒，其博大閎闊，幽微精警，蓋無多讓。船山體用道器之辨，惟器惟用，與日後顏習齋、戴東原的理氣之辨，都是虛實之辨。船山主「觀化」之論，日後焦理堂頗見及此。船山論性，最精之詣，在以日生日新之化言，故不主其初生，而期其日成。黃梨洲謂「心無本體，工夫所至即其本體」，與船山論旨差近，然梨洲發此於晚年，未及深闡，不如船山透明。船山「繼善成性」論，言善先於性，並不言性本不善，故其養性而期

於成也，亦主導而不主抑。船山之「主動」論也頗見精彩，因為他以「日生日成」言性，故不喜言損滅，而喜言變動。顏習齋亦喜言動，然習齋本虛實言之，尚未窺宇宙演化之妙，不如船山之深且大。船山精研老莊，所謂「觀化而漸得其原者」，途轍有似於莊生。船山最尊張橫渠，二人皆精於佛老，能辟佛老以返諸儒。船山之心物合一、身心合一、己物合一、內外合一之論，剴切精微。其治學之精神，所長不僅在於顯真明體，而尤在其理惑與辨用，其推現至隱，闡微至顯，皆能切中流俗病痛，有豁蒙披昧之力。王船山極力推崇橫渠與朱子，但船山思想的精深處，在於能注重人文演進的大進程，並能根據個人心性而推演出人文繁變，由心學轉到史學，這是由宋明重歸先秦的一項重要內容。王船山排擊心學末流空疏放縱的弊病是積極的，這與梨洲、夏峰、二曲等人有所不同。

「並宋明六百年理學而徹底反對之者」，有顏習齋（元）。顏元是清初攻擊程朱理學的最堅決的人。其學包括幾個方面：第一，「明氣質之非惡」；第二，「明靜敬之不可恃」；第三，「明章句誦讀之不足以為學」。顏元最後得出「而要之以理學之無益於國人」的結論。

錢穆在對以上清初諸儒學術路向作出分析之後指出：「而後六百年相傳之理學，乃痛擊無完膚。夫學術猶果實也，成熟則爛而落，而新生之機，亦於是焉茁。清初諸儒，正值宋明理學爛敗之餘，而茁其新生，凡此皆其萌　之可見者也。故梨洲、乾初尚承蕺山之緒，不失王學傳統；夏峰、二曲、桴亭則折衷朱王之間；亭林則深擯理學於不論不議之列；船山則黜明而崇宋；習齋乃並宋而斥之也。然

其於六百年之理學為窮而思變則一也。」[5]

　　錢穆肯定在清初諸儒中最有建樹的是梨洲、亭林、船山和習齋，並對這四人學術特點及其影響闡述了自己的觀點。王船山善言玄理，獨出諸儒，在經史外旁治諸子、佛經，在哲理方面比同時諸家都高深，但在清末以前對後學影響不大。

　　黃梨洲尤其擅長史學。其史學一傳而為萬氏兄弟（萬斯同、萬斯大），再傳而為全祖望，這是所謂的浙東學術。錢穆引章學誠「言性命者必究於史」，認為這句話道出了黃梨洲以後的浙學精神。孟子道性善必稱堯舜，就是這個意思，這與顧亭林「經學即理學」一語不同。乾嘉以後，走入顧亭林的「經學即理學」一路，而浙東精神沒有光大，就是令人惋惜的一件事。

　　顏習齋論學深斥紙墨誦讀之業。然而其弟子李恕谷已不能盡守師說。顏李學派所提倡的雖然是六府（水、火、金、木、土、穀）三事（正德、利用、厚生）三物（六德：知、仁、聖、義、忠、和；六行：孝、友、睦、姻、任、恤；六藝：禮、樂、射、御、書、數）四教（文、行、忠、信），但一言以蔽之在「禮」。顏李之學重視禮字，雖然顏元學術精神在於此，最後完成者是李恕穀。禮貴酌古准今，就必須致力於考核。恕谷至京師與季野（萬斯同）學術相合，萬氏為梨洲史學一傳，於是北方顏李之學與南方浙學結合起來。黃梨洲學術路向寬，談心性方面承續理學的傳統，經世致用方面是史論，這可以矯正明代語錄空疏之病，而以考古為根據的是經學。萬斯同不喜歡談心

5　　錢穆：《國學概論》，臺灣商務印書館，1970年版，下冊，第73頁。

性，喜歡經學。

顧亭林有「經學即理學」的主張。從政治上看，考據學的出現與清代文字獄等政治上的高壓有關。如康熙初年有莊氏明史案，後又有《南山集》案，而雍乾間最多，有查嗣庭、呂留良、胡中藻、王錫侯等案。於是諸儒不敢再治近史，性理之學又不可興起，然後學人心思氣力都主於窮經考禮之途，乾嘉開始漢學復興。從學術上，清初諸儒博綜經世多方之學一轉而為乾嘉窮經考據學，與顧亭林「經學即理學」之語有關，也就是說受著顧亭林學術思想的影響。在以上四人中，顧亭林學術對後世影響最大。考據學創始人之一閻百詩推尊顧亭林。

錢穆認為，黃宗羲學術對後來乾嘉學派影響也很大。如黃梨洲有《易學象數論》六卷，力辨河洛方位圖說之非，為後來胡渭書的先導，有《授書隨筆》為閻氏《尚書古文疏證》先導。黃宗羲對曆算之學也有發明，並在梅文鼎之前。黃氏力矯晚明王學空疏，而主張窮經等，對後學的影響不在顧亭林之下。後人言漢學不提黃氏的影響，全以顧亭林「經學即理學」為截斷眾流，因為顧氏的主張符合漢學的趣味，而梨洲則以經史證性命，多言義理，不限於考據一途，因此不為漢學所推崇。所以，說漢學開山是顧亭林一人之力，終不免失真。

三、乾嘉經史之學

錢穆具體考察了漢學的學術流向，重點是吳之蘇州派和皖之徽州派。蘇州學派成於惠棟，尊古宗漢，反對宋學，是當時的革命派。惠棟繼承先天圖像之辨而談漢易，又因《易》而言明堂陰陽，因此蘇州

學派多談緯術。徽州學派成於戴震。他治學從禮入手。吳學反對宋學轉而陷於尊古，皖學最初旨在闡發宋學，後來開始批評宋學。吳學以革命開始而得承統，皖學以承統開始而達於革命。

戴震之學博大精深，非考據窮經所能限。戴震之學其先尚守宋儒義理，後來發明己見，標新立異，與浙東學派、顏李學派相出入。從前程朱說性即理，把人性與人欲隔絕了，性成為全善的，然而也只是想像的。戴震說欲是性之事，性只是一些欲與傾向。因為有欲，才有覺，覺是求達所欲的一種能。要其欲而公，覺而明，才是仁智，才是善。性不是全善的，但善卻由性中產生。性是自然的，但人的智慧應該在自然中推尋出一個常然來。常然仍在自然之中，仍是自然，並不是在自然之外另有所加，因此到達常然還是一本然。不順自然，不能成為道。不達到必然，不能成為教。自然可以不同，必然則是一致的。這種一致叫做德，這個德本來已經在自然中，因此稱本然。欲與覺的私與蔽可以不同，但終將到達仁與智的境界。仁與智從自然中演化出又不違背自然，所以說是性之德。

戴震用欲來解釋性，自然要說到情。天地間一切人事本原在情與欲，期望在各自之生養與相互間的感通。但達到這一種境界需要人的智與巧，智與巧是能，仍在自然中，只從自然中推出一個必然來。能達到這種自然之極致的只有人，因為人有知，物無知。應該把自然分為兩種，一是物理的自然，一是人文的自然。人是自然之極致，聖人則是人之極致，善是性的極致。人類不能全達到這種自然之極致，原因是人未盡其才。

戴氏思想更大貢獻在於對「理」的分析。理是指自然演進中的一種必然的條理。並非在自然演進之前，先有一個必然存在，也不是另有一個必然處在自然中作為其主宰與樞紐。理不在事外，也不在事前，自然既然可以有物理的與人文的分別，那麼自然之理也可以有物理與情理之分。人生就是一個自然，人生一切主要動機都屬於人之性情與欲望。研究自然的理如何能蔑棄人的情欲於不顧。宋儒把天理人欲過分嚴格劃分，是一大缺陷。就物理的自然言，無器則無道，無氣則理無處依靠；就人文的自然言，無欲即也無理。深一層說，戴震把理的範圍看狹窄了，這種不足也從陸王來，但陸王說心就是理，戴震卻說欲就是理，其流弊會更大。

戴氏認為，情欲是一切人文真理的本原。如果人沒有情欲，那麼根本將無人文之理。但人群中分別理欲也是人文真理。戴震之言不免有些偏激。錢穆認為，戴震反朱熹也是反清廷推尊朱學並將朱學奉為科舉考試的標準的做法。可惜他在當時是一位最受人崇敬的考據學家，那時經學考據學學風正如日方中，而他的這些思想由於背離經學大傳統而不為同時及後人所重視。

在乾嘉考據學時期，自稱承繼陽明良知學傳統，主張以史學精神來代替經學的是章學誠。章學誠指出，道源於人類社會之不得不然，而聖人求道也學於眾人，而知得此不得不然者。時代變，社會變，這種不得不然之道也隨之而變。說道然，言理也然。經學求聖人，求古；史學求人事，求今。這也是思想態度上的一個大爭辯。如果從本原處看，那麼一切學術思想都為救世，都是道的一個方面，都可以相通。如果不從本源處看，那麼同樣是學聖人，同樣是研究經典，仍可

能有漢宋門戶，有道問學與尊德性之辨。章學誠那個時代博古尊經，乾嘉考據學極盛。戴震之所以受推崇也在其考據，而不在其思想。章學誠以史學替代經學的主張，更不能為時代所接受。他的史學也只可說及身而止，依然沒有傳人。

錢穆進一步論述了清代經史之學的特點。錢穆指出，經學本來具有一種宗教的氣味，其中寓著極為濃重的人生理想。但清儒經學則不然，清儒經學其實仍然還是一種史學，只是一種變了質的史學，是在發展路向上得了病的史學。經學在外面是準則的，在內部是信仰的，因此治經學的人一定帶有某種宗教的心情和道德情味，但清儒經學則是批評性的，他們所研究的幾部經籍，只是他們批評的對象。他們並不敢批評經籍本身，卻批評那些經籍的一切版本形式與文字義訓。所謂文字義訓，也只是文字的訓詁注釋，尤其是與人生道義與教訓無關的方面。換言之，是那些離人生較遠的方面。他們研究《尚書》，並不是為的政治楷模；研究《詩經》，並不是為的文學陶冶；研究《春秋》，並不是為的人事褒貶；研究《易經》，並不是為的天道幽玄。他們就像史學家一樣為幾部古書作些校勘與注釋的整理工作。就是說，他們只是經學，而不是儒學。東漢經學還有儒生氣，清儒經學則只有學究氣，而無儒生氣了。他們是不涉及人生的。他們看重《論語》，但似乎並不看重孔子；他們只看重書本，而不看重書本裡所討論的人生。

從史學方面看，清儒在研究經學之外，也研討史學。但他們研究史學也與他們研究經學一樣，他們只研究古代史，而不研究現代史。具體地說，他們只研究到明代為止，對當時清代現實則存而不論。他

們研究歷史的特點，也只是為史書做一些校勘整理工作，而不注意史書裡面所記載的真實而嚴肅的人事問題。在錢穆看來，清代學風，總之是逃避人生。「魏晉南北朝時期之逃避人生是研讀老子釋迦，清代的逃避人生是研究古經籍。」[6]

這僅僅是問題的一個方面。錢穆又認為，清代諸儒當然也不僅僅偏限於經史的考證，也有面向現實人生的方面，這是清代學術的積極方面。他們不自覺地對人生問題有所議論，他們也有一個共同的態度與共同的意見，就是反對用一種說法來衡量一切或裁制一切。具體地說，他們反對思想上的專制，或者說人生理論方面的獨斷。他們積極主張解放，同情被壓迫者。他們的趣味，實質上是反經學的，至少是非經學的。所以說，經學不是清儒自己要走的路。

錢穆以乾嘉考據學的兩位代表人物戴東原與錢竹汀為例，來證明就是在乾嘉時期，學者們也關心人生實際問題。戴氏偏重於經學，錢氏偏重於史學，而這兩個人都抱有一種同情貧民、解放被壓迫者的情調。錢竹汀經、史、小學無不精擅，其學卓絕一時，其書中似乎很少涉及思想史方面的問題，是一個不自覺流露其思想態度的人物。至於戴東原則高言放論，可以說是一位耐不住而披露其思想態度的代表。錢竹汀有《春秋論》，認為《春秋》是一部褒善貶惡的書，但此書的褒善貶惡，只在直書其事，使人的善惡無所隱藏，用不著另用筆法來做褒貶。他又有《大學論》，借《大學》評說政治，他的平恕的政治理論，根本不認為有自上治下的政治。他的論《尚書·洪范》等文，

6　錢穆：《中國學術思想史論叢》，臺北：東大圖書有限公司，1980年版第八冊，第4頁。

都不拘泥於訓詁而在發明義理。聖人與天地參，以天下為一家，中國為一人等，宋儒最為樂道，因此宋儒所唱的是人生的高調。清儒則對人生好唱低調，認為與天地參，以天下為一家只在此心能寬容。這樣的大口氣、大理論，到了清儒手裡便平民化了，做了他們同情弱者的呼聲。

　　戴震則不同，他竟然大聲疾呼，公開表示他的立場。他晚年的《孟子字義疏證》中最大埋論在於分辨理欲。其實他的立場，還是非常平恕，還是同情弱者，為被壓迫階層求解放，還是一種平民化的呼聲。換言之，現在講經學，是社會的，不是宗教的；是學者的，不是教主的。如果再深一層看，清儒這種對傳統權威的反抗精神，其實還似乎有一些痕跡，可見其為沿襲晚明諸遺老而來。但清儒由於自身所處的環境不能從正面向上層統治者發動進攻，使他們的攻擊目標轉移到宋儒身上。他們只埋怨晚明儒學術誤國，現在則責備宋儒理論為上層統治者張目，作護身符。

　　錢穆分析清儒反對宋學的原因。清儒反對宋學，一面因為他們掌握了許多考據、訓詁、校勘的方法，在古籍的整理上可以超過宋儒；另一方面宋明是承接著魏晉南北朝隋唐以來長期的道佛思想瀰漫以後，而刻意要為中國政治教育各方面建立一個正面積極的標準或基礎。而在清代，宋明思想已成了學術界的新傳統，為上層統治階級所利用，因此乾嘉諸儒對當時統治者的敵意，也以攻擊宋明儒為發洩手段。所以晚明諸遺老對宋明的態度尚屬批評的，而乾嘉諸儒則是宋明儒學的全面反動。晚明諸遺老多半是在批評陸象山和王陽明，乾嘉諸儒則排斥程朱。乾嘉諸儒的態度愈偏激，愈說明他們內心波動的不自

然。

　　乾嘉經學考據極盛時期，是清儒內心非常沉悶的時期。他們攻擊程朱，便證明他們心裡不得已，重新要從故紙叢碎中回到人生社會的現實上來。錢穆認為這種趨向也表現為從經學轉向史學。與戴震同時的章學誠就是這方面的代表。章學誠樹起史學大旗來與經學抗衡，這不是學問之間的爭鬥，依然是一種時代精神委曲的流露。章學誠自認為當時經學考據學承襲顧炎武一派並上接程朱，而他自己的史學則是承接黃宗羲一派並上接陸王。章氏的這種看法未必都正確，但就求解放而言，史學應該比經學更有積極意義，就求平恕而言，史學同樣比經學應更平恕。經學未免偏向古代，史學則更多地偏向近世。經學總是要先立一個標準，史學則屬於平鋪，事實本身就是標準，不需有另外的標準。因此在戴震之後有章學誠，也是清儒學風自身應有的趨勢。

　　接著，錢穆對章學誠的史學及其意義作了分析。章學誠史學的要旨在關心人事，尤其是關心當時的人事。所謂經世之學，在乎必須關心當世人的人事。所謂史學關心人事，突出表現在能為複雜變化的人事造出幾條公例，以便當前可以應用。史學雖然力求符合當前人事，但也必須回溯往古，才成其為史學。史學必須能為人事規定準則，這是史學的義理。在史學中見到義理說明史學可以經世。孟子道性善，言必稱堯舜，言必稱堯舜這是史學，而主張性善，則由歷史創造出公例，這是義理。發明性善之義理，這就是經世的大法。陸象山和王陽明心學不足之處在於過分重視當前而忽略古代。

章學誠自稱浙東史學淵源於陸象山和王陽明。章學誠在當時僅僅注意教人由博古轉入通今，由空言義理轉到切近人事，只可當作提出史學宗旨的一番導言，卻並沒有深入史學裡層。章學誠說「六經皆史，皆三代先王的政典」，這不錯，但如此言之，勢必變成遵守當世（時王）制度為貴。其實清儒學風，有其內在的精神，正在誦頌先聖遺言，不管當世（時王）制度。這一點是清代學術的主要精神所在，這一精神正淵源於晚明諸遺老。

因此戴東原和錢竹汀，雖然好像消極逃避人事，其真正來源接近晚明諸儒，還是認真於人事，還有一種倔強的反抗意味。章學誠教人切人事，而歸於推尊時王，這在清儒學風中變成反動，絕不是正流，也可以說是倒退，不是前進。章學誠雖然有心矯挽當時經學家逃避人生的不當，而他所提倡的，未足與之代興。只有明白這一點，才可能認識道光和咸豐以後的新經學——所謂公羊學派與今文學派的真意義。

四、道咸公羊學派與近世西學東漸

錢穆在對清初諸儒到乾嘉諸儒這一前期清代學術的特點及其得失、利弊進行詳細論述後，進一步對道光、咸豐時期清代幾十年學術進行了研究。

錢穆指出，道光、咸豐時期，清代部族政權的淫威已漸漸崩潰，學者開始從逃避人事轉回到關心人事。但他們自然不甘心服從這種部族制度。那時新史學尚未建立，而經學積業依然很強盛，因此道光、咸豐時代的清儒不免仍要借助於經學的權威來指導當前的人事。這種

趨向與乾嘉時期恰好相反。乾嘉諸儒只求解放，道咸諸儒則求樹立。他們想借助經學的權威來裁判一切，這是乾嘉諸儒內心所不取的，而且也是他們所反對的。但道咸諸儒終於走上了這條路。道咸諸儒要憑藉經學的權威來指導當前，就是要用先聖遺言來壓抑時王制度。這一要求逼得清儒對經學的興趣集中到《春秋》，尤其是公羊家，因為他們有非常奇異之論，有微言大義，可資借題發揮，有改制變法等明白主張，有對人事褒貶的大條例。本來這些都應該向史學中耐心尋求，晚明遺老曾有過這種意向，可惜中途夭折，發展為乾嘉經學，退避到古經典的研究上面去，並沒有能發揮其作用。現代則即以古典為堡壘，對當時的政治制度發起攻擊，因此晚清公羊今文學派外貌非常保守，而內心卻十分激進，不從深處研究就不能了解這種學術思想的淵源。

公羊學派始於常州，常州之學始於武進莊存與（方耕），其學不顯於當世，而頗為後之學者所稱許。阮元序其書，謂其「於六經皆能闡抉奧旨，不專為漢宋箋注之學，而獨得先聖微言大義於語言文字之外」。常州之學起於莊氏，立於劉逢祿（申受）、宋翔鳳（於庭）而變於龔自珍（定庵）、魏源（默深）。常州學的精神，趨於輕古經而重時政，龔魏則為其典型代表。

錢穆指出，乾嘉詆宋儒，魏源詆乾嘉，由此可見世風之驟變。魏源等「感切時變，有志經濟，而晚節仍以辨漢儒經學今古文名家。則甚矣時風世業之難回，苟非大力斡旋氣運，足以驅一世而轉趨，則仍必隨逐因循至於途窮而後已也。晚清今文一派，大抵菲薄考據，而仍以考據成業。然心已粗，氣已浮，猶不如一心尊尚考據者所得猶較

踏實。其先特為考據之反動，其終匯於考據之頹流，魏龔皆其著例也。」[7]龔自珍實承章實齋「六經皆史」之精神，其學業意趣，乃亦一反當時經學家媚古之習，而留情於當代之治教，於是盱衡世局而首倡變法之論。漢學重在實事求是，公羊家重在捨名物訓詁而追求微言大義，這顯然已失去漢學精神。

朱九江（次琦）、康有為師弟力反乾嘉以來考據之學而別求闢一新徑。康氏經學凡數變，初主今古中分，既則尊今抑古。其《新學偽經考》、《孔子改制考》出，清儒古訓古禮師傳家法的研求，已完全轉向創法立制論政經世的道路上去。他的《大同書》提出了未來大同社會的理想。梁啟超將它概括為以下幾個方面：（一）無國家，全世界設置一個總政府，分若干區域。（二）總政府及區政府皆由民選。（三）無家族，男女同棲，不得逾一年，屆期須易人。（四）婦女有身者入胎教院，兒童出胎者入育嬰院。（五）兒童按年入蒙養院及各級學校。（六）成年後由政府指派分農工等生產事業。（七）病則入養病院，老則入養老院。（八）胎教、育嬰、蒙養、養病、養老諸院，為各區最高之設備，入者得最高之享樂。（九）成年男女，例須以若干年服役於此諸院。若今世之兵役。（十）設公共宿舍、公共食堂，有等差。各以其勞作所入自由享用。（十一）警惰為最嚴的刑罰。（十二）學術上有新發明者，及在胎教等五院有特別勞績的得殊獎。（十三）死則火葬。火葬場比鄰為肥料工廠。

錢穆認為，大同的思想與世界主義、社會主義有近似之處。他還

7　錢穆：《中國近三百年學術史》，北京：中華書局，下冊，1986年版，第532頁。

進一步分析康氏公羊學出現的原因是內憂外患的產物。清代發展到咸豐、同治兩朝，從國內看，兵荒馬亂，文獻蕩盡，學者失去振興學業的條件。從國外看，鴉片戰爭以後，海禁既開，西學東漸，使得一些志士仁人經世致用之念又起，窮經考古解絕不了當時內外危機。所以康氏以宣導變法維新、托古改制，需要今文公羊學為理論基礎，於是今文公羊學興起，乾嘉樸學隨之亦終絕。

　　清代從道光、咸豐以後，滿人政治開始走向崩潰，思想界又出現生機。但那時已是西學東漸。鴉片戰爭以後，繼以太平天國運動，中國陷入一個長期的外來壓迫與內部的騷動。在分析這個長時期中思想新生遲遲未來的原因時，錢穆認為，在思想史上，某一個時期的思想到達了高潮，其後必然要繼續一段停滯與醞釀的時期，從而轉變，然後接著是第二個新思想時代的來臨。他認為中國思想史上稱得上最高潮的共有三次。最先一次是先秦諸子，兩漢處在停滯、醞釀轉變中。第二次是佛學傳入，直到隋唐時期達到最高潮。晚唐五代、北宋前期又處於停滯、醞釀轉變之中。宋明理學可以說是第三次高潮。晚明諸遺老，正如先秦末期的荀子、韓非，以及《易傳》、《中庸》、《大學》、《禮運》等一輩作者，又如佛學的禪宗、華嚴宗，表示這一高潮的極盛而衰。清代又是一個停滯、醞釀轉變時期。就以往過程而論，這個時期也不應該太長。這裡，他肯定了學術思想發展中的間歇期的存在。

　　錢穆在研究道光、咸豐以後西學傳入中國的情況時，注意到西方傳入與佛學東來的不同之處，並作了較詳細的分析。概括地說有以下幾點：

（一）佛學是純宗教的，專偏出世，不牽涉政治社會一切現實問題。因此南北朝隋唐時期，一面是佛學思想廣泛傳播，一面在政治社會一切現實措施方面卻大體因襲兩漢舊規模，不致有根本上的改變。近代西方思想，關於宗教教理方面在中國始終未發生深刻的影響，而涉及政治社會現實人生的種種理論與措施，則尤為近代中國人所注意。西方的這種種理論與措施的背後，或者說源頭處，另有一種更深遠更內在的歷史文化的整個精神作背景。在我們沒有了解、把握到西方這種歷史文化的整體精神之前，僅從其浮顯的外層或流漫到表面的種種現實問題上來作枝節之認識與模仿，則往往知其一不知其二，而匆忙硬插進中國思想的原有體系中來，更容易引起波折，增添混亂。

（二）佛教傳入時交通艱難，經典傳播與翻譯不容易，其流入速度遲緩。使中國得以慢慢咀嚼，逐步消化。近代西學東來，如洪流洶湧而至。性質既複雜，容量又大，而且流速又猛，於是使中國思想界產生一種生吞活剝、食而不化的病象。

（三）佛教東來，大體是彼來而此受。當時中國高僧大部分在國內已有一番教育的根基與文化的修養。自己先有準備，再求兼通。因此雙方異同有比較、有會通。近代吸收西化，大體是我往而彼教。出國留學的多為青年，對本國傳統歷史文化，沒有真實基礎，學成歸國，變成知彼而不知己，導致新舊衝突。用西方立場來看待中國，不易了解中國自己的真相。而把對東方一無了解的人驟然送進西方，等於赤手入鬧市，沒有資貨，無從仔細挑選鑑別，也只有隨手撿拾一些零碎不相干的新東西而已。

（四）以前中印交流，是純思想純理論的，又帶有一種宗教情緒。因此當時中國高僧們都帶有一種個人犧牲的求真精神。近代中西交流，夾雜進商業與軍事。而西方是一種帝國主義的殖民侵略，中國是力求富強，救危圖存。最先動機本不在文化與真理上，種種流弊，由此漫衍。

（五）晚漢之季，中國思想界由儒家轉為道家，走向消極，佛學在這種條件下傳入，非常適合。而且正因為態度是消極的，大家都想從實際人生圈子中退出來，去尋求另一種真理。這種態度，在消極方面可以消解當時實際人生中的許多糾結與矛盾，在積極方面卻給予當時人精神上另一種興奮與寄託。如是則消極變為積極。晚清道光、咸豐以來，清政權高壓開始崩潰，中國思想界開始想從經典考據轉入積極，重新注意實際人生政治社會各方面。而這時西方思想也開始傳入，似乎也應該相適合。但消極出世，只具有一個態度就行了；積極入世，應該在知識、理論上有更充分的準備。而道光、咸豐以來的思想界準備不足，根本沒有一個堅固確定的立腳點，急劇感到西方那種精神的瀰漫。實幹的意向超過了研究與探尋，破壞的情緒超過了建設。事實上發生了種種阻礙與衝突，反而由此激起思想上的悲觀，而轉向極端與過激，於是正面向外的接受反而減少，反面向內的攻擊反而增多。這一百年來的思想界，並沒有從外面引進一些新鮮的東西，卻永遠在內部不斷地破壞了一切舊的。這種激進主義，的確有很多毛病。

（六）佛教教理也有種種派別、種種態度，但其派別中的共同點比較容易認取。其轉變過程也不甚急劇。近代西方文化本身則在五花

八門、派別分歧中突飛猛進，急劇變動。尤其是最近五十年，形成一個大分裂、大震盪的局面，不容易把握其中的精神。中國人在沒有主觀態度的情況下一意追隨，導致入主出奴、望塵莫及的景象。

錢穆關於西學東來的分析說明，吸收外面另一個傳統的新文化來改造自己，不是一件容易的事。中國以往思想界，對人文真理的探索確實存在著不足。近代中國人初與西方接觸，只肯承認他們的船堅炮利、國富兵強。當時的普遍意見，都主張中學為體，西學為用。可惜當時不知中體，對自己認識不足，在空洞無把握的心理狀態下，如何運用得好人家的文化成果呢？結果逐步誤入歧途，由造船造炮轉變為變法維新，又轉變為一連串的破壞與革命。最先是政治鬥爭，繼之而起的是文化革命，又繼之的是社會革命。模仿別人不見效，總認為是自己本身在作梗，於是開始不斷地把自己斷喪，斷喪得愈深，模仿得愈低能，斷喪與模仿形成了一個惡性循環。這可以說是中國近代的最大悲劇，要想使這個悲劇不再重演，不僅在於振興經濟，而且也要重視傳統文化的建設，使國民對傳統文化抱有一種溫情與敬意。只有對傳統文化抱持深厚的愛和理解，才能更好地吸收別人先進的文化，使之與自己先進的文化結合起來。

7.3　汲舊傳之餘波　興未有之新瀾

在研究和分析清代前期思想以後，錢穆進一步研究清末民初學術思想。可以說，清末民初思想是承接乾隆、嘉慶、道光、咸豐時期的考據學和西學東漸而來的。他對這一時期學術思想的研究是圍繞著

經、史、子、集之學與東西方文化比較兩個方面展開的。他對當時學術發展所持的態度和方法是建設性的和批判式的。他指出：最近時的學術思潮「不越兩途：一則汲舊傳之餘波，一則興未有之新瀾。……言其承接舊傳之部，則有諸子學之發明、龜甲文之考釋，與古史之懷疑。三者，蓋皆承清儒窮經考古之遺，而稍變其面目者也」。[8]

一、發明諸子與疑古辨偽

首先是關於諸子學的勃興。清儒功在對古學進行校勘，古書多錯誤，清儒通過校勘使古書能讀，也使校勘成為一門學問。後來校勘不僅運用在經書上，也運用在子書上，引起諸子與經書方法上的爭論。章太炎認為，治諸子的方法與治經的方法不同，胡適則認為經與子同為古書，治經治子方法只有一個，就是用校勘學和訓詁學的方法。章太炎認為，校勘訓詁是治經治諸子最初門徑。經書多陳事實，諸子多明義理。在校勘訓詁方法基礎上，研究經和諸子的方法就不同了。錢穆通過對宋代朱子《集注》與清代劉寶楠《論語正義》進行比較，指出，朱子《集注》多從義理上說，劉寶楠《正義》專從校勘上說，儘管校勘訓詁能發現朱注的錯誤，但遇到義理之處，朱注則勝過劉氏《正義》。錢氏以此來證明章太炎意見正確。

胡適《中國哲學史大綱》（卷上）認為，校勘、訓詁這兩層雖然重要，但是作為哲學史還須有第三層整理的方法，即貫通。貫通就是把每一部書的內容要旨融會貫通，找出一個脈絡條理。宋儒注重貫通，漢學家注重校勘、訓詁。宋儒不明校勘、訓詁之學，因此流於空

8　錢穆：《國學概論》，下冊，第136頁。

疏臆說，漢學家多不願意做貫通的工夫，因此流於支離碎瑣。到了孫詒讓的《墨子閒詁》，可以說完備了，但始終不能貫通全書而論述墨學的大旨。到了章太炎才在校勘、訓詁的諸子學外，增加了一種有條理、有系統的諸子學。錢穆認為，胡適此論與章太炎說法一致。可以看出，治諸子不能僅限於校勘訓詁。至於說到漢學家不能貫通是不對的，漢學家訓詁名物度數禮制，都在於能貫通。漢學家不是不能貫通，而是不能言學術思想。這也說明經學與諸子不同。

錢先生也肯定用佛學或西學理論闡發諸子學的意義。其首創者是章太炎，他對墨子、莊子、荀子和韓非等都有創見。在這方面胡適更為激進。尤其是他的《中國哲學史大綱》（卷上）用西方新史學的方法來研究國故，對當時學術影響非常大。錢穆同時指出，用西學方法研究中學也有不足。其一，胡適論先秦學術起源，根據《詩經》，分別說出五種人生觀。任何時期都有五種觀念。這五種觀念不能說明一個時代學術思想的真正根源。其二，敘述老子到韓非三百年社會政治一切組織變化都影響學術。而胡適書中在老子前敘述時代背景，以後各家順列而下，沒有再敘述各家背景，也不見各家思想遞變的原因。其三，同時代各家學術，雖然有不同之處，但也有共同一致的精神，以區別於另一時代的學風。胡適書中雖然對各家有一番剖析，但對各家共同點未能會通，因此也不能認清這一時代的學術與前時代學術的不同。其四，胡適其書考證方面有許多不足。

在比較梁啟超與胡適兩人的諸子學研究時，錢穆指出他們各有所長。梁啟超談諸子在胡適前，成其系統著作在胡適後。胡適有《中國哲學史大綱》（卷上），梁啟超有《先秦政治思想史》。胡適有《墨辨

新詁》，梁氏有《墨經校釋》、《墨子學案》。梁氏《先秦政治思想史》敘述時代背景比胡適書精密詳備，《墨經校釋》也時有創解，但指陳途徑、開闢新的途徑方面，較胡適書遜色。由於梁氏和胡氏的努力，子學風靡一時。

其次是關於龜甲文的考釋和疑古辨偽之風。甲骨文字發現於河南安陽縣城西北五裡的小屯中，位於《史記‧項羽本紀》所謂洹水南殷墟上。後經羅振玉、王國維諸先生等考釋，龜甲骨文之學於是居於《說文》之上。漢代許慎所說的是周朝的古文，不是殷商的古文。生在許氏一千八百年之後，能見許氏未見之書，是非常值得快意的事。章太炎不信龜甲文，錢玄同等又疑許氏《說文》皆偽造，皆非定論。

錢穆對以甲骨文及考古禮古史的成果表示肯定。他引用梁啟超的話回顧近代辨偽之風的起源及過程，並認為當時的古史辨學派是這一學風的繼續。梁啟超說：辨偽的風氣，清初很盛，清末也很盛，乾嘉時期這項工作做得較少。清初疑古的應推姚立方（際恒）。他作有《尚書通論》，辨偽古文；有《禮經通論》，辨《周禮》和《禮記》的一部分；有《詩經通論》，辨毛序。除姚立方外，還有閻百詩（若璩）的《古文尚書疏證》等。清末有康有為的《新學偽經考》，王國維的《今本竹書紀年疏證》等。又如崔東璧的《考信錄》，對於先秦的書，除《詩》、《書》、《易》、《論語》外，幾乎都懷疑。梁啟超說：綜觀二百年學術史，其影響及於全思想界的，一言以蔽之「以復古為解放」。第一步復宋之古，對於王學而得解放。第二步復漢唐之古，對於程朱而得解放。第三步復西漢之古，對於許鄭而得解放。第四步復先秦之古，對一切傳注而得解放。錢穆並不完全贊同梁氏的這些觀

點，並就此加以發揮：復先秦之古，猶未已也。繼此而往，則將窮源拔本，復商周之古，更上而復皇古之古，則一切崇古之見，都得其解放，而學術思想，才有新生機。古史辨一派實質上是接續諸儒「以復古為解放」精神，並進一步發展。

胡適的《中國哲學史大綱》（卷上），東周以上存而不論，其弟子顧頡剛把這一思想系統化了。顧頡剛自己想做一篇層累地造成的中國古史。第一說明時代愈後，傳說的古史期愈長。第二說明時代愈後，傳說中的中心人物愈放愈大。第三說明在這點上，即不能知道某一件事的真確情況，但可以知道某一件事在傳說中最早的狀況。胡適稱這叫「剝皮主義」。錢穆評論道：胡適和顧頡剛等人，雖然建立未遑，而破棄陳說，駁斥舊傳，確有見地。然而，他們破壞有餘，建立不足。

在談及諸子學的發明、龜甲文的考釋、古史的懷疑這三種思潮的淵源時，錢穆指出：「此三者，皆已自清儒開其端，而稍變其途徑以益進焉者也。」[9]

二、關於文化問題的大論戰

錢穆指出，最近學術思想不同於清代，主要是關於文化問題的討論。在這方面他依次分析和評述了新文化運動、東西文化論戰、美國的人文主義和科學與人生觀之爭等重大理論問題。

關於新文化運動。新文化運動開始於胡適和陳獨秀，其特點：

9　錢穆：《國學概論》，下冊，第150頁。

（一）以文學革命為旗幟，文學革命的外面，雖然是白話文與文言文之爭，但真正意義所在，是文學觀念的不同，進一步說，是一種人生意義的爭論。（二）以社會道德一般的改進為目的。陳獨秀等人對孔子及舊社會舊道德舊思想進行全面攻擊。（三）以西洋的科學與民主為趨向的標準，以德謨克拉西（民主）和賽因斯（科學）兩位先生取代孔教、禮法、貞節、舊倫理、舊政治。（四）以實驗主義的態度為下手的方法。胡適自述實驗主義方法是新文化運動背後的哲學根據。從嚴復開始介紹西方思想以來，能為有主張的介紹，並對國人有切實影響的只有杜威—胡適的實驗主義。新文化運動中，有功於社會在於能明了實驗主義而不背離它，至於新文化運動中一切流弊正在於不了解實驗主義的真精神與方法。到了「五四」學生運動，新文化運動達到高潮。以後由於一些青年誤解新文化運動的意義，而轉趨於墮落放縱的生活。而新文化運動自身也由改進社會文化思想方面轉移到政治方面。於是青年中的激進者，相繼加入政治革命的實際活動中去，而相率流於過激。其退後轉入文藝方面，而相率流於浪漫頹廢。

　　錢先生認為，新文化運動中對傳統文化的偏激，以及第一次世界大戰的消極影響，在如何理解東西方文化關係上引起了爭論。最先發表有力議論的是梁啟超，他發表了《歐遊心影錄》。其中的「科學萬能之夢」、「思想之矛盾與悲觀」、「新文明再造之前途」、「中國人對於世界文明之大責任」各節，都說到西洋物質文明之流弊及東方文化不可全部拋棄。梁氏在歐洲會見大哲學家蒲陀羅（Boutreu，柏格森之師）。他告訴梁說：一個國家最重要的是把本國文化發揚光大，要保住他，而且叫他發生功用，因為他總有他的特質，把他的特

質和他人的特質化合，自然會產生出第三種更好的特質來。中國著實可愛可敬，我們祖先裹塊鹿皮拿把石刀在野林裡打獵時，你們已經不知出了幾多哲人。中國哲學精深博大，中國人不要失掉這份家當。梁氏說，國中那些老輩故步自封，說什麼西學都是中國所有，誠然可笑，但那沉醉西風的，把中國什麼東西都談得一錢不值，好像我們幾千年來，就像土蠻部落，一無所有，豈不更可笑嗎？錢穆認為這兩段話是梁啟超立說的由來。

另一位是梁漱溟，他在北大講《東西文化及其哲學》，不能不受梁啟超《歐遊心影錄》的影響。梁漱溟認為，「西化輸入多少年，都沒人主張孔化的應廢。到陳君獨秀才大聲地說道，倘吾人以中國之法，孔子之道，足以組織吾之國家支配吾之社會，使適合於今日世界之存在，則幾十餘年來之變法、維新、流血革命、設國會、改法律及一切新政治、新教育，無一非多事，悉應廢罷。萬一欲建設新國家、新社會，則於此新國家新社會不可相容之孔教，不可不有徹底之覺悟、勇猛之決心。否則不塞不流，不止不行」。梁氏自稱1917年10月初到北大那一天，就抱著誓為孔子釋迦打抱不平而來。梁漱溟又說：「西洋人無從尋得孔子，是不必論的。乃至今天的中國，西學有人提倡，佛學有人提倡，只有談到孔子，羞澀不能出口。若非我出頭提倡，可有哪個出頭！」

錢穆認為，由此可知梁漱溟立說的由來。梁漱溟的書受陳獨秀影響太深，因此認為那些人隨便主張東西文化的調和融通，那種糊塗疲緩不真切的態度，全然不對。他認為此問題的真際，在東方文化是要被連根拔去，還是可以翻身成為一種世界文化？如果不能成為世界文

化，則根本不能存在。如果仍可以存在，當然不能僅使用於中國，而須成為世界文化。梁漱溟又說：「我們現在應持的態度，第一，要排斥印度的態度，絲毫不能容留。第二，對於西方是全盤承受，而根本改過，就是對其態度要改一改。第三，批評地把中國原來態度重新拿出來。」錢穆認為，梁漱溟既不說東西文化的調和，因為恐遭陳獨秀派大聲的笑罵，又不肯忍氣吞聲，立定主意要為孔子、佛學打抱不平，到底把自己研究的印度文化盡情排斥，以表示他態度的公平。對於西方文明，只得說一句全盤承受，而又要根本改過，不知根本改過，即非全盤承受；全盤承受，即不能根本改過。這句話相互矛盾。又說批評地把中國態度拿出來。他說的批評，仍是敷衍陳獨秀一派的議論。把中國文化批評地提出，把西方文化承受地改過，到底還只是一個調和融通，那種糊塗疲緩不真切，既不足以推翻陳獨秀派的主張，也不能使陳獨秀心服。尚不如梁啟超灰色的調和論可以自圓其說。這是梁漱溟此書的缺點。

梁啟超認為，科學精神的有無，只能用來橫斷新舊文化，不能用來縱斷東西文化。如果說歐美人是天生成科學的國民，中國人是天生成非科學的國民，我們可絕對不能承認。近代科學慢慢發展起來，不過最近一百年內的事。一百年的先進後進，在歷史上算不得什麼，只要不諱疾忌醫，中國文化會添入這有力的新成分再放異彩。錢穆認為，梁啟超這種看法與梁漱溟所主中國文化與西方文化根本不同之說相異。梁漱溟主張假使西方文化不同我們接觸，中國是完全閉關，與外不通風的，就是再走三百年、五百年、一千年，也斷不會有西方的那套文化，換言之，中國人與西方人走的不是一條道。錢穆認為這種

說法受陳獨秀獨斷論影響，缺乏細密的證據。

關於學衡派、《學衡》雜誌與美國人文主義。《學衡》雜誌是南京東南大學吳宓、梅光迪等人創辦的刊物。此二人與湯用彤號稱「哈佛三傑」，受美國哲學家白璧德人文主義影響。白璧德人文主義對歐洲傳統的功利主義、實證主義持批判態度。《學衡》諸人所提倡介紹的人文主義與二梁的觀點相桴鼓，都是對近世思想加以勸誡。所不同在於，學衡派是直接以西方思想來矯正西方思想，即以人文主義矯正極端功利主義和實證主義。

關於科學與人生觀之論戰。張君勱、丁文江科學與玄學之爭發生在1923年。張君勱在清華發表人生觀演講，認為科學無論怎麼發達也解絕不了人生觀問題。丁文江在《努力週報》發表《玄學與科學》一文進行非難，引發爭論。《胡適文存》二集《〈科學與人生觀〉序》說：「假如當日我們用了梁啟超的《科學萬能之夢》一篇作討論的基礎，定可以使這次論爭的旗幟格外鮮明，至少可以免去許多無謂的紛爭。」胡適又說，張君勱的要點是人生觀問題的解決，絕非科學所能為力。我們應該先說明科學應用到人生觀問題上去，會產生什麼樣的人生觀。我們應該先敘述科學的人生觀是什麼，然後討論這種人生觀是否可以成立，是否可以解決人生觀的問題，是否像梁先生說的那樣貽禍歐洲流毒人類。

吳稚暉的《一個新信仰的宇宙觀及人生觀》，對新人生觀作總結。錢穆對其進行了概括：（一）根據天文學和物理學的知識，叫人知道空間的無窮之大。（二）根據地質學及古生物學的知識，叫人知

道時間的無窮之長。（三）根據一切科學，叫人知道宇宙及其中萬物的運行變遷，皆是自然的，自己如此的，正用不著超自然的主宰或造物者。（四）根據生物的科學知識，叫人知道生物界的生存競爭的浪費與慘酷，因此叫人更可以明白那有好生之德的主宰的假設是不能成立的。（五）根據生物學的科學及人類學、人種學、社會學的知識，叫人知道生物及人類社會演變的歷史和演進的原因。（六）根據生物的及心理的科學，叫人知道一切心理的現象都是有因的。（七）根據生物學及社會學的知識，叫人知道道德禮教是變遷的，而變遷的原因，都是可以用科學方法尋求出來的。（八）根據新的物理化學的知識，叫人知道物質不是死的，是活的，不是靜的，是動的。（九）根據生物學及社會學的知識，叫人知道個人小我是要死滅的，而人類大我是不死的，不朽的；叫人知道為同種萬世而生活，就是宗教，就是最高的宗教。而那些替個人謀死後的天堂淨土的宗教，是自私自利的宗教。

在追述這場爭論的過程以及概括人生觀特點後，錢穆先生揭示這場爭論的實質在於，一方面反對用科學的武器包辦宇宙，包辦人類；一方面又主張用科學的人生觀來做人類人生觀的最低限度的一致。此所謂最低限度的一致，且有根據，未易推倒。主張科學的人生觀也未嘗說可以使人類的人生觀，可統一於絕無異態的一致之下。兩方之爭也無重大意義。這只是東西方文化之爭的餘波而已。

錢穆非常推崇孫中山先生的《孫文學說》和《三民主義》。錢穆指出，孫中山先生的思想貢獻是：第一，他能融會舊傳統，開創新局面；第二，他對西方思想不僅能接受，還能批評，能在自己的思想系

統裡來接受、來批評；第三，他的思想態度能承續近代中國思想所必然發展的客觀路向。從晚明以後，思想界早有由宋明返回先秦的趨勢。宋明思想比較偏於個人內心的格物、致知、誠意、正心，而忽略了人類共同大業的修身、齊家、治國、平天下，又總不免夾雜進許多關於佛老的虛與靜的想像。晚明諸老，才開始竭力要挽回到動與實，挽回到修、齊、治、平的大共業上來。這一傾向為清政府的高壓政權所摧殘。直到中山先生才開始重新上路，同時又匯進了世界新潮流，形成了他博大的思想系統。

就中國思想的舊傳統而言，是修、齊、治、平的大理論。孫中山三民主義體系也是根據這一理論，並在新的歷史條件下向前發展的。孫中山在提出三民主義以前，已經有一套哲學根據，就是他主張的知難行易論。孫先生的知行學說是對中國傳統知行學說，包括朱熹、王陽明的知行學說的總結。中國思想中的傳統特徵，也即人文精神。人文精神是專從人類歷史文化進展以及人類社會的日常人生大群共同事業出發，而依然也以此為歸宿的。因此中山思想不像西方宗教家、哲學家或科學家有偏頗或專注，而博大宏闊，又平易淺近，代表中國思想家的本色。錢穆還多次論述中山先生所創立的「五權憲法」和「五院制度」，尤其是考試制度、監察制度，充分體現了中國傳統精神。總之，在錢穆眼裡，孫中山在不失中國文化大統的前提下，吸取西方先進經驗，使中、西方熔為一爐。

錢穆總結當時及歷史的學術思想流變時指出：

凡一時代學術思潮之變遷，其作始也簡，其將畢也巨。從其後而

論之，莫不有其遞嬗轉移之跡，與夫盛衰興替之所以然。

則此十七年（引者按：指民國建立後十七年）之學術思想，有可以一言盡者曰：「出於救國保種是已」。故救國保種者，十七年學術思想之出發點，亦即十七年學術思想之歸宿處也。而言夫其所爭，則多有所不必爭者。而所以起爭之端，則不出兩病：一曰好為概括的斷制。見一事之敝，一習之陋，則曰吾四萬萬國民之根性然也；一制之壞，一說之誤，則曰吾二千年民族思想之積壘然也。而不悟其受病所在，特在局部，在一時，不能若是其籠統以為說也。一曰好為傳統之爭。言救國則曰當若是不當若彼，言治學則曰當若是不當若彼，惟求打歸一路，惟我是尊，不悟此特自古學者道統成見之遺毒。學固不患夫多門，而保種救國之道，亦不盡於一途也。捨其所以為爭者而觀之，則今日學問界所共趨而齊赴者，亦可以一言盡之，夫亦曰吾民族以前之回顧與認識者為何如，與夫吾民族此後所希望與努力者將何如而已。嘗試論之：皇古以還，吾民族文化真相，今猶無得而詳矣。要之成周以降，則中國古代文化學術一結集綜整之期也。如風之鬱而動，如食之積而消。先秦之際，諸子爭興，是為學術之始變。秦人一炬，古籍皆燼，至於漢室，國力既盈，又得為結集綜整之事。至晚漢三國兩晉以往，則又學術之一變也。隋唐盛世，上媲周漢，則又為一結集綜整之期。至於十國擾攘，宋人積弱，迄於元明，則又學術之一變也。滿清入主，康、雍、乾、嘉之際，又一結集綜整之期。至於今世變日亟，國難方殷，則又學術將變之候也。而其為變之兆，有已得而見者。余嘗論先秦諸子為「階級之覺醒」，魏晉清談為「個人之發現」，宋明理學為「大我之尋證」，則自此以往，學術思想之所趨，夫亦曰「民族精神之發揚，與物質科學之認識」是已。此二者，

蓋非背道而馳，不可並進之說也。至於融通會合，發揮光大，以蔚成一時代之學風，則正有俟乎今後之努力耳。夫古人往矣，其是非得失之跡，與夫可鏡可鑒之資，則昭然具在。後生可畏，來者難誣，繼自今發皇蹈厲，撥荊棘，開康莊，釋回增美，以躋吾民族於無疆之休，正吾曆古先民靈爽之所托憑也。學術不熄，則民族不亡。凡我華胄，尚其勉旃！[10]

　　錢先生的回顧與前瞻是非常卓越的！正因為他有著偉大的歷史感，所以不僅能正確指出學術思潮變遷之所以然與當時的病痛，而且能借鑑歷史，指示未來。

　　錢先生批評上世紀前30年間，出於救國保種的願望而形成的激進派思潮的武斷和片面，指出他們對民族傳統和國民性的「概括的斷制」，全面的攻擊，缺乏客觀研究的基礎，傷害了民族之根。新文化運動人物的「唯我獨尊」，實際上因襲了他們所批判的古學獨斷論的遺風，排斥多樣，看不到保種救國之道不盡於一途，歪曲了民族文化的真相。在中西文化衝突面前，學術到了途窮必變的時候。這種變化的總趨勢，錢先生預測為物質科學與民族精神的並進。這一並進之路，難道不正是我們民族文化再生的正途麼？錢先生寄望於後人，思切切，情殷殷。吾輩當努力，以不負錢先生的教誨。

10　錢穆：《國學概論》，下冊，第136頁，第187—189頁。

第八章

心靈生活 文化人生

人生問題有兩個方面，一方面屬於自然人生，一方面屬於文化人生。前者可以說是解決身的問題，後者則是解決心的問題。人之所以區別於禽獸，在於人類除了飽暖生育以外，還有一個更複雜的文化要求。如果只注意從經濟生活、政治生活來解決人生問題，便無異以獸待人，將永遠也不能解決人生問題。錢穆的人生觀專從文化角度談人生，追求一種精神上的、心靈上的高境界的文化人生，使心生命與文化生命結合起來。

8.1　三種人生觀與三種人死觀

一、人生嚮往

錢穆在他的《人生十論》一書的《人生三路向》一篇中，論述了有關三種人生觀，茲作如下的評介。

錢穆認為，人生只是一個嚮往，嚮往必須有其對象，那些對象常常是超我而外在的。由於對人生的追求和嚮往不同，他區分為三種人生觀：西方的人生觀、印度的人生觀和中國的人生觀。

首先是近代西方人的人生。錢先生認為，追求的目標愈鮮明，追求意志愈堅定，則人生愈帶有一種充實與強力之感。人生具有權力，便可無限向外伸張，而獲得其所求。追求逐步向前，權力逐步擴張，人生逐步充實，隨之而來的是一種歡樂愉快的滿足。這便是西方人生的特點。然而，這種人生也有其本身內在的缺點，生命自我的支撐點，並不在生命自身之內，而要放在生命自身之外，這就造成了這種

人生嚮往不可救藥的致命傷。外向人生向前追求而獲得了某種的滿足，並不能就此止步，若停止向前就是生命空虛。這種人生的終極目標，變成了並不在意一時的滿足，而在無限地向前。到頭來滿足轉變成空虛，愉快與歡樂眨眼間變成了煩惱與苦痛。逐步向前，成為不斷的撲空。強力只是一個黑影，充實只是一個幻覺。人生意義只在無止盡的過程中，而一切努力又安排在外面。外面安排，逐漸形成一個客體。那個客體不僅外在於人生而獨立，而且反過來阻礙人生的向前發展，甚至回過頭來吞噬人生。他以西方流行語「結婚為戀愛的墳墓」為例指出，如果戀愛真是一種向外追求，戀愛完成才開始有婚姻。如果結婚宣告了戀愛的結束，那麼婚姻本身就成為戀愛的絆腳石，而且回頭把戀愛消滅。因此，在西方，自由戀愛除自由結婚外，又包括自由離婚。又如西方講知識就是權力，從新科學裡產生新工業，創造新機械。機器本來是人使用的，然而機器的客觀化，獨立於人，使人反倒為機器所奴役。開始是從人生發出權力，現在是權力回過頭來吞噬人生。由於精神的向外尋求而安排了一位上帝，創立宗教，完成教會的組織，然而上帝和宗教也會對人生翻臉，回過頭來阻擋人生，吞噬人生。

在這裡，錢穆看到了，西方片面地追求外向人生，儘管給他們帶來了經濟方面的飛速發展，物質文化的提高，但也給他們帶來了精神上無限的煩惱與麻煩。也就是說，外向人生追求得到的高科技、高物質文明，並沒有解決一切社會問題，反而使西方社會異化，貧富兩極化，人生畸形化了。這都是對人生片面理解所造成的。因此，西方的外向人生觀是一種極端功利主義和片面的人生觀。錢穆從總體上對西

方的人生觀持一種否定的態度。

其次，是印度人的人生。在錢穆看來，如果西方人的人生是一種外向人生，那麼，印度人的人生則是一種內向人生。印度人把人生嚮往徹底翻了一個身，轉向人生的內部。印度人的嚮往對象，似乎是向內尋求的。向外，便有無限的外展開在你的面前；向內，同樣又有無窮的內展開在你的面前。你進一步，就會感到前面又有另一步，向外無盡，向內也無盡。人生仍然是無限向前，人生仍然是在無止盡的過程中。錢穆把向外的人生，看成是一種塗飾的人生，把向內的人生，看成是一種洗刷的人生。向外的要在外建立，向內的則要把外面拆卸，把外面遺棄與擺脫，然後繼續向內。向內的人生，是一種灑落的人生，最後境界則成為一個大虛空。佛家稱此為涅槃。人生到達涅槃境界，便再也看不見有個外面存在了。由此看來，向內的人生，照理說，應該可能有一個終極寧止的境界，而向外的人生，則只有永遠向前，似乎不能有終極，不能有寧止。向外的人生，不免要向外面物上用工夫，而向內的人生，則只求向自己內部心上用工夫。然而這裡同樣有一個基本的難點，如果擺脫外面一切物，遺棄外面一切事，也將覓不到內在的心。錢穆指出：「西方人的態度，是無限向前，無限動進。佛家的態度，同樣是在無限向前，無限動進。」[1]所不同的是，佛家是無限向後，無限靜退。總之這兩種人生，都有遙遠的嚮往。

而中國的禪宗，似乎可以說守著一個中立的態度，不向外，同時也不向內，屹然而中立。可是這種中立態度，是消極的，是無為的。

1　錢穆：《人生三路向》，《人生十論》，香港人生出版社，1955年6月版，第5頁。

如果再使禪宗態度積極化、有為化，把禪宗態度再加上一種嚮往，就會走上中國儒家思想裡面的人生新境。這正是錢穆所追求的一種和諧完美的人生。因為無論是印度的人生嚮往，還是西方的人生嚮往的方向，雖然相反、互逆，但實質是一樣的。西方人生嚮往無限向外，印度佛教人生嚮往無限向內，前者積極有餘，後者消極不足，都是極端化、片面化的人生。孔子曾說過「過猶不及」，持中貴和才是正道。錢穆對人生嚮往的理解正是從儒家這一思維方式出發的。在他看來，只有那種克服極端向外和極端向內的片面性的人生嚮往才是和諧的、有價值的人生。這種人生嚮往就是中國傳統文化中的人生嚮往，也是儒學關於人生嚮往的基本思想。錢穆自己的人生追求就是建立在儒家人生觀基礎之上的。

第三是儒家的人生嚮往。儒家的人生嚮往是錢穆畢生所追求的人生境界。中國儒家的人生，不偏向外，也不偏向內，不偏向心，也不偏向物，也不屹然中立，也有嚮往，但只照著一條中間路線而前進，這種前進也將是無限的，但隨時隨地也是他們（儒家）終極寧止點。因此，儒家思想不會走上宗教的路，也不想在外面建立一個上帝來統治自己。儒家只說人性由天命來，性善，說自盡己性，如此則上帝就在自己的性分內。儒家說性，也不偏向內，不偏向心上求。儒家也說食色性也。他們不反對人追求愛、追求富。但他們不想把人生的支撐點，偏向到外面去。他們也不反對科學。但他們不肯說戰勝自然，征服自然，知識就是權力。他們只肯說盡己之性，然後可以盡物之性，可以贊天地之化育。他們只肯說天人合一。他們有一個遙遠的嚮往，但同時也可以當下即是。他們雖然認為有當下即是的一個境界，但仍

不妨害這裡面有一個遠大的嚮往與前途。他們是軟心腸的。但這個軟心腸卻又要有非常強韌而堅定的心力來完成。錢穆把這種人生觀稱為一種現前享福的人生觀。福的境界不能在強力戰鬥中爭取，也不在遙遠的將來，只在當下的現實。儒家思想並不反對福，但他們只是主張福德具備。只有福德具備那才是真福。

儘管錢穆強調儒家人生嚮往的優越性，但也不把它絕對化，不排斥吸收其他人生嚮往的積極方面。在他看來，印度佛家的新人生觀傳到中國，中國人曾一度熱烈追求過。後來慢慢地中國化了，變成了禪宗，變成為宋明理學，成為中國人的人生嚮往。歐美的新人生觀傳來，也要有一個慢慢融和的過程。如果把中國那種只顧眼前享福的舊人生觀與西方的權力崇拜向外尋求的新人生觀相結合，就會導致社會的放縱與貪欲。這種人生觀是可悲的。他所希望的是像以前的禪宗那樣，把西方的新人生觀綜合上中國人的性格和觀念，而轉身像宋明理學家一般，把西方的融和到自己身上來。他認為這才是我們中國人追求的一種新的人生嚮往。

錢穆認為，西方人、印度人和中國人，不僅在人生嚮往方面是不同的，而且在人生向何處去、人生的歸宿方面也是有區別的。他進而論及西方、印度和中國三者有關人生歸宿的問題。

二、人生歸宿

人生向何處去？人生必然向死的路上去。有生必有死，但人死後又向何處去？這個問題，是從人生問題轉到人死問題。在錢穆看來，人生最大問題，其實並不在生的問題，而實質是死的問題。他說：

「凡所謂人生哲學、人生觀等，質言之，都不過是要回答此一死的問題而已。」[2]對此問題錢先生在他的《人生十論》一書的《人生何處去》一篇中作了三種不同的回答和評述。

首先是佛家關於人生的歸宿觀。佛教認為，人死後歸於涅槃。涅槃是一種虛無寂滅之義。一切現象，皆從寂滅中來，也向寂滅中去。但人生邁向寂滅，事有不易。人身由地水風火四大合成，人死則四大皆空。但人生時有作業，這個業不隨四大而去，仍留存著起作用，於是佛家有輪回之說。生前作了業，死後會仍回人世，如此則死生輪回，永無止境。佛家把人世比作一大苦海。所以，勸世人生前，只有少作業，才可逐漸超度出苦海。首先求出家，擺脫父子、兄弟、夫婦種種親人，還須節衣縮食，抑制種種物質欲望的要求，把人生作業儘量減少到最低限度。尤其要轉變作業的性質，大慈大悲，救苦救難，幫助別人一同跳出苦海，只有這樣，才能回歸涅槃。

其次，是基督教的主張。基督教認為，上帝創造世界及人類，人類的祖先亞當和夏娃犯了罪，降世為人。如果能知罪修行，死後靈魂仍然可以回到天堂。錢穆認為，基督教和佛教的人生觀各不相同。基督教有上帝，有天堂，人生由天堂因犯罪惡墜落塵世，因此基督教對人生主張一種原始罪惡論。塵世是一種罪惡的相聚，一定有一個末日，受到上帝的審判。佛教雖無上帝，無靈魂，但有作業輪回的苦海。佛教也有一個往生極樂世界的說法，但這種極樂世界只是一片淨土，一個涅槃，一切皆空。無論是基督教的天堂，還是佛教的涅槃，

2　錢穆：《中國人之宗教社會及人生觀》，臺灣現代問題叢刊編輯社，1950年版，第20頁。

都不是錢穆所認為的人生的真正歸宿。

錢穆也承認中國傳統社會中有宗教，但它與西方的宗教是不同的。在他看來，西方的宗教是上帝教，中國的宗教則是人心教，或者說是良心教。西方人做事，每依靠上帝，每問自己是否褻瀆上帝。中國人則憑自己的良心，對得起自己的良心就行。也即西方人以上帝意旨為出發點，中國人則以人的良心為出發點。由此西方必須有教堂，教堂不是別的，而是為訓練人心與上帝接觸相通的場所。中國人不必有教堂，但也必須有一個訓練人心使其與群體接觸相通的場所。這場所就是家庭。中國人乃以自己的家庭來作為培養其良心的場所。中國人的良心就是父慈、子孝、兄友、弟恭。如果中國人有教堂的話，那麼，中國人的家庭就是中國人的教堂。從這個意義上看，中國人的人生歸宿就在眼前。

在錢穆看來，人生的歸宿，應該是儒家關於人生不朽之論。早在孔子之前，魯國的叔孫豹就已提出立德、立功、立言三不朽之說。立言不朽，最易明白。自從叔孫豹說了三不朽那番話，兩千多年來，人們還在說他那番話。那番話像是並不死，說那番話的叔孫豹也像並未死，好像叔孫豹仍在說他那番話。立功如大禹治水，如果沒有大禹，洪水氾濫，那時的中國人恐怕就全淹死了。後世的中國人，紀念夏禹，永不忘懷，好像夏禹並未死。立德好像最不關他人事，如大舜之孝，只是孝他自己的父母，與其他人無關。但孝心是人類的公心，孝道是人生的大道。從舜以來四千年，中國社會孝子不斷出現，各孝自己的父母，好像與舜無關，但他們的孝心與大舜是相同的。儘管大舜早死，但他那孝心好像仍活在人間，因此說是不朽。與立功立言相

比，立德更直接更深入，居三不朽的首位，是不朽的模範與標準。

孔子在叔孫豹之後，為何不稱叔孫豹這番話呢？錢穆推想，孔子只教人為人盡人道，不要管死後。對父母應該孝，如果為了立德不朽而盡孝，那就狹隘了，有所為而為，不是純孝。我只應一心求孝，我自覺像舜那樣盡孝道，即使我不知道有舜，我一心純孝與舜暗合，但不應該為要學舜的不朽才來孝。一天做人，就應該盡一天人道。孔子講的人道就是仁心、仁道，至於孝悌忠恕只是仁心仁道的一個方面。孔子又說：「無求生以害人，有殺身以成仁。」[3]活一天，應該盡一天人道，如果在人道上要我死，我就去死，死本身也是盡人道。死後如何，孔子不問。

在叔孫豹和孔子之間，錢穆更欣賞孔子。因為孔子說仁是人生中第一義，叔孫豹談不朽，只是人生的第二義。孔子以後的儒家也稱述叔孫豹的三不朽，但只是放在第二位，是不妨害孔子所說的「仁」的意義下來談的。因人在人中生，還向人中死，人死後也應還在人中。於是有所謂鬼神的傳說。鬼神有兩種，一是人心中的鬼神，一是人心外的鬼神。孔子敬鬼神而遠之。孔子也不說人死後無鬼神存在，這是指人心外的鬼神。只說我敬他便是，這是指人心中的鬼神。生前死後既屬兩個世界，死後的世界我不知，則我敬他也就不必要近他，而且也與他無可相近。因此孔子及儒家只重祭祀，祭祀也仍只是盡人道。孔子說：「祭神如神在」，「我不與祭，如不祭」。[4]如果祭者的心不在，所祭的神也不在。祭者心在，所祭的神也如存在一樣。可見

3　　《論語・衛靈公》。
4　　《論語・八佾》。

死人的神，還是在活人心中，不朽也只不朽在活人之心中。錢穆曾對友人說：「朋友的死亡，不是他的死亡，而是我的死亡。因為朋友的意趣形象仍活在我的心中，即是他並未死亡。而我在他心中的意趣形象卻消失了，等於我已死一分。」[5]這段話比較生動地說明他所理解的不朽。

孔子說，我已經非常衰老了，很久沒有再夢見周公了。可見當孔子未老時，周公的人格和事業，即周公之神常在孔子心中呈現，到孔子老了，周公的人格形象在孔子心中也退了。孔子又說：「人能弘道，非道弘人。」如果說鬼神就是道，也可說人能使鬼神在人間活現，但鬼神卻無法使他自己活現在人間。如果我們今天不信孔子之道，孔子之道也不可能在今天的中國社會中活現。孔子早已死在兩千五百年之前，哪裡還有孔子之神存在。孔子所著重說的只是這一面。但如果我們自己心念一轉，只在我心上轉念到孔子，那麼孔子之道及其精神，如在我面前，也在我心中。叔孫豹所講的是這一面。只要我們懂得了孔子所說，叔孫豹講的，便已經包含在內。因為人首先要信，才有心上轉念想。在錢穆看來，孔子所談的仁道、仁心，更為主要。「人生之不朽，應在仁禮中不朽，人生之意義，即人人的心互在他人的心中存在之謂。」[6]就人生必有死，人死後的歸宿而言，叔孫豹的三不朽更明確反映了中國人的人生歸處的基本觀點。

錢穆對中、印、西方三種人生觀進行比較的目的，不僅在於從中了解這三種人生觀的不同，以及中國人生觀的獨特之處和價值，而且

5　嚴耕望：《錢穆賓四先生與我》，臺灣商務印書館，1992年版，第134—135頁。
6　錢穆：《中國人之宗教社會及人生觀》，第26頁。

要告訴國人不要以印度佛教或西方基督教那種人生觀去指導自己的生活。他的這種思想也是現代社會條件下的反映。他身居臺灣，看到了經濟的發展，給人們物質生活帶來了一定的好處，人們經濟上富裕了，社會生產與消費水準大幅度提高。但這並沒有解決人們精神上的問題。過強的經濟生活，高度商業化，反而加重了人們心靈上的負擔，使人際關係淡漠，甚至迷失自我，物質上的家庭找到了，精神上的家庭卻失去了。物質上得到了滿足，精神上卻造成空虛。他作為介書生，從中國傳統文化人生觀出發，提出己見，來抗拒這一社會現象，精神是可嘉的。另外，從理論上來說，印度佛教人生觀消極過了頭，變成涅槃。西方基督教人生觀積極有餘，變成為物役。只有中國的人生觀取中，過猶不及，中道才是最適合的。中國的人生觀本身也體現了中和的精神，符合辯證思維。不過也應注意到，人生方面的追求及人生境界的提高，同時也要有一定的物質條件為基礎。當然，錢穆對中西印三種人生觀的比較，只是大而言之、粗線條的。實際上，無論是佛教的，還是基督教的人生哲學與死亡哲學，都有很多精華。錢先生也說到要汲取、融合印度與西方的人生哲學，但還嫌說得不夠充分。在這裡，我們也多少看到梁漱溟《東西文化及其哲學》中關於人生三路向說的影子。

8.2 身生命與心生命

在分析和比較西方、印度和中國對人生的基本態度之後，錢穆論述了他自己的人生觀。他的人生觀是以對生命的理解為依據的。

錢穆認為，人最寶貴的是他的生命。對生命的認識是很複雜的。生命是具體的，因此容易認識，生命又是抽象的，又不容易認識。生命又是在不斷發展變化的，變化發展包含著進步。生命也有大小，如草可以說是一個小生命，樹可以說是一個大生命。生命最早從何而來，向何處去？生命由生命中來，生命也應向生命中去。[7]

　　錢穆從這些紛繁複雜的生命當中抽取出生命最重要的兩個方面──身生命與心生命，並論述它們之間的相互關係。在他看來，由身生命轉出心生命，這是生命中的大變化、大進步。一切禽獸眾生，儘管已有心的端倪，有心的活動，但不能說它們有了心生命。只有人類才有心生命。但原始時期的人，其心生命尚未成熟，必須等到人類文化愈進步，人類的心生命才益臻成熟。人類最初是以身生命為主，心生命為副，心只聽身使喚驅遣。但到今天，心生命已變成主要的，身生命退居第二位。就是說，人生主要的生命在心不在身。起先，饑飽寒暖是人的生命中頭等重要的大事，心的作用只在謀求身的溫飽上面呈現出來。但現在，喜怒哀樂成為人類生命中最大的一件事了，人生主要不僅在求溫飽，還要求喜樂，而所喜所樂，也多不在溫飽上。喜怒哀樂是心生命。饑飽寒暖是身生命。饑飽寒暖只在身體感覺上有一些區別，喜怒哀樂則在心情反應上有非常懸殊的實質差異。身生命是狹小的，僅限於各自的七尺之軀；心生命是廣大的，如夫妻、父母、子女、兄弟，可以心與心相印、心與心相融，共成一個家庭的大生命。推而至於親戚、朋友、鄰里、鄉黨、國家、社會、天下，可以融成一個人類的大生命。身生命也是短暫的，僅限於各自的百年之壽；心生

7　參見錢穆：《生命的認識》，《靈魂與心》，臺北聯經出版公司，1976年版。

命是悠久的，常存天地間，永生不滅。如孔子的心生命兩千五百年一直常存著。古人心後人心可以相通相印，融合成一個心的大生命。由此看出，錢穆在身生命和心生命兩者之間，更強調更重視心生命。

在分析身生命與心生命關係及其發展過程之後，錢穆指出了心生命的價值與意義。人類的歷史文化是由人類心生命創造而成的。動物只有身生命，而無心生命，因此不能創造文化。原始人由於沒有進入心生命階段，也不能有歷史文化的形成。人既然在歷史文化中產生，也應在歷史文化中死去。人類的心生命也應投入到歷史文化的大生命中去，這樣才能得到存留。但其間有有名的，有無名的，有正面的，有反面的。歷史文化中正面有名人物的心生命，是在心生命中發展到最高階層而由後人精選出來，作為人生最高標榜，最上樣品的。人們應該仿照這種標榜與樣品來各自製造各自的心生命。身生命是大自然賦予的，心生命是由人類自己創造的。因此身生命仍在自然物質世界中，而心生命則在文化精神世界中。

精神世界固然必須依存於物質世界，但二者也有區別。風聲、水聲，只是物質世界中的自然聲音。伯牙鼓琴，高山流水，雖然說是模仿自然的聲音，但這已注入了伯牙自己的心生命，使他的音樂成為人類文化精神世界中的產物。物質世界的自然聲音，可以隨時消失，不易變化，但一旦注入了人類心生命的音樂卻不易消失，不易變化，而可以永久長存。

近代自然科學，也為人類心生命所貫注，所寄存。但科學知識，只在物質世界中，科學創造與運用也仍在物質世界中，這些都是在變

化發展著的。只有科學家的精神才是科學家的心生命，這個心生命存在於精神世界中，它將常存在天地之間不變。有關人類身生命的享受，都在物質世界中，是不斷變化發展的。中國目前的身生活比孔子時代進步得多。孔子時代物質世界早已消失，孔子的身生命已不復存在，但孔子的心生命，在精神世界中仍將永久存在。

在身生命和心生命發生矛盾和衝突時，錢穆援引孔孟遺訓：「殺身成仁」，「捨生取義」。這就是教人要能犧牲身生命來護衛其心生命。在他看來，這一舉動，與中國傳統文化一向懂得心生命的意義與價值是一致的，表現了對心生命的重視。他指出：「心生命必寄存於身生命，身生命必投入於心生命，亦如大生命必寄存於小生命，而小生命亦必投入此大生命。上下古今，千萬億兆人之心，可以匯成一大心，而此一大心，仍必寄存表現於每一人之心。中華四千年文化，是中國人一條心的大生命，而至今仍寄存表現在當前吾中國人每一人之心中，只有深淺多少之別而已。」[8]由此可見，錢穆所理解的心，是把每個人的個別心會通成一個群體的共同之心，這個心既能上交古人之心，又能下開後世之心，一貫而下，來養育中華民族之大心，這實際上是一種歷史心與文化心。如此，也使各人的心生命永存不朽於天地之間。

基於這種對生命的認識，錢穆提出了自己對人生的看法，認為既然人的生命是由兩個方面，即身生命和心生命組成，那麼作為人生命的表現，現實的人生也由兩個方面組成，他們是物質身體生活和心靈

8　參見錢穆：《生命的認識》，《靈魂與心》，臺灣聯經出版公司，1976年版。

精神生活。錢穆認為，生活是一個整體，但為了研究方便，可以把人生分為兩方面。一是內在的心靈，一是外在的身體。心靈生活也稱之為精神生活，身體生活也稱為物質生活。粗略言之，由大自然物質中醞釀出生命，再由生命中醞釀出心靈。也可說只要是有生命的，就有心靈精神。從低等微生物開始，最少也可說具有一種求生的意志。稍進一步，便有一種保生的智慧。更進一步，便有一種樂生的情感。這都是一種心靈精神生活附隨於身體物質生活而見。也可說意志在先，智慧次之，情感最後。這是一切生命心靈作用進展的三個層次。可是生命演進到人類，便與其他生命大不相同。其他生命都是以物質生活為主，心靈精神只是一種副作用，來幫助其物質生活的。而人類生命，卻似反轉過來，以心靈精神生活為主，而物質身體的生活，轉成為幫助心靈精神生活的副作用。其他生命，以物質生活為目的，心靈生活為手段。人類生命，則以心靈精神生活為目的，而以身體物質生活為手段。[9]就自然演化而言，先有物質，然後才有生命，有了生命然後才有心靈，這是進化程式一步步向前推進。所以在生命中，心靈是最後進化所得，是最有價值、最有意義的。

由此可知，人生主要的，應該是高出於物質人生之上的內部人生，應該是心靈的。其他動物，是以身體物質生活為目標，以心靈精神生活為手段的，一種心為形役的低級生命。高級生命則形為心役，以身體物質生活為手段，以心靈精神生活為目標。精神人生的意義勝過物質人生。中國傳統文化尤其看准了這一點而加以提倡的。這並不是說，心靈人生，只是一些所提倡的道德教訓，而是天地間生命順序

9　　參見錢穆：《人生之兩面》，《靈魂與心》。

的自然發展，中國人只不過是根據這一自然實際情況加以發揮而已。這樣，錢穆從自然演化角度來論證中國人推崇精神人生的合理性。他所理解的心靈人生的價值是建立在一種生命科學進化的基礎之上的。這是從發生學意義上講的。

接著錢穆又從物質生活與心靈生活的關係出發，進一步論述了物質人生和精神人生的區別。物質身體生活，大家都一樣。餓了要吃，冷了要穿，累了要休息。但從另一方面講，這種人生是個別不相通的。我喝一杯水，與你不相干。吃飯各飽了各自的肚子，你吃飽了，別人並不飽。你穿暖了，別人並不暖。又如鈔票、珠寶、權力給了人，自己就沒有了。因此，在這些方面，就必然會引起人類間相互的爭奪。但是精神生活不同，這是一體相通的。一個人演講大家聽，這是心與心的溝通，是精神的。吃的、穿的、住的，一切物質方面的東西，不能把它給人，給了人自己就會減少，甚至沒有。至於心靈精神方面的，給予了人，自己一點也不會減少，只有引起其他人心靈上的共鳴。人生也只有到了心靈精神人生，才有這樣一個共同的境界。這是內在的心靈精神人生與外在的身體物質人生不同之點。

另外，錢穆從物質生活有限與精神生活無限的關係上把握兩種人生的特點。物質生活是短暫的。飽吃一頓，只能維持一段時間不餓。所以物質生活是有限的，只是單調重複，一時容易滿足，但卻永不滿足。所以這些都是一種有限度的滿足，我們不會把它留在記憶裡，不再去回想。精神人生卻可永久存在。每一人都能有回想與記憶。回想幼年，回想父母，回想一切，這些都屬於心靈生活方面。真正的人生才能永久留在記憶裡。

錢穆也同意物質生活是生活的基礎。如建造房屋要先打好基礎，再在地基上動工建造。但人只住房屋中，不住在地基上。心靈人生乃是後期高級的人生，物質身體人生只是早期低級的人生。中國人並非不懂物質人生的重要，只是認為心靈人生更為重要。在人生的大道上，打好基礎的目的是為了建造房屋。原始人自從有了群體生活，心的需要與物的需要就應該輕重倒置，便應有家庭，有社會，有民族，有歷史，便該跑上精神人生的大道上去。

　　錢穆從以下幾種關係比較中進一步宣導精神人生的價值和意義。

　　（一）創造與養育。「造」是造沒有生命的，「養」是養有生命的，兩者不同。但今天只看重造，沒有看重養，這是現代人觀念裡的一個缺點。而且造出來的物，本是無生命的，只造來供人使用，而其結果卻會來支配、妨害人。中國傳統文化最偉大處就在於重視教育。「育」就是「養」。十年樹木，百年樹人，中國人至今已有五十個一百年。五千年的歷史，都是靠養出來的，不是造出來的。造化本是天地功能，中國人也是天地造化所生，又經歷了幾千年的培養，豈是一天所能改造？工廠固然重要，可以製造東西，但學校更重要，學校功能在養育人。東西賣出可以賺錢，但培養人才不是賣出去賺錢，教育在提高學生德、智、體、美、群等素質。在養育人所既有的心靈、精神和德性方面，育是最重要的。

　　（二）方法與工夫。現在人們喜歡講科學方法，但工夫卻是非常重要的。科學家在實驗室裡下工夫，往往幾十年不輟。中國人好講工夫，尤其是做人，更講工夫。工夫就是生命，要花時間，時間也即是

生命。一分鐘不用工夫，就是浪費了一分鐘時間，也就喪失了一分鐘的生命。中國人的一切至要方法就是下工夫，尤其是修養工夫，說明精神人生的意義。

（三）新與舊。今人一般只喜歡講新，不喜歡講舊。講新時代、新風氣、新思想，甚至要講新民族和新國家，對一切舊的都要斬斷。可是舊的也不是全不好，有的要新，有的要舊。新與舊，兩者不能廢。我們只能在舊的中間來求新。世界上最舊的莫過於我們這個中華民族。今天一意求新，要科學方法創造，但舊的終不能去掉。舊家庭、舊社會不能全部翻新。舊曆史也不能重寫。所以舊的我們也要，我們要能以舊為主，從舊中求新，不能喜新棄舊。

（四）止與進。中國人並非不講進，但講進也要能知止。止就是歸宿。人生要有一個歸宿，這樣才能安，才能樂。人生的歸宿就是善。止或善並不妨礙進步，進步也不妨礙隨時有一個歇腳之處，即人生的歸宿。應把進與止統一起來。

（五）欲與情。欲是要拿進來，情是要拿出去。我們與父母兄弟姊妹相處，與師友同學交往，懂得要拿出的，便是情，這是精神生活。吃飯穿衣只講拿進來，這是物質生活，這是欲。欲是無止境，情則有止，應以情為重。

（六）德與力。驥不稱其力，稱其德。王者以德服人，霸者以力服人。救人類的只能是德，不是力。若人類盡成為寡情缺德之人，則物質種種進步，終究救不了人類。

由此看來，錢穆在創造與教養、方法與工夫、新與舊、進與止、欲與情、力與德這六種關係中更著重強調的是教養、工夫、舊、止、情、德。它們更體現人生的精神方面，也反映中國傳統人生的價值取向。錢穆認為，中國傳統人生的這種價值取向，使中國文化能擔當起領導將來世界的大任。因為西方人生重創造、方法、新、進、欲、力，並把這些方面推向極端，才導致了兩次世界大戰，給全人類帶來了危害。這樣的文化是不能擔當領導世界未來的使命的。而中國文化可以救世界。因為中國文化是農業的文化，西方文化是商業的文化。農業文化要下工夫，商業文化要講方法，用什麼方法去賺錢。農人講養，一塊田，父傳子，子傳孫，一代一代傳下去。中國人著重安和樂，如農村人重感情，大家常聚居一起，都是鄉鄰鄉親。都市人重欲望，經常相見的人，往往是你死我活的競爭對手。如此類推，東方文化偏重了人生的這一面，西方文化偏重了人生的那一面。要講人生，哪一面也不能少。但在農業文化裡可以產生出商業，而商業文化中卻不能產生出農業。農村人心可以救今天的世界，都市人心卻不能。這是錢穆研究人生兩面性得出的結論。

　　如果說研究人生兩面，物質人生和精神人生，是對人生的橫向共時性的分析，那麼錢穆有關人生發展步驟的研究可以說是一種縱向的歷時性的分析。這種對人生歷時性分析，表現在人生三步曲上。

8.3　人生三步驟

　　錢穆《人生十論》一書中《人生三步驟》專篇，頗有新意。

第一步是生活，主要是人的物質生活，包括衣、食、住、行，它的意義與價值是來維持和保養人的生命存在的，也可以說生活是生命存在一種必要的手段或條件。今天科學發達，物質文明日新月異，人們的衣、食、住、行與古代歷史上的生活很不相同，但從人的生命角度來看，衣還是衣，食還是食，住還是住，行還是行。在生活形式上古今雖有區別，但在生命的意義與價值上，還只限於第一個階段。即使說在生活上有所進步，但仍只限於生命的維持與保養的手段上，這與古代差不多。進一步說，人們是為了維持保養自己的生命才有生活，並不是人們的生命為著生活，而是生活為著生命。換言之，生活在外層，生命在內部。生命是主，生活是從。生命獲得了維持和保養，才能有所表現。由此引出人生的第二步。

第二步是行為與事業。吃、穿、住、行，這些可以說都是人的行為，然而這還不夠，這些只是人生行為與事業的先行步驟，人生應該超乎衣食住行的生活之外，另有一番表現，另有人生的行為兼及事業，這才是人生主體所在。那麼人生的行為或事業是什麼呢？就是中國古人所講的修身、齊家、治國、平天下。修身是第一步，第二步是齊家。我們都有家，就應該有一番行為來齊家。父慈子孝，兄友弟恭，夫婦和睦，一家這樣，才是人生中有意義的生活。

修身齊家之外，還有治國平天下，人們只能先修身、齊家，要治國一定要從修身齊家做起。所以人生只能守己以待時，安己以待命。身不修，家不齊，怎麼能治國？所以中國人講行為就是修身齊家，然後才能治國平天下。這裡的預備工夫是修身齊家。修身齊家是人們的行為，而治國平天下則可算是事業。錢穆所說的人生第二步，就是人

們的行為與事業。修身齊家治國平天下，也就是儒家所宣導的內聖外王之道。那麼如何修身齊家？這就過渡到人生的第三步。

第三步是德性與性命。中國人只從人生來講人生。中國人講人生的歸宿在人性。人性就是天性。因人的生命比動物高了，所以人的天性也比動物難知。如果能圓滿人的天性，完成人的天性，就會得到安樂。安樂是人生的最後歸宿。中國人又常說德性，德就是性，在人生自己內部本身就充足，不必講外面的條件，只要能表現就行。比如喜、怒、哀、樂的情感就是人的天性，每個人都有從大自然中帶來的這份感情，不待外面另有條件來賦予我們這些感情。人生最後的歸宿，就要歸宿在這德性上。性就是德，德就是性。身體之內有個心，生命之內有個德。德性是由天賦，盡人相同。人活一百年，甚至綿延幾千年幾萬年，人的德性可以保留在自己的兒孫身上，也可以保留在社會大群人的身上。人生到了這個階段可以無憾了。人活著做到了修身齊家，使喜怒哀樂合於天性，也可以無憾了。人的生命歸宿就在此。

所以，我們做人第一要講生活，這是物質文明。第二要講行為與事業，修身齊家治國平天下，這是人文精神。第三是最高的人生哲學，要講德性性命。德性性命是個人的，而同時也是古今人類大群體共同的。錢穆不僅論述了人生發展的三步過程，而且從這三步發展出發，匯出了文化發展的三層次：物質文明、人文精神、人生哲學。這三個層次一步比一步高，反映了他所追求的理想與境界。

錢穆以上提到的人生三步，也可以說是人生的三個方面：物質的

人生，社會的人生，精神的人生。這三種人生，既是人生必須面對的三個世界，也是構成人生的三個層面。這三個層面中的每一個階層都各自有所追求的目標和完成的任務。它們之間不僅是一種由低到高的遞進關係，而且也是一種孕育與包容的關係。必須由第一層，才開始孕育出第二階層，也必須由第二層，才開始孕育出第三階層。第二階層必須建立於第一階層之上，但已經超過了第一階層，而同時仍然包含有第一階層。第三階層對於第二階層也同樣。[10]第一階層的特有目的在於求生存；第二階層的特有目的在於求安樂，第三階層的特有目的在於求人類生活的崇高，在於求安樂的崇高。人生不應該停留在較低階層，而應積極向上，文化階層一步步提高，人生的意義與價值一步步向上。下一階層的目的，只成為上一階層的手段。而論道德，屬於人的精神領域方面，處於人生的第三階段。

　　錢穆以兩性關係為例，在人生的第一階段—物質人生中就存在兩性關係。但這時的兩性關係在求自己生命的延續，純粹是一種男女之欲。只有從男女之欲變為夫妻之道，才進入了人生的第二階層。如果只求自己生命延續，雌雄男女，交媾配合，早就夠了，何必要在一男一女之上，再來一個夫婦婚姻配合呢？可見夫婦婚姻，其目的已並不專在求生命的綿延，而必須在生命的綿延之上，另增加新要求、新意義。可見夫婦與家庭的內在意義，已經不僅僅限於求生命的延續，而另有更高的追求。在這裡，錢穆僅是從生命的意義立論的，而在上面這個例子中，無論是男女還是夫婦，其所指的具體個體沒有變，人還是這個人，那個人。因生命的意義已經有所不同，故由一「男」稱

10　錢穆：《文化學大義》，臺北：正中書局，1985年版，第10頁。

為「夫」，一「女」稱為「婦」。由此看出，人生應由低的階段進至高的階段，並不是要拋棄原來的「物質人生」，而去追求一種脫離物質內容的抽象的精神生活，乃是要求我們提高生活的境界，將物質人生提升到精神人生。這種精神人生雖然是藝術的、倫理的，但仍然有物質生活的內容。

錢穆對人生進行歷時性分析，還表現在從質到文的發展方面。人生有質與文兩個方面，質屬於先起部分，文屬於後加部分。質在內，文在外。也可以說質屬於物質人生，文屬於心靈人生。從物質人生到心靈人生，是人生的一大發展。功利只從物質著眼，道義、文學、藝術，均從質上增添蛻化而成文。由此質與文在人生方面的區別，變成物質人生與人文化成之人生的區別。人文化成之人生又分為三個階段：藝術、文學和道義。錢穆分別闡述它們發展昇華的過程。

首先是藝術人生。藝術對象常常在物。在山洞居住的人飽食無事，在洞壁上畫上一隻羊自玩自娛，這是一種藝術。但藝術的目的不是為了衣食。東方藝術所嚮往，以憑藉極少物力而能表達極豐富心情為主，可使欣賞藝術者的心情，也一如創造藝術的人的心情一樣，雖然曠世相接，而兩心可恍如一心。由人文來創造藝術，不使藝術來淹沒人生，這才是藝術的至上品。

其次是文學人生。他認為，從藝術人生轉變為文學人生，是一個進步。藝術的對象主要在物，文學的對象主要在人。文學描寫，使人類前後代人際關係彼此相通。在中國傳統文化中，藝術文學同樣占重要地位。而中國人重視文學更超出藝術之上。中國文學是中國人生的

真實寫照。

最後是道義人生。從文學人生到道義人生又是人生上的一大轉變，更上一層臺階。文學的對象在人，而道義的對象更有超乎人之上者。如文王是聖父，因而應該得到周公的孝敬。瞽瞍是一個頑父，為什麼也得到舜的孝敬？這是因為人的孝心，是由人內心所發而及於外的。可以說宇宙中心在人，人群中心在己，己的中心在方寸之心。孔子和孟子講孝、悌、忠、信、敬、愛，指的都是人心，人心之內的真情。只有心和情才能使天人物我內外融和成為一體。在心稱為仁，發於外稱為道。因此道義的對象在心與心之間，由己心及他心，渾然形成為一心。一人之心可以通於千萬人之心。然後此心才可感通於天地萬物。天地萬物沒有不有心的，其心也沒有不與我心相通的。因此天人物我內外的融和合一，其主宰與樞紐就在於己之一心。「己之一心，質之至，亦文之至。人生到達此境界，乃成為人生一大藝術，亦人生一大文學，乃亦人生一大道義所在。藝術、文學與道義之三人生，其究亦是融和合一，非有多歧。」[11]這是從另一個角度論述了人生發展的過程。人文化成之人生中，道義人生才是人生發展的最高點。

基於這種認識，錢穆對當今世界人生進行了批判，指出當今世界潮流，全部人生幾乎為工商貨利所主宰和驅使。人盡陷於物質要求的深井中，理智也徹底功利化了。藝術和文學也商品化了。如果一切都要等待投入市場，才有其意義與價值，那麼，就失去其內在的至純無

11　錢穆：《雙溪獨語》，臺灣學生書局，1981年版，第322頁。

雜之心，代之而起的是市場求售心。一切都追求時代化、大眾化、通俗化、外在化，不貴內心自得，那麼，就會使藝術和文學失去源泉，使道義不復存在。他提醒國人，在商品經濟發展中要重視道德方面的教育與修養，樹立高尚的人生觀。

無論是對人生方面的橫向研究還是縱向分析，都表明了他對精神人生、文化人生的追求。這種追求顯然超越了凡夫俗子的世俗物質利益和狹隘的物質人生，具有道德理想主義的色彩。同時我們也看到，他的這種人生觀，是以中國傳統人生理論為基礎的，是對中國傳統人生觀的繼承與發展，是站在時代高度，對中國傳統人生觀作了現代化的詮釋。他的這種文化人生、精神人生的觀點，對於現在發展物質文明的同時建立精神文明，提高人生的修養和價值，是有積極意義的。

8.4　目的與自由

錢穆《人生十論》一書的《人生目的和自由》一篇非常精彩，特作述介。錢穆談到人生目的和自由問題時指出：由自然界演進而有生物，生物則是有目的的。生物的目的在於維持與延續其生命。生物只有這一個目的，並無其他目的可言。而這一求生的目的，也是自然界所賦予的，因此生物的唯一目的也可以說是無目的的，仍是一個自然。生命演進到有了人類以後，人類的生命與其他生物的生命就大不同了。人類在求生的目的之外，還有其他的目的存在，其重要性更超過了其求生的目的。就是說，求生存並不是最高的目的，還有更高的超人生的目的。人生只是一串不斷的事情的連續，而在這個不斷的事

情的連續後面，各有其不同的目的。人生正因為有這些目的，才有意義。他把有目的有意義的人生稱之為「人文的人生」，或「文化的人生」，以此來區別於自然的人生，也即區別於以求生為唯一目的的人生。文化人生才是人生的目的。

在錢穆看來，文化的人生是在人類達成其自然人生的目的之外，或正在達成自然人生之目的之中剩餘的精力所進行的事。自然只安排給人一套求生的機構，給人一種求生的意志，人類憑藉著自己的聰明，運用那自然賦予的機構，完成了自然所指示它的求生過程。在此之外，閒暇時間，開始文化活動。文化人生應是人類從自然人生中解放出來的一個自由。人類的生活，除了求生目的之外，尚可有其他目的，並有選擇其他目的的自由。這是人類生活的兩大特徵。這種自由的獲得，已經過了人類幾十萬年艱辛奮鬥，只有按照這一觀點，才配來研究人類文化的發展史，也只有按照這個觀點，才能指出人類文化前程的一線光明。一切人生目的，既然由人自由選擇，那麼目的與目的之間，就不應有高下是非之分。人類達到這種文化人生自由的境界，回頭來看自然人生，會覺得索然寡味，於是人類便禁不住自己去儘量使用這個自由。甚至寧願捨去自然求生存的目的去追求這種自由。

錢穆還注意到，文化人生的許多目的，有時要受外面自然勢力的阻抑與限制，甚至在人與人之間發生衝突，更有甚者，在同一人的本身內部又不能兩全。這說明文化人生的許多目的中間有是非、高下之分辨。人生種種目的的是非、高下是根據他的自由量而判定的。除了自由，沒有其他評判一切人生目的價值的標準。他用評判善惡的問題

來加以說明。善惡問題是文化人生中始終存在的問題，人類分別善惡的標準，也只有根據人類所希望獲得的人生自由量的大小上出發。從前人類並不認為殺人是惡，後來人類漸漸承認殺人是惡，將來人類終將承認殺人是大惡，而且成為一種無條件、無餘地的赤裸裸的大惡。殺人也是人類在沒有更好的辦法時選擇出來的辦法，這也正是人類的自由，所以那時也不算是一種惡。後來人類終於能提供出比殺人更好的辦法來，有了更好的辦法，那以前的辦法就是惡了。就是說，如果沒有文化的人生，自然人生不算是惡，如果沒有更高的文化人生，低文化的人生也不算是惡。正因為文化人生不斷演進發展，惡的觀念與評價才隨著更鮮明、更深刻。這並不是文化人生中產生了更多的惡，而是文化人生中已產生了更多的善。人類中間的宗教家、哲學家、藝術家、文學家、科學家，這些都是為文化人生創造出更好的新目的，提供出更好的新自由，提供了善，替換出惡。

在消極方面限制人、壓抑人，絕不是文化人生進程中一件合理想的事。最合理想的，只有在積極方面誘導指點人，讓人更自由地來選擇，容許人更自由地提供與創造。那麼，怎麼才能使人更自由地選擇與創造呢？錢穆把它們歸結為宗教、哲學、文學、藝術、科學。因為它們能正面誘導人、感化人，為人類生活提供新目的，讓人有更廣更深的挑選自由，也能站在教育的地位上，那才是最好的。而政治法律等，無論如何都在限制人、壓抑人，不是提供給人更多的自由，只能束縛人的自由。至於戰爭殺伐，則是消滅人的自由。

按錢穆的邏輯推演下去，就是文化越來越發展，人生的品質越來越高，人生的目的及其自由，也隨之越來越擴展。文化的發展與人生

的目的及其自由成正比，文化人生真正體現了人生的目的和意義，使人獲得了更充分的自由。自由不是一句空話，它裡面包含著對人生的積極的肯定，同時也與人生所處的文化背景相適應。因此，人生要獲得更大的自由，達到目的，首先就要發展文化，提高精神上的生活興趣，消滅由於經濟發展帶來的社會異化等阻礙人生發展的消極方面。

總之，錢穆從身生命和心生命出發，引出物質人生和文化生命並經過橫向縱向多視角的分析，最後把人生的目的與自由和文化發展結合起來，達到了他所追求的真正理想的人生。這既是他所談的真正的人生，也是他自己一生的真實寫照。他自己的人生，就是把做學問與做人、為人與為己、身生命與心生命統一起來的典範，他的文化人生、精神人生、道義人生達到了最高的境界，得到了最大的自由。

8.5　宇宙與人生之統一

錢穆的人生觀是建立在他的宇宙觀基礎之上的，宇宙觀和人生觀也是相互聯繫、辯證統一的。具體表現在宇宙信仰與人生修養的一致上。他指出：「中國文化基於人生修養，而其有關人生修養者，則根源於其對於人類所生存的此一宇宙，以及此宇宙與人生間之關係之一番認識與信仰。」[12] 由此看出，錢穆不是就人生觀而談人生觀，而是把人生觀和宇宙觀聯繫起來，把人生置於宇宙大範圍中去考察，提出了宇宙人生的圓圈理論。

12　見於錢穆：《中國文化叢談》，臺北：三民書局，1969年版。

天圈。這是宇宙最外面的圈。中國人把這一圈稱之為天。在宗教上表現為上帝，在科學上則說是大自然。在西方，科學與宗教相互衝突，如宗教說上帝創造世界和人類，世界應以地球為中心，太陽圍繞著地球運轉。但近代科學發現，宇宙不以地球為中心，人類是由其他生物進化而來。中國人說的天，同時兼有主宰和自然兩種含義，也可以如宗教所言，天是上帝，也可以像科學所講，天是自然。因此，在中國人的觀念中，宗教與科學不發生衝突。另外，中國人說的天，又可以分為兩個部分，一部分是可知的，另一部分是不可知的。其較高或較外一圈的天領導主宰宇宙大自然，中國人又稱之為天命，是指不可知的天。又一圈比較落實較縮小的，是指天體天象，如日月星辰、陰陽寒暑、風雨晦明等，這些是可知的。天理天命是形而上的，天體天象則是形而下的。形而上的難知，形而下的易知。中國古人講的形而下的天，儘管有些錯誤，但隨著科學發展，將不斷補充完善。

　　地圈。從最高一層的天圈向裡，更落實或更縮小，就是地圈。在中國古人看來，天地是一體的，「氣之輕清者，上而為天，氣之重濁者，下而為地」。這種說法，只是說天地雖然可以有分別，而實際上是一體的。如果就第一圈的天而言，不僅天有不可知，地也有不可知。如果就第二圈的天而言，天地都是可知的。在世界各大宗教中都言天，而不言地，天地並非並列，但在中國人觀念裡，常把天地並重合看。在天中看地，在地上也有天。這是中國人的宇宙觀念之所以能擺脫宗教束縛，而向下與科學相通的關鍵所在。

　　物圈。從高高在上的天地大圈更落實，更縮小，又有物的一圈。這一圈，又可以分為兩圈，外一圈是無生物，裡一圈是有生物。中國

古人常言天地萬物，萬物只在天地之內，而更落實更縮小。所謂萬物，其中有些並不是一物，如說土地，說山河。因此，中國人又在萬物中分別指出有五行，行是流動變化的意思，不是固定可以分割的。五行即金、木、水、火、土，表示著在萬物中，有五種不同性質不同形狀的物在流動變化中。中國人講陰陽五行，主要是把氣的陰陽歸入了天地界，而把金木水火土五行歸入在萬物界。在五行中只有木是有生物，但照中國人觀念，有生無生雖然可分，也可不嚴格分，而木列入五行，主要指它在萬物變動轉化中佔有某種特殊形式。

生物生命圈。由無生物這一圈再向裡收縮，就是生物圈。物中寄存有生命，應該與無生命之物有區別。但中國人的宇宙觀，既看重這種區別，也同樣看重它們合一會通之處。因此說天地萬物，萬物仍包含在天地圈內，在萬物身上各有天地的一分。又說陰陽五行表現在萬物變動轉化中，在陰陽中有五行，在五行中也有陰陽。生命圈也仍包含在天地萬物的大圈內，雖然有不同，但仍是相通的。中國人的天地觀念，重要在觀其化，又進而觀其生，因此說：「天地之大德曰生。」[13]在萬物中有生命，也只是天地一化，而生命本身就是天地大德的表現。

人圈。由物的一圈轉落到生命圈，再由生命圈轉落到人圈。中國古人說，人為萬物之靈。這有兩種含義，一說人也是萬物中的一物，一說人有一種靈，或心靈。而人的心靈，是萬物中最能表達種種神靈的存在者。天地本質就是一種神或靈，給萬物各賦予神靈的一部分。

13　《易傳·繫辭》。

人則最能表達這種神靈，由此人即天，天人合一了。人之靈，最易見處在其心。因此人在宇宙圈內，一方面屬於萬物圈內的生命圈，另一方面則在生命圈內自成一個心靈圈。人有心，其他生物也有心，只是演變到人心才最靈。心靈圈又分兩種：心與物相交圈和心與心相交圈。

心與物相交圈。這一圈表示的是由生命來改造自然界。或說是由心靈界來改造自然界。今天我們看到的自然，實際上已是人文化成，一切都是由人類文化來改造過的自然，如此則在自然界中，又產生了一種經過創造的新世界。生命與心靈在自然界中，一方面固然是在建造，另一方面卻在破壞。在完成一個人造自然界的同時，也破壞了自然界。可以說，人類文化日益進步，而自然環境也不斷遭破壞，這是一個事情的兩方面。但人是從自然中來的，也在自然中生存。如果過分地破壞自然，那麼就等於損害人生本身。這裡錢穆已經注意到生態平衡問題。

心與心相交圈。心不僅與物相交，而且也彼此相交。心不能封閉在內，必然要向外通流，人的心與心相互溝通主要靠語言。鳥獸只憑鳴叫聲，喜怒哀樂種種內心情感的表達有限。人類則憑語言而感情日益真摯，知識日益精明。人類從有語言後就有了文字，於是心與心相通，迅速進展。在宇宙中，由心與物相交而創造了一個新的物世界，由心與心相交而創造了一個新的心世界。這個心的世界不僅是寄附於各自身體內的每一個人的心，而且變成超越於身體之外的心與心相通的心。這可以稱之為大心，是人類自有文化以後發展而成的新心。至於寄附在各自身體內的心，只是生物心，是先天自然之心。而共通的

大心是人類的文化心，是後天生長的。這一個心世界，也可稱之為精神界，它是從宇宙自然界的一切物質中演變而來。因此人類文化大心，也可以說是心與天交，人心通於天之心。由人類所創造出的精神界，即心世界，依然仍在宇宙自然界、物質界中，相互融為一體，而不能跳出自然宇宙獨立存在。錢穆在總結宇宙圓圈理論時指出：「我們人類所生存之此一宇宙，乃是週邊一大圈，也可稱此宇宙為天地圈。在此圈內，包有一小圈，是為萬物圈。萬物圈內又有一小圈，為生命圈。生命圈內又有一小圈為心靈圈，心靈圈內更有一小圈，則為人心圈。此一人心圈應屬最小而有莫大妙用，可以各自的己心通他心，又可以心通物，以心通天。此一小圈可以回到最高最外一大圈而同其廣大，同其精微，同其神妙。故人類文化之終極理想，中國古人則稱之為『天人合一』。也可說是人類文化與自然之合一。」[14]

由錢穆的分析看出，宇宙間最高最外的一圈是天，天是一個主宰，是一個不可知的真理，屬於形而上。第二圈是天文學上所研究的天，日月星辰，春夏秋冬，這是一個可知的天，屬於形而下。再下一圈是地上的萬物，從第二圈起，就是天地萬物，都屬於形而下。萬物之內一個小圈是生命，生命之內又有一個小圈是心。其中一個直貫諸圈、融通一切的就是性。宋儒說「性即理」，「天即理」。從最高第一圈的天，降落到物與人的圈內的主要是性，這個性都從第一圈的天中來，因此天即在萬物之中，而萬物身上也都各有天。但其最後最內一圈的心，是最成熟、最富有代表性的。人心卻可彌綸宇宙，融徹萬物，以最精微者上通最廣大，以最具體者上通最抽象，以最後最內一

14　　見於錢穆：《中國文化叢談》。

圈而上通最先最外一圈。換言之，心圈已形成為精神界，而形成了宇宙全體的另一面。這樣，宇宙觀和人生觀就統一起來。

錢穆這種宇宙觀和人生觀統一的思想，是對中國傳統文化，也就是對儒家思想的繼承和發展。儒家認為，人類文化雖然好像遠離自然而展出，但實質上則由人逆轉而還歸於天。人類文化是自然展出的最高點，而使文化與自然合一。人道與天道合一，這必須依人的修養。因此，《孟子》說：「盡其心者，知其性也，知其性則知天矣。」《中庸》說：「能盡己之性，則能盡人之性；能盡人之性，則能盡物之性，能盡物之性，則可以贊天地之化育；可以贊天地之化育，則可以與天地參矣。」天地化育萬物，是自然之大德，人可以由心逆轉而直上達天德。因此中國古人就以天、地、人為「三才」。這個「才」字，就是指創造世界、完成宇宙之才。天地在那裡不斷工作，不斷化育。而人也參與其間贊助之，共同完成養育萬物、創造世界的任務。

錢穆在上面論及人類以心交物而創造物世界，人類以心交心而造出心世界，這裡人類所創造的物世界、心世界，與天地自然共存，相互融通。

錢穆又進一步談到理想的宇宙和理想的人生。人能以心交物，而有科學與藝術，人能以心交心，而有道德與文化。一個理想的宇宙必須包括真善美三項，一個理想的人生也必須包括真善美三項。而這三項又必須統一到善上。無論科學真理還是藝術美感，必須歸宿到善字上，然後才有其意義與價值，才會有永久存留與無窮發展。《大學》說：「止於至善。」無論宇宙與人生，都必須以至善為止境。在至

善之內，包括至真至美。正是由於這個特點，中國理想的宇宙觀和人生觀超越了宗教的範圍。中國人的宇宙信仰已落實到認人心為宇宙的核心，認己心為人類大共心的起點。因此只有中國人能把人類自己的道德心性修養來代替宗教，直從己心可以上通天德，與宇宙為一體，達到宇宙觀與人生觀、天與人的最高統一的境界。

錢穆的人生觀對我們的幾點啟示：（一）從生命的特點出發，揭示了其兩個部分，即心和身的辯證關係。在分析身與心的聯繫基礎上，他強調了心對人生命的意義與價值。他的心與身的觀點繼承了我國古代關於形神關係的積極思想，並站在時代高度給予進一步的發展。（二）由生命的心與身兩方面出發，引出人生的兩個方面，物質人生和文化人生，這比前一關係更深入。在物質人生與精神人生的關係中，他既闡述了兩者之間的聯繫，又強調了文化人生的意義與價值，它才是人生的真正目的和理想追求之所在。（三）從物質人生和文化人生的關係又進一步引出物質經濟生活層面與文化建設層面的關係問題，這顯然是把人生問題置於廣大的社會範圍之內。由於他看到了工業國家經濟發展，物質生活提高，並沒有解決人們精神上的問題，以及由此帶來的社會負效應，呼籲要在發展物質經濟的同時，更應重視文化精神上的建設。物質經濟上的追求是無限的，永遠不會滿足的，精神上的、文化上的追求與修養才是有意義有價值的。只有從這方面努力，才能治療社會的經濟發展所帶來的文明病。（四）從心生命與身生命，物質人生與文化人生的聯繫出發，闡述了宇宙觀與人生觀一致的思想。

錢穆所研究的人生是一個整體的人生，這種整體的人生，不僅表

現在人本身的心與身、物質與精神方面的統一上，而且也表現為人生與宇宙的統一上。他不僅把人生放在文化、社會當中去考察，而且放在更廣的宇宙中去考察，這樣確定了人在宇宙中的地位。人在宇宙中是聯繫宇宙萬物和心靈世界的紐帶，正因為有了人，在人的心靈或精神世界與物質世界之間，架起了一座橋樑，由此而創造一個新的物質世界和一個新的文化精神世界。這體現了人生的偉大。人生與宇宙的統一，天與人的合一，這是對中國古代人生觀現代意義的詮釋，也體現錢穆本身人生的理想境界。

另外，也應看到，錢穆在談論人生時，似乎過分強調了精神、文化上的人生，多少忽視物質經濟方面的人生。精神上的、文化上的人生固然主要，但也不應忽略物質的、經濟的人生。當然，錢先生只是針對商業化傾向和現代病而發的，他仍堅持了物質人生與精神人生的並重、統一與全面發展。

第九章

縱橫中西　集異建同

關於中西文化的異同之辨，錢賓四先生有自己獨特的看法，並上升到文化學理論的高度。錢先生的中西文化比較研究，把中國文化置於世界文化的背景之中，著力揭示中國文化的世界價值與意義，同時也以廣博胸襟吸納西方文化。

要理解錢先生的中西文化觀，必先了解他的文化學理論體系。

9.1　文化學理論的新創

錢穆先生的《文化學大義》，系1950年12月在臺灣省立師範學院的連續講演，次年整理成書，於1952年出版。該書揭示了文化學的本質，論證了文化的三層次、兩類型、七要素，系統闡明了作者對東西文化比較、文化的衰老與新生的看法，並對世界文化之遠景作了宏觀式的前瞻。書末附錄了《世界文化之新生》、《孔子與世界文化新生》、《人類新文化與新科學》三文。

一、人文主義的文化學

「五四」以來，我國學者圍繞著中國文化的新舊遞嬗展開了論戰，涉及「文化」的界定。胡適區分了「文化」與「文明」，認為先有文明，然後才有文化。胡適指出：「文明是一個民族應付他的環境的總成績」，「文化是一種文明所形成的生活的方式」。[1]胡氏反駁了西洋文明為唯物的、東方文明為精神的這種「東方民族誇大狂

1　胡適：《我們對於西洋近代文明的態度》，《現代評論》，四卷八十三期，1926年7月。

的病態心理」，指出凡文明都是人的心思智力運用自然界的質與力的作品，沒有一種文明單是精神的或單是物質的，指出東西文化的一個根本不同之點，一邊是自暴自棄不思不慮（東），一邊是繼續不斷地尋求真理（西）。

梁啟超在《什麼是文化》一文裡說：「文化者，人類心能所開積出來之有價值的共業也。易言之，凡人類心能所開創，歷代積累起來，有助於正德、利用、厚生之物質的和精神的一切共同的業績，都叫做文化。」[2]梁啟超《中國文化史目錄》納入了朝代、種族、政治、法律、教育、交通、國際關係、飲食、服飾、宅居、考工、農事等項。把「文化」界定為生活方式，梁任公與胡適之並無不同，但二人的中西比較則有異，晚期梁任公認同中國文化精神。

梁漱溟在其名著《東西文化及其哲學》裡指出：「文化並非別的，乃是人類生活的樣法。」他認為文化包括物質生活、社會生活和精神生活三大領域。梁氏1949年出版的《中國文化要義》認為，文化涵蓋了人類各民族如何進行生產、其所有器具、技術及相關之社會制度、宗教信仰、道德習慣、教育設施，乃至語言、衣食、家庭生活等等；「全部中國文化是一個整的（至少其各部門各方面相連貫）。它為中國人所享用，亦出於中國人之所創造，復轉而陶鑄了中國人。」[3]胡適、梁啟超、梁漱溟都持一種「大文化觀」。

賀麟在上世紀40年代提出了他的文化定義，認為「文化就是經

---

2   梁啟超：《飲冰室合集》，文集第14冊。
3   梁漱溟：《東西文化及其哲學》，北京：商務印書館，1992年版，第53頁；《中國文化要義》，成都：路明書店，1949年版，第26—27頁。

過人類精神陶鑄過的自然」，「文化只能說是精神的顯現，也可以說，文化是『道』憑藉人類的精神活動而顯現出來的價值物，而非自然物」。賀麟又說：「文化是名詞，同時也是動詞；化字含有改變的意義」；「所謂文化，乃是人文化，即是人類精神的活動所影響、所支配、所產生的。又可說文化即是理性化，就是以理性來處理任何事，從理性中產生的，即謂之文化。文化包括三大概念：第一是『真』，第二是『美』，第三是『善』……即是真理化、藝術化、道德化……文化的特徵乃是征服人類的精神，使人精神心悅誠服」。賀麟顯然縮小了「文化」的範圍，但他關於文化討論應上升到文化哲學的主張頗有新意。他說：「我們現在對於文化問題的要求已由文化跡象之異同的觀察辨別，進而要求一深澈系統的文化哲學。無文化哲學作指標，而漫作無窮的異同之辨，殊屬勞而無功……我們不能老滯留在文化批評的階段，應力求浸潤鑽研、神游冥想於中西文化某部門的寶藏裡，並進而達到文化哲學的堂奧。」[4]他主張超越比較中西文化異同優劣的階段，避免入主出奴，而進入深層次的文化學理論的探討。

與上述諸家的「文化」定義相比，錢穆的「文化」定義有兩個特點，一是堅持了廣義的文化界說，二是提揭了文化的精髓。錢穆指出：「文化只是人生，只是人類的生活。惟此所謂人生，並不指個人人生而言。每一個人的生活，也可以說是人生，卻不可說是文化。文化是指集體的大群的人類生活而言。在某一地區，某一集團，某一

4　賀麟：《文化與人生》，上海：商務印書館，1947年版，第32頁；北京：商務印書館，1988年新版，第278—280頁；又見謝幼偉著《現代哲學名著述評》附錄，第254—255頁。

社會，或某一民族之集合的大群的人生，指其生活之各部門各方面綜合的全體性而言，始得目之為文化。文化既是指的人類生活之綜合的全體，此必有一段相當時期之綿延性與持續性。因此文化不是一平面的，而是一立體的，即在一空間性的地域的集體人生上面，必加進一時間性的、歷史的發展與演進。文化是指的時空凝合的某一大群的生活之各部門各方面的整一全體。」⁵

錢穆的文化定義，進一步肯定了文化即是人的類生活，即是群體人生，肯定了文化的時間性、空間性、集團性、持續性和整合性。站在史學家的立場，錢穆的文化定義更注重文化的包容性、複雜性、客觀性、完整性和傳統性。

錢穆指出，在個體人未生之前已存在著一定社會的飲食、居住、衣著、道路交通，乃至這樣那樣的語言文字、社會風俗、宗教信仰、趣味愛好，以及智慧境界等等，都屬於集體人生，即文化的領域。這些既定的生活方式及生活內容，其壽命遠較個人壽命為長久，而有持續性。文化譬如一大流，個人人生則只是此大流中的一滴水。「文化儘管必需在每一個個人人生上表現，但個人人生究竟無法超脫文化而存在。文化規範著個人人生，指導著個人人生，而有其超越於每一個個人人生之外之上的客觀存在。這一種存在，即是文化學之對象。」⁶

錢穆肯定了文化的綜合性與融凝性。他指出，人類生活的每一部

5　錢穆：《文化學大義》，臺北：正中書局，1983年第八版，第4頁。
6　錢穆：《文化學大義》，臺北：正中書局，1983年第八版，第5頁。

門、每一方面，如衣食住行、社會風俗、趣味愛好、智慧境界等，都是互相配搭、互相融洽、互相滲透的，凝成了一個整體。他把一定時空人類群體生活看著是有機的整體和有序的系統。他舉例說，如拼七巧板一樣，一片移動，片片都得移動，人類生活的各部門各方面之間是息息相通的，交互聯繫的。

錢穆強調，文化就是生命，是群體的生命，它將隨著時代的發展向前伸展，不斷成長。如果我們截取（橫切）一個時期來衡量某一文化的意義與價值，如同單獨提出一個部門來衡量全體，同樣是不可靠的。我們必須在歷史進程的全場面裡，求其體段，尋其態勢，看它如何配搭組織，再看它如何動進向前，這樣才能對文化精神有比較客觀、比較公允的估計與認識。

在討論「文化」與「文明」的關係時，錢穆認為，相對而言，「文化」偏重於內，屬於精神方面，而「文明」則屬於文化的外化、物化，偏重在外。他說：「文明文化兩辭，皆自西方迻譯而來，此二語應有別，而國人每多混用。大體文明文化，皆指人類群體生活而言。惟文明偏在外，屬於物質方面。文化偏在內，屬於精神方面。故文明可以向外傳播，向外接受，文化則必由其群體內部精神積業而產生。」[7]他在這裡所說的「文化」，又是指的「小文化」，即精神文化。他說，近代一切工業機械，全由歐美人發明，這正表現了近代歐美的文化精神。但這些機械，一經發明，可以到處使用。輪船、火車、電燈、電線、汽車、飛機等都已經在世界各地通行了。但這僅表

7　錢穆：《中國文化史導論》，上海：三聯書店，1988年2月影印本，「弁言」第1頁。

明歐美近代的工業文明已經傳播到各地，或者說各地均已接受了歐美人的近代文明，不能說近代歐美文化已經在各地傳播或接受。在錢穆看來，產生機械的是文化，應用機械而造成人生的形形色色的是文明。文化可以產生文明，文明卻不一定能產出文化。由歐美近代的科學精神而產出種種新機械新工業，但採用此項新機械新工業的不一定能產出與歐美人同樣的科學精神。錢穆之所以強調「文化」與「文明」的差別，主要是從人文的立場，著意抉發文化精神的價值。從這裡我們不難看出他與科學主義者胡適的區別。

從文化與大群人生的密切聯繫出發，錢穆指出，文化學是研究人生意義與價值的學問。

文化學是研究人生意義的一種學問。自然界有事物，而可以無意義。進入人文界，則一切事物，必有意義之存在。每一事物之意義，即在其與另一事物之內在的交互相聯處，即在其互相關係處。人生意義，概括言之，有兩大目標。一是多方面之擴大與配合，一是長時期之延續與演進。此即中國《易經》上所謂的可大可久。任何人生之某一方面，某一時期，若與其他方面其他時期之連繫性割絕而孤立了，則不僅無擴大、無演進，而且其本身亦將無意義可言。

因此我們也可說，文化學是研究人生價值的一種學問。價值便決定在其意義上。愈富於可大可久的意義者，則其價值愈高。反之則愈低。

於是我們暫可得一結論，文化學是就人類生活之具有傳統性、綜

合性的整一全體而研究其內在的意義與價值的一種學問。[8]

　　由此我們可知，錢先生的文化學，是人文主義的文化學，而不是科學主義的文化學。人文主義的文化學強調研究的重心是文化系統的價值與意義，尤其是大群人生與歷史文化傳統的多方面開拓與長期發展的價值與意義。

　　另一文化學家黃文山先生與錢先生不同。黃氏在其鴻篇巨制《文化學體系》一書中，儘管也指出文化學不是一般自然科學，它永遠要注意價值問題，注意所謂「人本主義的係數」，然而他的文化學大體上則是科學主義的文化學，或者是科學與人文的一種拼湊。黃氏指出，文化學是一種文化的科學、經驗的科學、規範的科學。「它所研究的文化體系，是由『道』（價值體系）『器』（物質體系）與『人的動因』（行的體系）所結合而成，因而不能離開人類的價值和目的，是一種目的的科學、理解的科學」；「文化學者對於文化的領域，是一個『共同動作者』與『共同參預者』」。黃氏又強調，不能因為研究對象的抽象性與非確定性，而把文化學視為排斥實驗方法的「臆測的科學」。文化學不是神學、玄學，而是經驗的科學，它與自然科學一樣，也要找尋或建立法則。[9]

　　錢穆先生的文化學重視的是人生問題，因而不太注重前述黃文山先生強調的實驗主義方法或科學法則。但這並不是說錢先生不研究文化的法則。錢先生關於文化的三層次、兩類型和七要素的研究，就十

8　　錢穆：《文化學大義》，第6頁。
9　　黃文山：《文化學體系》，臺北：中華書局，1971年版，第174—177頁。

分有深度。

二、文化結構與要素

關於文化結構，錢先生依據人生的三類，劃分了文化的三層。錢先生說：「文化既是人類生活的一個整一全體，我們要開始研究此整一全體，必先將此複雜的連綿的整一全體加以分剖。分剖的方法，也可有兩大步驟。第一是把此多方面的人生試先加以分類，第二是把此長時期的人生試先加以分段。前者是對人類文化一種橫剖面的研究，亦可說是平面的研究。後者是對人類文化一種縱割性的研究，亦可說是直線的研究。但人類文化又是時空交融的一個整一全體，因此我們的分類分段，橫剖縱割，又須能兩者配合。劃分時期與分別部門這兩工作，我們又必需到達一較自然的符合。」[10]

准此，錢先生把人生分為三類，文化分為三層。

第一層次是物質的（或自然的、經濟的）人生。一切衣食住行，較多隸屬於物質方面。人生不能脫離自然，不能不依賴物質支持。這是人類生活最先必經的一個階段，也是文化的第一層次。然而人生是多方面互相融攝的一個整一全體，所以物質人生中，也已包含有很大的精神成分。因為如果人類沒有欲望、智慧、趣味愛好，沒有內心精神方面種種的活動參加，也將不會有衣食住行一切物質創造。因此這一部分自然生活，並不是一種純自然的生活。只要我們稱之為人生的，便已歸屬到人文界與精神界。此刻環繞我們的自然，早已是人文

10　錢穆：《文化學大義》，第7頁。

化了的自然，而非未經人文洗練以前的原始自然。一切物世界裡，早已有人類的心世界的融入。所以物質人生只是全部人生中更偏近於物質方面的生活，而不是純屬物質的。

第二層次是社會的（或政治的、集團的）人生。這是第二階段的人生，也是文化的第二層。在第一層裡，人只面對著物世界，一切人生，全都是從人對物的關係而發生。在第二層裡，人面對著人，這時的人生，又添進了許多人與人之間的關係。例如家庭生活、國家法律、民族風習等群體關係，都屬於這一層次。人類生活從物世界進入到人世界，而這兩層又是相互交差的。

第三層次是精神的（或心靈的）人生。這一層人生，屬於觀念的、理性的、趣味的，如宗教人生、道德人生、文學人生、藝術人生等等。這是一種無形累積的人生，是一種歷史性的、超時代性的人生。只有這一人生，最可長期保留，長期存在。例如孔子耶穌時代一切物質生活、一切政治社會法律、風俗習慣等都消失了，但他們對人生所提示的理想與信仰、觀念與教訓，就其屬於內心精神方面的，卻依然存在，而且將萬古長青。這是屬於心世界的，是一種看不見、摸不著，只可用心靈來直接感觸到的世界，來直接體認的人生。

錢穆指出，人生必須面對三個世界，首先是物世界，其次是人世界，再次是心世界，因而有了物質人生、社會人生和精神人生。從縱向看，從歷時態考察，人文演進有如此三時期，人類文化史可以縱割成上述三階段。從橫向看，從共時態考察，任何時空條件下的文化系統，都可以橫剖成由內而外，由心到人到物的三層次。從物質文化到

社會文化到精神文化，是文化系統的三大層次。錢穆又指出，以上三階段或三層次不是矛盾性的對立，它們相互融和，相互銜接，相互補充。人類文化的三階層，從目的來說，第一層求存在，第二層求安樂，第三層求崇高；從方法來說，第一層重視鬥爭性，第二層重視組織性，第三層重視融和性。「第一階層的文化特性是外傾的，向外鬥爭的。第二階層則是內傾的，向內團結的。但到人類文化到達第三階層，那時則是內外一體，物我交融的，古與今的時間性的隔閡融和了，自然界與人文界的壁障也同樣融和了。」[11]錢穆認為，文化演進，正是人生目的之逐步提高。但人類文化有時往往越過了第二級而直達第三級，這就是文化的過早成熟。有時為著高一級的目的而犧牲低一級，這就是文化演進中的變態或苦難。但文化也常常從苦難中躍進。如果僅為了低級目的而遏塞了高級的，則是文化之逆流與倒退。文化三階層的正常演進，應該是一個超越一個，同時也一個包含一個的。

當然，錢穆雖注意到文化的共時態結構，但主要闡述了文化歷時態演進的三階段，從物到人到心，從物質文化到社會文化到精神文化。在20世紀80年代祖國大陸沸沸揚揚的文化大討論中，文化結構論已為越來越多的人所認同。其中，最為流行的是錢穆的大弟子余英時的四層次說和大陸學者龐樸的三層次說。

余英時在談到文化變遷時，曾簡略地指出：「首先是物質層次，其次是制度層次，再其次是風俗習慣層次，最後是思想與價值層次。

11　錢穆：《文化學大義》，第20—21頁。

大體而言，物質的、有形的變易較易，無形的、精神的變遷則甚難。現代世界各文化的變遷幾乎都說明了這一現象，不僅中國為然。中國現代的表面變動很大，從科技、制度，以至一部分風俗習慣都與百年前截然異趣。但在精神價值方面則並無根本的突破。而且事實上也無法盡棄故我。」[12]

龐朴認為，文化結構可以分為三層面：物質的——制度的——心理的。「文化的物質層面，是最表層的；而審美趣味、價值觀念、道德規範、宗教信念、思維方式等，屬於最深層；介乎兩者之間的是種種制度和理論體系。」即是說，文化結構的外層是物的部分，即對象化了的勞動；中層是心物結合的部分，「包括隱藏在外層物質裡的人的思想、感情和意志，如機器的原理、雕像的意蘊之類；和不曾或不需體現為外層物質的人的精神產品，如科學猜想、數學構造、社會理論、宗教神話之類；以及人類精神產品之非物質形式的對象化，如教育制度、政治組織之類；核心層是心的部分，主要是文化心理狀態，包括價值觀念、思維方式、審美趣味、道德情操、宗教情緒、民族性格等等。文化的三個層面，彼此相關，形成一個系統，構成了文化的有機體。這個有機體，有自己的一貫類型，有自己的主導潮流，並由此規定了自己的發展和選擇：吸收、改造或排斥異質文化的要素」。[13]

以上余、龐諸先生的主張，與錢穆先生的主張，大體相近，都指

12　余英時：《從價值系統看中國文化的現代意義》，《文化：中國與世界》，第1輯，北京：三聯書店，1987年6月，第88—89頁。

13　龐樸：《文化結構與近代中國》，《中國社會科學》，1986年第5期。

出了文化的表層結構主要是器物文化，中層結構主要是制度文化，深層結構主要是心理與價值精神文化。文化變異，大體上是由外向內逐步展開。當然，這種說法也不是絕對的。器物上變了，制度上即使不發生質變也必須有適當調整，同時，民情風俗、學術思想、價值觀念、思維方式亦同步發生變化，然而，精神文化層又保持著相對的獨立性。

錢穆對文化結構的層次性、動態性、可分性與不可分性的分析，對後人的研究頗有啟發和指導作用。

關於文化的要素，錢穆指出主要有七部門或七方面，如經濟、政治、科學、宗教、道德、文學、藝術等。這七要素在人類整體文化中各有其地位、功能、意義與價值。在人類文化史上，它們被拼搭成各式花樣，猶如七巧板一樣。

在以上七要素中，宗教、科學、道德、藝術，是古今中外乃至未來世界，一切人生都不可或缺的部分。這四部門在各個文化體系中的作用和意義各不相同。錢穆指出，大體說來，西方文化比較重要的是宗教和科學，而中國文化比較重要的是道德與藝術，這是雙方文化體系結構不同所導致的。宗教和科學有一共同點，都是對外的。宗教講天，講上帝，科學講自然，講萬物，這些都在人的外面。而道德與藝術是由人生內部發生的，是內在於人生本體的。西方文化精神偏向外，中國文化精神偏向內。宗教與科學雖然同是向外，而中間有相互衝突之處。如宗教天文學與科學天文學的衝突，生物進化論與上帝造人說的衝突，無神論與有神論的衝突等等。

中國文化體系中並非沒有宗教，從古至今都存在著。但宗教在中國文化結構中，不是一個要項，沒有它在西方文化中那麼重要的意義與價值。中國人講道德，有仁、義、禮、智、信五常，重在盡己之心，成己之德，不重外在功利。西方講宗教，如靈魂上天堂下地獄，也含有外在功利作為條件。從中國人的道德觀念來講，這是一種自私自利的打算，也就是一種不道德。而這種不重功利的精神，顯然與科學不同。

錢穆強調，道德與藝術是中國文化結構中的兩大支柱。在中國，藝術與道德是一而二、二而一的。中國人的人生是道德的人生，也是藝術的人生。最高的道德，就是最高的藝術；最高的藝術，也是最高的道德。不要認為道德是一種拘束或教條。俗語說，道德是一個規矩，方的，圓的，從其表現在外面的形式來講，這就是一種藝術。在錢穆看來，沒有不道德的藝術，也沒有不藝術的道德。中國的最高藝術理論都在《莊子》一書中，所以道家是偏向藝術的。中國的文學家，無一不兼通道家。儒家是偏重道德的，中國文學家，也不違背儒家。儒道兩家，一正一反，成為中國文化的兩大支柱，是中國人生兩大精神之所在。

三、文化研究之心態與方法

錢穆認為，文化與文化史的範圍都很大。我們研究政治、社會、經濟、學術、人物、地理等各方面，都屬研究中國文化的一部分。文化是全部歷史的整體，我們應在歷史整體中尋求歷史的進程，這才是文化研究的真正意義。

錢穆詳盡地闡述了研究文化的方法和態度。

　　第一，從歷史與哲學相結合的角度研究文化。我們研究文化現象或文化系統，即使是當前的文化現象與文化系統，都必須根據歷史。因為文化是歷史的真實表現，也是歷史的真實成果。拋卻歷史，即無文化。另外，研究文化必須有哲學智慧。文化本身是一部歷史，但研究文化則是一種哲學。全部歷史只是平鋪放著，須運用哲學的眼光加以會通，從而闡發出其全部歷史中的內涵意義與精神。但文化並非是一套哲學，哲學只是文化中的一個部門。我們討論文化，討論的本身是一種哲學，但討論的對象卻是歷史。哲學可以凌空討論，而歷史與文化的討論則要有憑有據。研究文化史必須把哲學智慧與歷史事實結合起來。

　　第二，研究文化必須善於辨別異同。世界上各民族文化傳統除了自有其相同之處外，還有其相異處，既有共性，又有個性，因此才有各種文化體系可說。當知每一文化體系，必有其特殊點所在，有其特殊點才能自成為一文化體系。不能說天下烏鴉一般黑，一切文化都必以符合西歐為終極。

　　第三，討論文化須從大處著眼，不可單看其細小處。研究文化如果專從細小處著眼，則將永遠不識文化為何物。

　　第四，討論文化要自其會通處看，不應專就其分別處看。政治、經濟、思想、學術、藝術、宗教等種種項目，都屬文化的一面，但在其背後，則有一會通合一的總體。我們如果分別地講宗教、藝術、政治、經濟等，那並不即是在講文化，須把這些方面會通綜合起來。如

果研究文化問題，不能從其會通處看，不能從其總體上求，則最多仍不免是一種文化偏見。

第五，討論文化應懂得從遠處看，不可專自近處看。要知文化有其縱深面，有長時期的歷史演變在內，不可只從一個橫切面去認識。文化進展是一個長遠的進程，在其進程中有波瀾曲折，有迂迴反覆，不斷有新的加進，但也永遠有舊的保留。如果橫切一面看，便看不見進展的大勢。因此，對每一個民族文化傳統的評價，不能單就眼前所見作評判，而應懂得會通歷史全部過程，回頭從遠處看，向前也往遠處看，才能有所見。

第六，討論文化也應自其優點與長處看，不當只從其劣點與短處看。任何一個文化傳統，都必有其優點、長處，當然也必有其劣點和短處。古往今來，世界上任何民族所創造出的任何文化體系絕不是十全十美的，將來是否能有一個十全十美無毛病的文化體系產生，很難說。恐怕人類文化將永遠不會是十全十美的。既然任何歷史文化都有其長短，我們研究中國文化要先了解其長處，然後指出其短處，不應只看短處而抹煞長處，否定自己的文化。[14]

以上是錢穆先生針對六十年來文化研究的偏頗而提出的文化研究和文化史研究中應注意的心態、觀點與方法。錢先生批評了「文化自譴病」，例如有的中國人一談起中國文化，便是太監、姨太太、打麻雀牌、拖辮子、裹小腳、抽大煙，似乎五千年文明除此而外，更無

14　以上六條觀點和方法見錢穆：《中國歷史研究法》第八講《如何研究文化史》，臺北：東大圖書公司，1988年版，第115—123頁。

別的，也不研究一下以上諸種病態在我們悠久的歷史中究竟占了何等地位，它們分別從何時開始，究竟發生了何種影響，究竟是不是從古到今，一以貫之，究竟是不是中國文化之大本大源與大綱大領之所在。

錢先生認為，對於任何文化系統都必須分析文化精神與文化病。所謂文化精神，指的是文化特殊見長處。而所謂文化病，有時可能出在其短處，有時可能正出在文化特殊見長處，而不在其短處。如果把別人的長處來彌補自己的短處，便有所謂文化交流和文化革新。這都是正常的。但在文化中引進別人長處，先把自己的長處損了，自己陷入病中，別人長處也不能為我所有。因此，文化交流先須自有主宰，文化革新也須有一定步驟。

關於文化的共態與個性，錢先生指出，文化有共同處，是其共態；文化有相異處，是其個性。共態是一種普遍水準，個性則可能有特別見長，但也不能在個性上大發展，而在共態上太落後。錢穆提出了重要的「集異建同」的思想：

世界文化之創興，首在現有各地區各體系之各別文化，能相互承認各自之地位。先把此人類歷史上多彩多姿各別創造的文化傳統，平等地各自尊重其存在。然後能異中求同，同中見異，又能集異建同，採納現世界各民族相異文化優點，來會通混合建造出一理想的世界文化。此該是一條正路。若定要標舉某一文化體系，奉為共同圭臬，硬說惟此是最優秀者，而強人必從。竊恐此路難通。文化自大，固是一種病。文化自卑，亦非正常心理。我們能發揚自己文化傳統，正可對

將來世界文化貢獻。我能堂堂地做一個中國人,才有資格參加做世界人。毀滅了各民族,何來有世界人?毀滅了各民族文化傳統,又何來有世界文化?[15]

錢先生在這裡提出的「集異建同」的思想,較一般所謂「察異觀同」更為深刻。世界文化的前景,絕不抹殺、消融各民族文化之異(個性);相反,世界文化的發展,只可能建立在保留各民族文化的優長、發揚其差異的基礎上。

錢先生指出,弘揚民族文化的責任,只在人身上,如果沒有文化修養與文化陶冶的人,是不能承擔文化與護持文化的。今天要護持中國文化,承擔中國文化,則需要一大批有著良好的文化修養與文化陶冶的人。

錢先生的文化學理論,不僅代表了一種信念,深信中國傳統人文精神對現代世界的重要,也代表了一種肯定,肯定人文精神的價值。在當代,我們面臨著唯科學主義、實證主義對精神價值的否定和相對主義所代表的人文精神的失落。錢先生的「集異建同」思想意在治療和拯救人文精神,這是有深刻意義和現代價值的洞見。

9.2　安足靜定與富強動進

錢穆先生討論了人類文化的類型。從根本源頭處考察,大抵人類

15　錢穆:《中國歷史研究法》第八講《如何研究文化史》,臺北:東大圖書公司1988年版,第126頁。

文化，最先由於自然地理生態環境的不同，尤其如氣候物產等之相異，而影響及生活方式，再由其原始的生活方式之不同，影響到此後種種文化精神的大趨向。錢先生本著這一看法，指出人類文化在其源頭上有三大類型：一、遊牧文化，二、農耕文化，三、商業文化。這三大類型又可再歸納為兩類型：一是農業文化，另一是遊牧與商業文化。因為農業文化大體上是自給自足的，而遊牧與商業則同樣需要向外依存，要吸收外來的營養維持自己。農業民族是安定的、保守的；遊牧與商業民族則是變動的、進取的。

　　遊牧與商業文化起於內不足，故常外傾；農業文化起於內在自足，故常內傾。前者常是趨向富強性的文化，後者則是趨向於安足性的文化。前者是富而不足，強而不安；後者則足而不富，安而不強。前者常覺得有一個外界和我對立著，永遠引誘它向外征服，否則是向外依存；後者則常覺外面也像內部，內外一線，渾然一體，只求融和，不求擴張。前者的宇宙觀是天人對立的，後者的宇宙觀是天人合一的。前者主鬥爭，後者主協調。前者常想向外伸展，是注重在空間的；後者常想向後綿延，是注重在時間的。前者要開疆擴土，無限向外；後者要子孫萬年，永守勿失。前者注意群，注意大集團，核心大而外界狹；後者注意家，注意小集團，核心小而外界寬。前者必游離飄揚，歸宿到抽象化，易於發展宗教；後者必著土生根，歸宿在實體化，易於發展倫理。宗教裡的上帝，還是和我們（人）異類對立的；倫理裡的人群，則是和我們同類並存的。因此堅信宗教的，可以對異信仰、異教徒不容忍，不寬恕；而道德倫理，則必以互相寬容、寬恕為前提。兩者雖同主博愛，而一含敵對性，一含容恕性，仍然不

同。[16]

這是錢先生對兩類型文化的總體比較。他首先具體分析了這兩類生活方式孕育著兩大民族性格和心理的差異—「安足靜定」與「富強動進」。

農耕可以自給自足，自本自根，不需要向外求，因此安土重遷，養成的文化心態是靜定、保守。草原與濱海地帶所憑藉的資生之地不僅感到不足，而且深受其阻，於是激發起遊牧與商業民族的戰勝與克服欲，還有工具感。草原民族最先工具是馬，海濱民族最先工具是船。沒有馬與船就無法克服自然險阻而獲得生存。草原濱海民族對自然、對外界懷有敵意。這種民族內心深處，無論是世界觀或人生觀，都有一種強烈的對立感，對自然表現為天人對立，對人類表現為敵我對立。於是崇尚自由、爭取獨立與其戰勝克服對方的要求相呼應，另一方面則表現為侵略。相反，農業生活所依賴的是氣候、雨澤、土壤，這三者都不是人類自力所能安排，而是大自然賜予的，不需戰爭克服。農耕文化的物質是物我一體，天人相應，安分守己，自足和平。

遊牧與商業民族，又常有鮮明的財富觀。他們的財富往往以等比級數增加，如此則刺激逐步增強。財富有兩個特徵，一是愈多愈易多，二是愈多愈不足。商業民族的財富觀念更益增強，農業民族則不知積累，只知生產。生產有定期、有定量，則少新鮮刺激。又且生生不已，源源不絕，便不願多藏。他們往往感到滿足而其實並不富。因

16　錢穆：《文化學大義》，第28—29頁。

此遊牧商業文化是富強的，農業文化是安足的。富者不足，強者不安，安者又不富強。以不富強遇不安足，則雖安足也不安足，於是人類文化才得永遠動盪而前進。

錢穆認為，安足靜定的大敵是富強動進。古代農業民族的大敵是遊牧民族。現代農業文化的大敵是商業文化。人類生活必須以農業為主，人類文化也最終以和平為本。因此古代人類真正的文化產生在河流灌溉的農業地區，而將來文化大趨勢也仍然以各自給足的和平為目的。

錢穆指出，中西文化的不同是農業文化與商業文化的不同。照西方人看，人類文化的進展必然由農業文化進一步變成商業文化，但古代中國人的看法則不同。中國人認為，人類生活永遠要依賴農業，因此人類文化也永遠不應該脫離農業文化。只有在農業文化的根本上再加綿延拓展而加上一個工業，再附上一個商業，才是合理的。這裡有自然地理背景的影響。古代如埃及、巴比倫等只有一狹小的農業區，他們的農業文化之內部發展容易達到飽和點，其外面又不容易捍禦強暴，因此這些小型農業國的文化生命都不幸夭折。他們不得不轉換方向，轉到商業經濟路上去。希臘、羅馬乃至近代西方國家也是如此。農業文化有大小之分。在中國歷史上，早就有很繁榮的商業，但由於中國很早就是一個統一的大國，因此，它的商業常是對內通商的重要性超過對外。而西方則常是對外通商的重要性超過了對內。雙方對商業的看法不同。西方人運用國家力量保護和推進國外商業，中國以政府法令來制裁國內商業勢力的過分旺盛。這樣，西方很早就有一種近代資本主義的姿態，而中國則常採用一種近代社會主義的政策。

錢穆又說，其實中國是一農業社會而又早進步到工商社會了。工商社會第一個標準就是有城市。西方到文藝復興以後，在義大利半島，在波羅的海沿岸，才慢慢有城市興起。中國至少在西周初年，在中央政府所在地和封建諸侯所在地就有了政治性的城市，如酆都、鎬京、曲阜、臨淄等。到後來又有了工商業城市和商業、政治兩兼的城市，如前說的臨淄及邯鄲等。至於廣州、洛陽、成都、蘇州、揚州等城市，則都在兩千年以上。中國的工商業與城市俱興。中國社會是士農工商的「四民社會」，這在全世界是一特例。[17]

　　當然，中國以農業立國，在歷史上通過抵禦、融和遊牧文化和適度發展工商業，得以發展壯大。今天，中國文化遇到新的工商業和科技的挑戰，因此，必須把農業文化與新科技、新工商結合起來，仍然可以保持安足之感。錢穆曾指出，領導世界和平的有美國、蘇聯和中國。美蘇都是大型農業國，又有新科學、新工商相配合，但其傳統文化不是農業，換言之不是和平的。中國是舉世唯一的農業和平文化，它所缺少的是科學與工商。中國把農業文化與新科學、新工商結合起來，對全世界人類文化前程以及世界和平必將做出重大的貢獻。

　　如果我們發展一下錢先生上述議論，「安足靜定」的農業文化性格在現時代的轉進中，一定要吸納「富強動進」的商業文化性格，才能真正面對現代文化的挑戰，造成健全的民族性格。隨著與新型的現代科技、工商密切結合的現代大農業的建設，隨著社會分工的進一步發展，隨著勞動力密集型農業的解體，生命科學、生物工程的發展

17　參見錢穆：《從中國歷史來看中國民族性及中國文化》，香港中文大學出版社，1979年版，第132—133頁。

和新的環境倫理、生態平衡理論的產生，我們必須給「安足靜定」賦予新的內涵。至於世界和平的人類社會環境，亦將隨著各國家、各民族、各宗教的相互尊重及與之相違的負面現象作鬥爭來取得。從人類的遠景看，農業文明及其「安足靜定」性格，仍有其現代與後現代的意義。

9.3　內傾型與外傾型

錢先生比較中西文化，是從客觀的地理自然環境、原始民族的生產方式、生活習俗等出發的。他說：「上述兩大類型的文化，其先是由於客觀的自然環境之不同，而引生出生活方式之不同。其次是由於生活方式之不同，而引生出種種觀念、信仰、興趣、行為習慣、智慧發展方向，乃及心理上、性格上之種種不同。由於此種種不同而引生出文化精神之不同。」[18]錢先生這種考察和比較的方式是很值得稱道的。他沒有僅僅從抽象的觀念出發，而是從自然環境到生活方式到行為習慣、觀念形態，到心理、性格，再到文化精神，這大體上符合他自己關於文化結構由外層到內核的發展層次序列，也符合文化史發生發展的客觀事實。

根據各層面的比較，錢先生判定農業型文化與遊牧商業型文化，或者中國文化與西方文化，一是內傾型文化，一是外傾型文化。他先從總體上分析這兩種文化的內在矛盾、張力及理論與實際上的優劣：

18　錢穆：《文化學大義》，第29頁。

外傾型的文化，常看世界成為內外兩敵對。因其向外依存，故必向外征服。但征服即征服其自所依存者。依存者被征服，即失卻依存。此其一。其文化精神既寄託在向外征服上，而空間有限，征服再征服，以至於無可征服，則最後成功，即無異於最後之失敗。此其二。人生即是自然之一部分，不可能與自然相對立。若使徹底征服自然，即連人生本身，亦襯在內。此其三。內外對立的宇宙觀，最難是內外的界限並不明確。嚴格言之。人的自身亦就是一個外，征服自然，而人生本身即就在自然之內，於是最後必然要撲一個空，不得不投入抽象，回歸上帝與精神界。結論是征服了自己來回歸上帝，征服了物質來回歸精神，實際上成為人類文化一終極的矛盾。此其四。

內傾型的文化，常看世界是內外協一，因其內自足，而誤認為外亦自足，然明明遇到外不自足者向我侵略，當面即是一矛盾。此其一。內傾型的文化，寄託在自安自足上。但富強相傾，這是一對比的，外面的富強，可以形成自己內部的不安足，則立腳不穩，不免要連根栽倒。此其二。在理論上，外傾型的觀念，比較欠圓滿，但在實踐上，憑其戰鬥向前精神，易於取得臨時的勝利，而終極則不免要失敗。內傾型的文化，就理論講，其觀念似較圓滿，但在實踐上，和平而陷於軟弱，要守守不住，要定定不下，遠景雖美，抵不住當前的橫風暴雨。於是人類文化，遂在此兩類型之偏勝偏短處累累地發生了無窮的悲劇。這是已往一部整個的人類史，要待我們從頭來調整。[19]

錢先生在這裡客觀平實地分析了內傾型與外傾型文化各自的困境

19　錢穆：《文化學大義》，第29—30頁。

與難題。這一分析是非常深刻的。以上對外傾型文化內在張力及終極矛盾的分析，已為愈來愈多的當代人所認同。至於對內傾型文化缺弱的分析，則已為近世中國文化的困境所證實。

　　錢先生認為，東方文化是內傾的，西方文化是外傾的，西方文化精神總傾向於求外在表現，這種表現主要在物質形象上。他說：「西方文化總會在外面客觀化，在外在的物質上表現出它的精神來。因此一定會具體形象化，看得見，摸得著，既具體，又固定，有目共睹，不由不承認它的偉大和力量。這一種文化，固然值得欣賞，但它會外在於人而獨立。我們遊歷到埃及，埃及古國早已滅亡，但金字塔依然屹立。歐洲中古時期各地的大教堂也如此，似乎在此以前的耶教精神都由它接受過去而作為唯一真實的代表似的。此後的耶教心靈，卻不免為此等偉大而宏麗的教堂建築所拘束、所範圍。換言之，從前耶教精神，多表現在人物及其信仰上，此下耶教精神，則物質形象化了，人物和信仰，不能超過那些莊嚴偉大的物質建設。」[20]又如英法各有一段光榮歷史，亦都表現在倫敦巴黎兩都之物質形象裡去了。文化精神表現在物質上定型了，便不能追隨歷史而前進。起先是心靈創出了物質形象，繼之是物質形象窒塞了心靈生機。再如國家體制，它們也多定了型，所以近代歐洲極難有統一之望。由此推想古代希臘各城邦，始終不能統一而卒為馬其頓所吞併，希臘燦爛文化，亦終告熄滅。如果要在定型以後求得發展，只能如古代羅馬及近代歐洲走上向外征服之路。

20　錢穆：《中國歷史精神》，1964年香港增附三版，第127頁。

錢穆說，講到中國歷史的發展，似乎沒有一定型，沒有一個客觀外在具體而固定的形象可作為其歷史文化的象徵。因此，中國文化反而是新陳代謝、生機活潑。如歷代首都，遠從商朝有亳邑，西周有鎬京，都有幾百年歷史，並相當富庶與繁榮。秦代咸陽，體制更大。西漢長安，東漢洛陽，南朝金陵，北朝新洛陽，隋唐兩朝的兩京，北宋汴京，南宋臨安，遼金元明清的燕京北京，各朝代各首都的物質建設，都極偉大壯麗。讀《洛陽伽藍記》、《長安巷坊志》等書，可見一斑。西方學人對此甚感興趣，只要有物質具體證據，如殷墟地下發掘，長安古城遺跡發掘，以及其他古器物，他們都認為是那時文化水準的無上證明。但在我們中國，歷代首都，一個接一個地毀滅，文物建築蕩然無存，然國脈不傷，整個文化傳統依然存在。在西方，雅典毀滅了便沒有希臘，羅馬城毀滅了便沒有羅馬；在中國，洛陽、長安毀滅了，中國仍然存在。這是東西方歷史文化一相異點。中國並非沒有物質建造，物質建造則必然形象化，但與中國文化大統沒有甚深的勾聯。即是說，中國文化命脈，不表現在這些上，也不依託在這些上。其存其毀，與中國文化大統無甚深之影響。中國文化命脈是建立在內在精神的承傳上的。

　　錢穆引《易傳》上的「形而上者謂之道，形而下者謂之器」，說明西方人所震驚重視者即在器，中國人必從器求道。苟其無道，斯器不足貴。中國人的觀念，器可見，而任何器之形成，則必有一本原所在，那是道。開物成務屬器，在開物成務之上還有其不可見之道，宮室衣冠一切文物都從道而來。希臘人雕刻一人像，極盡曲線之美，那亦是物質形象。中國人畫一人，重其氣韻，注意在其眸子，在其頰上

三毫，這些都可見東西方人所重有所不同。中國古代傳下的禮樂器，乃至一切瓷器絲織品等，專從器方面講，也都極精妙，但中國人更注意器物中所包含的關於人生價值與意義的含義，由器物、技藝而進乎道。

　　錢穆認為，外傾文化總要拿我們的聰明、智慧、技能、才力，一切表現到外面具體物質上去。例如美國人登月，表現了西方文化的力量和價值，我們絕不抹殺。西方人遇到要解決問題時，或表現其文化偉大，每好從遠大艱難處、人所難能而己所獨能處著意用力。中國人不然，遇到解決問題及表現其文化偉力，只從日常親切處、細微輕易處、人所共能處下手。中國人講行道有得，得之於己之謂德。「中國文化究竟和西方文化有些不同。人類各民族間的文化，自然各有其突出之點，各有其和人家不同之處。中國文化精神最主要的，乃在教人怎樣做一個人。做人的道理和理想，應該怎樣做人，這是中國人最喜愛講的。西方文化，似乎比較不看重此方面。他們更看重的，似乎在人怎樣來創物。中國文化看重如何做人，西方文化看重如何成物。因此中國文化更重在踐行人道，而西方文化則更重在追尋物理。」[21]

　　錢穆又說：「我們的文化傳統，注意向內看重性情，要求自得。我請問：有什麼條件能限止我不忠？有什麼條件能限止我不孝？因忠孝是我性情，在我心上，我心已盡，得之在己。既不要條件，也不論成敗。若講自由，惟此最自由；若講平等，惟此最平等；講獨立，亦惟此最獨立。在中國歷史上，曆古聖哲大賢卻不把自由平等獨立這幾

21　錢穆：《中國文化精神》，臺北：三民書局，1971年7月初版，第20頁。

個字來教訓人，正為有更高更深一層的教訓在。現在我們則接受了西方人的事業觀，接受了他們的競爭觀，又加上自由平等獨立這許多字眼，許多呼號，我們盡跟著西方走上了一個不安的社會。若要世界大同，哪能大同在一個不安上？所能大同者，還是忠孝性情這一套。只要有人類，中國人這一套道理也總會存在。這番道理，可以使我們當下滿足，又可使我們有無窮的希望。這樣的一個文化，應該是一個長命的文化。簡言之，是向內求之於各人之性情的。而西方文化則是向外求之於大家的事業的。」[22]

這裡，錢先生指明了所謂內傾與外傾，一則重成己，一則重成物；一則重在如何做人，一則重在追尋物理；一則看重性情，一則看重事業。當然，這兩者並不是絕對化的，只是傾向性不同而已。他說：「外傾文化，只是中國《易經》上所謂『開物成務』的文化。在我們東方人看來，這種文化，偏重在物質功利，不脫自然性。中國文化之內傾，主要在從理想上創造人、完成人，要使人生符於理想，有意義、有價值、有道。這樣的人，則必然要具有一人格，中國人謂之『德性』。中國傳統文化最看重這些有理想與德性的人。」[23]中國傳統文化理想中的每一個人，可不問其外在環境，與其一切所遭遇的社會條件，而可以無往而不自得。他在人群中生活，則必有一個道，而這個道就在他自身。己立而後立人，己達而後達人，盡己性而後可以盡人之性，盡物之性。自己先求合道，始可望人人各合於道。這才是內傾型文化的本質特徵。因此所謂「內傾」，是一種向內在心性修

22　錢穆：《中國文化精神》，臺北：三民書局，1971年7月初版，第101─102頁。
23　錢穆：《新亞遺鐸》，臺北：東大圖書公司，1989年版，第699頁。

養的傾斜，不是不重成物，不重外在事功，而是把成物、功利、事業等等，建築在心性修煉的基礎上。這樣去成就外王事業與功利，才能真正有益於民眾、國家與民族的長久利益。

這當然是一種理想的境界。中國文化正是用這種道義與理想去薰陶、鼓舞、教育人，使得人們不至沉溺於物欲追逐之中而失卻了內在本己之性。人不成其為人，並不是嚇唬人之說。一旦我們只知外傾，只知逐物，為金錢、權力拜物教所俘虜，我們就失去了內在自我，「上不在天，下不在地，外不在人，內不在己」，因而不成其為人。錢先生的外傾型文化與內傾型文化之比較，重在說明這一點。中國文化強調的是，只要我們對生活有高度的覺解，我們所做的平常事就有不平常的意義。能否成就外在功業，有賴於各種機緣；但只要我們順著本性內在的稟賦有所發揮創造，我們的內心得到某種精神的滿足，這就實現了我們生活的目的。

錢先生說，人生有表現在外的，有蘊藏在內的。表現在外的，一是人所創造的物，即「開物」；一是人所經營的事，即「成務」。中國人把這兩面歸屬於聖人的功績，可見對其之重視。但這都是表現在外的。中國人的傳統觀念，是要追求文化事功本身的內在意義與價值，即在求道。

這種內傾性，還表現在中國文學與藝術上。中國的文學家、詩人，如屈原、陶淵明、杜甫等，是先有了此作者，而後有他的作品的，作品的價值即緊繫在作者之本人。人們不僅崇拜其作品，尤其崇拜作家自身的人格和個性。文以載道，即文以傳人，即作品與作者之

合一。中國藝術也同樣富於內傾性。如繪畫，西方人主要在求這幅畫能和他所欲畫的對象近似而逼真，其精神仍是向外、外傾的。中國人繪畫則不然，畫山不一定要像這山，畫樹不一定要像這樹。乃是要在他畫中，這山這樹能表現出畫家自己的意境和胸襟。學西洋畫，精神必然一路向外，但要做一中國畫家，卻要把精神先向內。這就是「外師造化，中得心源」。西方戲曲，必有時間、空間的特殊規定，因而有一番特殊的佈景，劇中人亦必有他一套特殊的個性，還有特殊的情節。中國戲曲沒有這些限制，它所要表現的，不是外面某特殊條件之下某人的性格行為，而是人的共性，是中國人所謂的「道」。中國戲劇不強調佈景，佈景愈逼真，便愈走失了中國戲劇所含有的真情味。中國戲劇重在描寫人的內在心情，也可以說其即是道。中國的詩歌、散文、書畫、戲劇，重在表現出人類心情之共同要求與人生理想之共同標準。總之西方文學藝術注重向外，都要逼真，意在一人一山之特性，而中國文學藝術中那人那山，則由我們的理想要求而有。這其間一向外一向內，雙方不同之處顯然可見。

綜上所述，錢穆先生從中西文化的外在表現、內在精神及各部門文化的特點，論證中西文化的不同，是內傾與外傾的不同。儘管在論述中不免帶有褒貶，但大體上還是客觀的、平實的。錢先生這些看法容或可以再討論，但不能說沒有揭示中西文化之根本差異。如前所說，錢先生沒有把這些差異絕對化，也沒有停留在「察異」上，他仍主張把二者統合起來。只是在現代文化的背景中，人們往往很難平心靜氣地承認內傾性文化對人類文化的貢獻及其現代意義，因此，錢先生說明了歷史上形成的東方或中國文化的這些特性，固然不免有缺

弱，但仍是十分寶貴的，值得珍惜的。他希望我們能從長遠的觀點看待中國文化的特性，以期「集異建同」。

9.4　和合性與分別性

在錢穆先生在卷帙浩繁的論著中，隨處比較中西文化，議論之多，涉及之廣，絲毫不亞於現代其他思想大家和文化巨擘。人們從錢先生的文化比較中，可以歸納、抽繹出許多值得回味的命題並加以闡發。我們這裡主要依據錢先生的文化學理論，尤其是他的文化比較的類型學思想和文化結構論思想，以及他關於中西文化精神的思考，對「農耕文化」與「商業文化」、「安足靜定」與「富強動進」、「內傾型」與「外傾型」諸命題略加述評。與此相應的，錢先生說得較多的還有一對命題，即「和合性」與「分別性」。在我們看來，這幾對命題都是緊緊圍繞著中西文化精神、文化性格之差異而提出的。

錢先生從中國歷史來看中國的民族性，也即中國人的性格。他認為中國的國民性與西方人性格的一大差異是中國人比較看重和合性，而西方人比較看重分別性。

在他看來，中國傳統思想裡的「性」主要指人文方面，而西方人注重自然的性。分別性是從先天自然方面來講的，如人有男性和女性的分別。男人和女人各是人的一半，必須通過婚姻才合成為一個完整的人生。可見人生在分別性之上還有一個和合性。人生有他的分別，就有他的和合，所以分別與和合只是一性。先天的自然性除男女之別外，還有長幼之序。後天的人文則有男女長幼之和合，這種和合

就形成了家庭。中國人在家庭內重視和合性更重於分別性。西方人則相反，在家庭內強調其成員的分別性、獨立性，重視自我個性的伸展。中國人講人，不重在講個別的個人，而更重在講人倫。人倫是人與人相處的一種共同的關係和次序。

從家庭擴大到國家，這種和合性與分別性的特點看得更清楚。中國人的民族性表現為合，西方人的民族性喜歡分。他們有拉丁、條頓、斯拉夫等民族，而中國歷史上雖也曾發生過異族入侵，但異族往往被同化。中國人和合成一個國家，而西方人分別出各個國家，如英、法、德、意、荷、西班牙、比利時、葡萄牙等等。這裡沒有誰「對」誰「錯」，只有「性之所欲」，或喜歡這樣，或喜歡那樣。

從行為方式來說，和合性與分別性表現為東方人的集團性與西方人的英雄性。西方從亞歷山大到羅馬凱撒，到近代法國的拿破崙等，由一領袖，領導一個集團，而成就了那時的一番事業。這都帶有一種英雄性。而中國呢？集團性更重於英雄性，所以好像不見英雄性。所謂不見英雄性，同顯見英雄性，這中間只是成分的多少的問題，不是說中國沒有英雄。集團性也必然要有一個領導，但領導性的重要次於集團性。所以每一個集團中的領導人，不易看出他的英雄性，而英雄性的表現常常在領導人之下。中國人的觀念裡，英雄不宜為領導，也不宜成大事業。

在政治上，中國的政治是集團性的，君與臣、臣與臣之間相互合作，相當於君主立憲，而絕非君主專制。西方的傳統政治是君主專制。在經濟上，中國主張的平均、均產屬集團性，西方主張競爭則是

英雄性。學術上，中國傳統觀念的學問是集團的，如諸子百家的「家」，不是指個人而言，一個人就不成家。家是和合性的，個人則是分別性的。西方人做學問主要由個人來創造，這也是英雄主義。中國人做學問是集團性的。當然集團中還有個人，英雄主義也要有集團。中國許多古代典籍都是集體的智慧，如《論語》、《孟子》等都是集體編纂的。西方的古代典籍大都是個人完成的，如《理想國》、《形而上學》等。中國人的舊觀念，做學問不應該由一個人來做，應該和朋友一起做，因此是集團性的。

從中西方思想史來看，中國思想史是「統之有宗，會之有元」，即從縱向看，思想家們的思想前後相承，相互和合。錢穆指出，一個民族是一個大生命。生命都有它的本源。思想是生命中的一種表現，也可以說，思想也如生命，也都有它的本源。有本源就有枝葉，有流派，生命有一個開始，就有它的傳統。枝葉、流派之於本源，是共一體的。文化的傳統，也都與它的開始共同一體，才成為一個生命，這是中國人的觀念。西方人的思想則不同。與他們的歷史分別性相適應，其思想發展出現斷裂，不是前後相傳，一脈相承。這是就思想發展史的角度講的。

就思想的內容而言，中國人重視「通天人，合內外」。中國人不僅講人與人通，還要講人與天通。中國人喜歡講「通」講「合」講「統」講「會」，不喜歡過分講分別。《聖經》裡說，上帝的事上帝管，凱撒的事凱撒管，這就把人與天分別講了。中國孔子、老子都講通天人。他們講人生，就通到天命上去。因為天所命與人的就是性，人性之內就有一份天。天命人生通為一體，這是中國人的想法。中國

人又講合內外，即主觀與客觀統一、知與行統一、格物與致知統一。知識是由心在內，接觸到外面事事物物而有的。知識不能向內求，應向外求。但知識在心，是在我內部的，這就是「合內外」。西方人求知識太過偏向外。中國人把知識、道德、行為打成一片，尤其注重心性修養。所以「通天人」、「合內外」這六個字是中國思想的大總綱，是歸本回源的大問題。[24]

西方人講學問分門別類，有組織有系統，總愛定型，不僅自然科學如此，人文科學也如此。在中國，一門學問劃分得太清楚、太定型了，人家反而看不起。中國人並不想科學只是科學，藝術只是藝術，宗教只是宗教，可以各自獨立，卻要在科學藝術宗教之背後尋出一道來，這就是藝術科學宗教之共同相通處。中國雖然沒有典型的宗教，但有宗教情緒與精神。中國文化是中和型的文化而西方是偏反型的文化。[25]

如此等等，表明中西文化在「和合」與「分別」傾向上的差異。這種差異表現在中西方人的性格、行為、思想的方方面面。所有這些，都有待於統一起來。西方講「分別性」、「個體性」亦有其長，中國講「和合性」、「群體性」亦有其短。

在文化比較研究中，錢先生只是強調兩種文化本質上的不同，沒有簡單地判定優劣高下。他在晚年說過幾段十分重要的話，系統表明了他的中西文化觀：「我們講文化沒有一個純理論的是非。東方人

24　詳見錢穆：《從中國歷史來看中國民族性及中國文化》，第21—97頁。
25　詳見錢穆：《中國歷史精神》，第132—133頁，《中國文化精神》，第140、119頁。

的性格與生活，和西方人的有不同。……沒有一個純理論的是非，來判定他們誰對誰不對。只能說我們東方人比較喜歡這樣，西方人比較喜歡那樣。」「我們今天以後的世界是要走上民族解放，各從所好的路。你從你所好，我從我所好，並不主張文化一元論，並不主張在西方、東方、印度、阿拉伯各種文化內任擇其一，奉為全世界人類做為唯一標準的共同文化。我想今天不是這個世界了，而是要各從所好。」「在理論上，我很難講中國文化高過了西方文化。也可以說，西方文化未必高過了中國文化。因為兩種文化在本質上不同。……將來的世界要成一個大的世界，有中國人，有印度人，有阿拉伯人，有歐洲人，有非洲人……各從所好。各個文化發展，而能不相衝突，又能調和凝結。我想我們最先應該做到這一步。我不反對西方，但亦不主張一切追隨西方。我對文化的觀點是如此。」[26]

　　錢先生1978年在香港中文大學成立「錢賓四先生學術文化講座」時返回新亞講的這些話，現在看來可以視為錢先生重要的文化遺囑。錢先生講這一番話的心態是積極樂觀而且十分健康的，並沒有狹隘的「中國中心論」、「本位文化論」、「中體西用論」的色彩，而體現了中國文化精神的寬容、博大的特質。今天，西方有些文化學家和社會學家仍然站在西方文化中心的立場，再彈「黃禍論」的老調。例如美國哈佛大學亨廷頓（Samuel.P. Huntington）教授1993年在美國《外交事務》夏季號發表的《文明的衝突？》長文，聳人聽聞地提出，今後文明衝突將取代意識形態或經濟衝突，成為未來國際鬥爭的主線，

26　錢穆：《從中國歷史來看中國民族性及中國文化》，第27—29頁。

而西方文明要防範儒家與伊斯蘭兩大文明聯合。[27]我想，前引錢先生的講話已預先回答了類似亨廷頓的種種擔憂。

錢先生的中西文化觀展望未來世界文化是多元共處、各從所好、不相衝突，又能集異建同、調和凝結的。這建立在互尊互信，肯定民族文化個性的基礎上。

上引錢先生反對西方文化一元論和中國文化一元論的觀點，並不意味著錢先生主張文化相對主義。他所說的相容互尊、多元共處，反對絕對主義的價值評價，是針對西方文化中心論提出來的。同時，他又積極肯定東方人文精神的價值，批判了西方資本主義文化的弊病。例如，他批評了西方文化造成的社會、政治、倫理異化與人的異化，科學為權力意志服務，個人主義與個性自由惡性膨脹，民主政治的平面化及其他負面等等。錢先生由此反思傳統中國人文精神，並加以重建，這種努力有極高的價值。錢穆先生不是為比較而比較，他的文化比較，是著眼於世界文化和人類文明的前景的。關於中西文化之比較，見仁見智，諸說不一。錢穆先生提出的「農耕文明」與「商業文明」、「安足靜定」與「富強動進」、「內傾型」與「外傾型」、「和合性」與「分別性」的區分模式，以認識各自的特殊性，然後再以世界性的視域，集其異，建其同，多元共處，相互尊重，相互吸收，相互融和。這些看法都是值得我們深思的。21世紀已經來臨，我們體味錢先生之人與錢先生之學，獲益良多。錢先生的文化觀啟發我們必須自覺地擁有自己的文化認同。我們應當通過教育，重新擁有自己的傳統，以開放的方式批判地攝取傳統資源，攝取其他文化傳統的精華。這是實現現代化的一個重要的基礎。

27　亨廷頓：《文明的衝突？》，中譯本，《二十一世紀》，1993年10月號，香港中文大學。

▌附錄一　錢穆先生年譜簡編

1895年　1歲

　　陰曆六月初九日（陽曆7月30日）出生，名穆，字賓四，原名恩。父季臣公，名承沛，幼有神童之譽，習詩賦，入泮第一，但自此絕意功名。母蔡氏。兄名摯，字聲一（系錢偉長之父）。弟名藝，字漱六。次弟名文，字起八。

1901年　7歲

　　公入私塾讀書。拜孔子像，讀古文。同讀的有兄聲一，一位堂兄和私塾師華先生一子。入讀表現天才早發。

1902年　8歲

　　公因遷居暫不上學，每天閱讀小說，常藏在自家院中一個大石堆後，背牆而坐。天色暗，又每爬上屋頂讀之。公目近視，由此開始。

1903年　9歲

　　父執以《三國演義》相試，隨章回，不失一字，而且揣摩人物個性身份作表演，傳為美談。

1904年　10歲

　　公入蕩口鎮私立果育小學，受新式教育。體育教師錢伯圭以民族思想相啟導，公民族意識啟蒙於此。又讀蔣方震所譯《修學篇》，書中選錄西歐自學成名者數十人，述其苦學經歷，對公後來奮發苦讀影響很大。其他諸師也多為鄉裡宿儒，舊學基礎深厚，兼能接受新知，所授課文，經史子集無所不有。公治學由果育諸師啟蒙。

1905年　11歲

　　公因名為「鷸蚌相爭」的作文得到倩朔先生的嘉獎，獎給《太平天國野史》一部兩冊。生平愛讀史書，從頭到尾全部讀完是從這部書開始

的。

1906年　12歲

父親錢承沛病逝，享年41歲。寡母及兄弟4人，靠本族懷海義莊撫恤為生。

1907年　13歲

與其長兄聲一先生同考入常州中學堂。聲一先生讀師範科，公讀中學科。

1908年　14歲

公升入二年級。聲一兄畢業任教，於是謝絕義莊撫恤金。

1909年　15歲

公在常州中學念書期間，深得校長屠孝寬先生的愛護。而治學則受呂思勉先生影響最大。

1910年　16歲

冬，公因故退學。偶見譚嗣同的《仁學》一書，讀後大喜，即私去長辮。

1911年　17歲

春，公轉入南京私立鐘英中學五年級。暑，患傷寒幾死。

秋，公升入五年級，適會武昌起義，學校停辦，遂致輟學。

1912年　18歲

春，公輟學在家，自念家貧，已無受大學教育之望，於是矢志自學。首先讀《孟子》，七天讀完。不久任教於秦家渠三兼小學，一人兼任國文、算術、史地、體育、音樂等課程。這是公從事教育生涯的開始。是年易名穆。

1913年　19歲

公轉入鴻模小學任教，即前果育小學。其時北京大學招生，考生須先讀章學誠《文史通義》，入學後則以夏曾佑《中國古代史》為教材。公日勤讀此兩書，對後來治學有深遠影響。

1914年　20歲

夏，公轉入梅村鎮泰伯小學任教。在泰伯任教仍兼任鴻模小學的課。

1915年　21歲

公在梅村教書，有《勸戒煙》一文，因自念抽煙何以教誨學生，決心戒除，數十年不犯。讀《曾文正公家書》，教人讀書應從頭到尾通讀全文，於是遵行。同時也力求日常生活規律化。

1916年　22歲

公效法古人「剛日誦經，柔日讀史」，中間上下午則讀閒雜書。

1917年　23歲

公講授《論語》，模仿《馬氏文通》體例寫成《論語文解》一書，是公第一部著作。又寫成《讀墨解》。是年秋，公完婚。

1918年　24歲

《論語文解》由上海商務印書館出版。公得購書券一百元，於是在經史子集中挑選急需書籍。從此學問又進一步。

1919年　25歲

秋，公改任後宅鎮泰伯市立第一初級小學校長。是年發表《二人集》（與朱懷天合撰詩作）。

1920年　26歲

公在杭州購書，得康有為《新學偽經考》，為後寫《劉向歆父子年譜》的張本。在此期間，籌建無錫縣第一所校圖書館。

1921　27歲

李石岑從歐洲留學回國，在上海《時事新報》副刊《學燈》任主編。公撰寫一文投稿，後以大一號字在學刊首幅刊出，為公首次發表文稿。

1922年　28歲

秋，施之勉先生推薦公去廈門集美學校任教。首講曹操《述志令》，指出此文顯示漢末建安時代古今文體一大轉變，學生大為欣服。

1923年　29歲

秋，無錫江蘇省第三師範資深教席錢基博推薦公到同校任教。除國文外還講授文字學。

1924　30歲

公在第三師範講授《論語》並整理成書。時結識蔣錫昌。蔣氏道家思想對公後來寫《莊子纂箋》一書有啟發。

1925年　31歲

春，孫中山先生在北京逝世。有人勸公加入國民黨，公以為入黨為一黨服務，效力有限，不入。《論語要略》由上海商務印書館出版。同時編寫《孟子要略》一書。

1926年　32歲

《孟子要略》由上海大華書局出版。

1927年　33歲

秋，公轉入江蘇省立蘇州中學，為全校國文課主任教席。課外主要撰寫《先秦諸子系年》。講授「國學概論」。

1928年　34歲

春，商務印書館編《萬有文庫》，尚有《墨子》、《王守仁》兩本書未約定作者。公承擔此任並在兩周內完成書。

夏，應蘇州青年會學術講演會邀請，講「易經研究」一題。

夏秋之交，公妻及新生兒相繼死亡。兄聲一先生幫助料理喪事，因勞傷過度，舊病復發，不幸逝世。《錢聲一詩集》（編）自印行。

1929年　35歲

公在蘇州與張一貫女士結婚。迎養母親來蘇州。時公與四川蒙文通先生結識。又與胡適、顧頡剛兩位先生結識。顧頡剛看了《先秦諸子系年》後，以為公不宜在中學任教，應去大學教歷史，於是推薦中山大學，因蘇中校長汪典存挽留未去廣州。

1930年　36歲

3月，《墨子》和《王守仁》兩書均由上海商務印書館出版。

6月，公應顧頡剛之邀為《燕京學報》撰文，將《劉向歆父子年譜》寄出並發表在《燕京學報》7期，後收入《兩漢經學今古文平議》一書中。

9月，經顧頡剛介紹，去燕京大學任教。

時，燕大建築均用外文字母命名，公建議改成中文，後校方採納公的意見。又園中有一湖，諸公競相提名皆感不適，公乃名「未名湖」。在城中某一公園結識馮友蘭先生。

1931年　37歲

1月，《周公》由上海商務印書館出版。

5月，《國學概論》由上海商務印書館出版。

8月，《惠施公孫龍》由上海商務印書館出版。

夏，公去蘇州，得北京大學聘書，並兼任清華、燕大、師大的課。在北大開設「中國上古史」、「秦漢史」，另開一門選修課為「近三百年學術史」。

時，與孟森、錢玄同、傅斯年相交。傅斯年先生常邀公去史語所，有

外賓來，介紹公乃《劉向歆父子年譜》的作者，其意在破當時經學界的今文學派、史學界的疑古派。

1932年　38歲

春，與胡適等人討論老子其人其書年代及真偽問題。公開設選修課「中國政治制度史」。是年《老子辨》由上海大華書局出版。

1933年　39歲

春，公游津浦路泰安、濟南、曲阜。在曲阜參觀孔府、孔陵等，並與孔德成合影留念。其時「中國通史」為教育部指定課程，北大由多人分時代講授。公認為多人講授彼此不相通貫，失去通史意義。是年秋，改由公一人承任此課，並特置一個助教。

1934年　40歲

公自任北大中國通史課，講課很受學生歡迎，聽課學生常近三百人。

1935年　41歲

10月，公與姚從吾等百餘教授聯名促請南京政府早定抗日大計。

12月，《先秦諸子系年》由上海商務印書館出版。其學術名流地位漸漸確立。

公在北大交遊甚廣，除胡適、顧頡剛、蒙文通已相識外，新交學人有三四十人。如湯用彤、熊十力、梁漱溟、林宰平、陳寅恪、賀麟、張蔭麟、張孟劬、張東蓀、陳垣、馬叔平、吳承仕、蕭公權、楊樹達、聞一多、餘嘉錫、容希白、容肇祖、向覺民、趙萬里、賀昌群等。

其時北京如書海，公常去琉璃廠、隆福寺訪尋古籍，學校薪金，除菜米外，盡耗於此。

1936年　42歲

夏，公從平漢路經漢口，轉長江，與湯用彤共遊牯嶺。

1937年　43歲

5月，《中國近三百年學術史》由上海商務印書館出版。

7月，七七事變後，公隨北大南遷，與湯用彤、賀麟同行。先至湖南南嶽，與吳宓、聞一多、沈有鼎同住一屋。時馮友蘭拿新著《新理學》請公提意見，公通過馮先生結識金岳霖先生。

1938年　44歲

學校旋遷昆明，公結隊經桂林，水路下陽朔，沿途風景最勝，經廣西南部過鎮南關，轉赴昆明。在西南聯大任教，擇居蒙自，潛心撰寫《國史大綱》。

1939年　45歲

夏，公經香港、上海歸蘇州，探望母親，夫人也率子女從北京來會。擇居耦園幽僻地，白天開始學習英語，晚上撰寫《史記地名考》，編《齊魯學報》。其間曾去上海拜晤呂思勉先生。

1940年　46歲

6月，《國史大綱》由上海商務印書館出版。被教育部定為部定大學用書，風行全國。是年夏任職于成都齊魯大學國學研究所。

1941年　47歲

3月，公應武漢大學校長王星拱先生之邀去嘉定（樂山）武漢大學講授「中國政治制度史導論」和「秦漢史」兩門課，嚴耕望得列門牆。其時結識朱光潛先生。又去岷江對岸淩雲佛左側烏尤寺複性書院，講中國史上政治問題，與馬一浮先生相識。

1942年　48歲

6月，《文化與教育》由重慶國民圖書出版社出版。

秋，蔣介石來成都與公見面兩次，有意邀公去重慶復興關中央訓練團

講演。

9月，公與師生旅行到新都賞桂，途中與嚴耕望、錢樹棠等論學。

1943年　49歲

春，赴貴州遵義浙江大學講學1個月。

秋，齊魯大學停辦，公轉入華西大學任教，兼四川大學教席。

12月，公撰寫《清儒學案》，其序發表在《圖書集刊》3期。可惜原稿在教育部復員途中墜落江中。去重慶中央訓練團講學，同行有馮友蘭、蕭公權等。其間胃病復發。

1944年　50歲

春夏，公在養病期間，讀《朱子語類》全書140卷，又居靈巖山寺，向方丈借閱《指月錄》全部。

1945年　51歲

11月，《政學私言》由重慶商務印書館出版。抗戰勝利後，昆明盛呼北大復校，聘胡適為校長，時胡適在美國，由傅斯年暫代。公未被聘，擇一偏遠地，閉門讀書寫作，以靜待國事之漸定。其間曾被邀請去常熟作演講。

1946年　52歲

夏，回蘇州。

秋，赴雲南昆明五華書院任教，又兼雲南大學教席。授課以「中國思想史」為主，閱讀以禪師與新道教為主，這為公治學的又一趨向。

1947年　53歲

《中國文化史導論》由正中書局出版。

1948年　54歲

春，重歸無錫任江南大學文學院院長。時寫成《湖上閑思錄》和《莊

子纂箋》兩書。與唐君毅先生相識。

1949年　55歲

春，公與唐君毅應廣州私立華僑大學聘，由上海同赴廣州，以避戰禍。曾與唐君毅去番禺化龍鄉看望熊十力先生。

5月，《中國人之宗教社會及人生觀》由臺北自由中國社出版。

秋，隨校遷香港。前在廣州與張其昀、謝幼偉諸人有約，在香港辦一所學校。公到港後，該校已定名亞洲文商學院，內定公為院長，並邀請唐君毅與新知張丕介共同效力。

10月，亞洲文商學院開學後夜間上課，條件艱苦，學生60人，余英時先生得列門牆。

是年創刊《新亞校刊》，撰寫《中國思想史》、《宋明理學概述》。

1950年　56歲

3月，籌建新亞書院，提出辦學旨趣及發展計畫。

秋，新亞書院建立。申請立案，為香港當時唯一私立不牟利學校。任院長。

冬，去臺灣。應邀到臺灣中南部各學校及軍校講演。北歸又在師範學院連續四次講演，題為「文化學大義」。在「國防部總政治部」連續七次講演，題為「中國歷史精神」。《人生十論》也即是根據各校講詞整理而成。

1951年　57歲

秋，為《現代國民基本知識叢書》撰成《中國思想史》、《中國歷史精神》。《莊子纂箋》由香港東南出版社出版。

1952年　58歲

1月，《文化學大義》由臺北正中書局出版。

春，承何應欽邀請，在「總統府戰略顧問委員會」作五次講演，題為「中國歷代政治得失」，即就前在北大講稿增補而成。後出書，甚為海內外學人所重。

4月16日，應朱家驊之邀，為「聯合國中國同志會」作一次例行講演，借淡江文理學院新建鷺聲堂為講壇。講演方畢，層頂水泥大塊墜落，公頭被砸破，幸能康復。「歷代政治得失」講辭在養病期間改定。

7月，《中國歷史精神》由印尼雅加達《天聲日報》社出版。

11月，《中國思想史》由臺北中華文化出版事業委員會出版。《中國歷代政治得失》在香港自印行世。

1953年　59歲

5月，《國史新論》在香港自印行世。

6月，《宋明理學概述》和《四書釋義》均由臺北中華文化出版事業委員會出版。

夏，美國耶魯大學歷史系主任盧定來香港，與公晤談願意資助。公提出一項先決默契，雅禮協會只可派人駐校聯絡，絕不能過問校政，盧氏也同意。於是新亞獲得雅禮資助。

1954年　60歲

夏，公應蔣經國邀請，去臺北作連續四次講演，題為「中國思想通俗講話」。

1955年　61歲

3月，《中國思想通俗講話》在香港自印行世。

6月，《人生十論》由香港人生出版社出版。《陽明學述要》由臺北正中書局出版。

夏，公獲香港大學名譽法學博士。

秋，公率訪問團去日本，在京都等地演講。

是年，《黃帝》由臺北勝利出版公司出版。

1956年　62歲

1月17日於九龍農圃道舉行新亞新校舍奠基典禮，並發表演講，稱新亞創辦以儒家教育理想為宗旨。30日，公與胡美琦小姐在九龍亞皆老街更生俱樂部舉行婚禮。

1957年　63歲

10月，《莊老通辨》由香港新亞研究所出版。

時首創藝術專修科，發展為藝術系。又組織國樂團作課外活動。公自幼重視藝術，此也為一項理想之實踐。

1958年　64歲

1月，唐君毅等發表《中國文化與世界》的文化宣言。曾邀公署名，未允。

6月，《學籥》自印行世。

8月，《兩漢經學今古文平議》由香港新亞研究所出版。

1959年　65歲

秋，耶魯大學函邀公在其東方研究系講學半年，翌年成行。是年港府有意在原有香港大學之外，另立一所大學，選擇崇基、聯合與新亞三校為其基本學院，關於校長職位，公以為應由中國人擔任。

1960年　66歲

1月，公應邀赴美國耶魯大學講學。途經日本，在亞細亞大學以「人」為題發表講演。到美國後授課兩門。課外多暇，一方面補習英文，一方面續寫《論語新解》。學期結束，耶魯大學特頒贈名譽博士學位。在美半年，公先後分別到波士頓、紐約、華盛頓、芝加哥，在哈佛東方學研

究所、哥倫比亞「丁龍」講座，中美文化協會、芝加哥大學講演，並在余英時陪同下遊覽美國風光名勝。後到英國牛津、劍橋、倫敦等大學訪問，並在巴黎遊覽。最後經羅馬回香港。

5月，《湖上閑思錄》由香港人生出版社出版。

9月，《民族與文化》由臺北聯合出版中心出版。

是年得雅禮代表羅維德協助，成立理學院。

1961年　67歲

2月，公在春季開學講「新亞之評價」。

9月，公在秋季開學典禮上講「儒家人格教育與現代民主制度」。

12月，《中國歷史研究法》由香港孟氏教育基金會出版。

1962年　68歲

1月，發表「學問與德性」的講演。

4月，發表「中國歷史上關於人生理想四大轉變」的講演。

5月，發表「有關學問之道與術」的講演。

10月，《史記地名考》由香港太平書局出版。

1963年　69歲

3月，《中國文學講演集》由香港人生出版社出版。

12月，《論語新解》由香港新亞研究所出版。

1964年　70歲

2月，公在春季開學上發表「職業與事業」演講。

是年，公請辭新亞書院職務。自創辦新亞書院，公主持院務前後達十六年，自謂平生最忙碌時期，董事會決定先休假一年，明年離職。

1965年　71歲

公擬定退休後生活計畫，首為撰寫《朱子新學案》。

夏，南洋大學商請公任校長，馬來亞大學邀請講學，公不欲再涉行政，於是應馬來亞大學之聘，前往講學，但不勝南國濕氣，胃病復發。

1966年　72歲

2月，公返回香港，仍寓沙田舊址。其時香港難民潮驟起。

9月，在吉隆坡教師協會上發表演講。

11月，在陽明山莊講「中國文化復興運動。」

1967年　73歲

9月，《四部概論》刊載在《人生》雜誌32卷5、6期上。

10月，公遷居臺北，暫寓市區金山街。

1968年　74歲

2月，公在台中高中教員研討會上發表題為「中華文化復興運動每人必讀的幾本書」的演講。

3月，在臺北中國歷史學會年會四屆大會上講「略談當前史學界。」

7月，《中華文化十二講》由臺北三民書局出版。

是年，移居外雙溪素書樓。該樓為蔣介石親令撥地，依夫人胡美琦女士所作圖樣建造。樓名為公故居室名，以表思親之義。同年膺選臺灣「中央研究院」人文組院士。

1969年　75歲

11月，《中國文化叢談》由臺北三民書局出版。

是年，寫成《朱子新學案》。應張其昀之約，任中國文化學院歷史研究所教席，在家授課。寫成《中國史學名著》與《雙溪獨語》兩書。複應蔣復璁先生的邀請，任故宮博物院特聘研究員。

1970年　76歲

5月，《史學導言》由臺灣中央日報社出版。

6月，公在臺灣孔孟學會上發表題為「孔子之心學」的演講。

1971年　77歲

6月，在臺灣清華大學人文科學講座講「中國文化與科學」。

7月，《中國文化精神》由臺北三民書局出版。

11月，《朱子新學案》自印行世。

12月，公在大陸問題研討會上講「發揚東方歷史文化自本自根開創道路」。

1972年　78歲

2月，公在給嚴耕望信中論治學蹊徑，強調文史哲三者兼顧。

11月，校訂《國史大綱》。

故宮博物院在素書樓對面，公得每到博物院讀《四庫全書》中宋、元、明理學諸集，續有撰述。其他著述有《孔子傳》與《理學六家詩抄》等。公不能寫詩，但愛誦詩，以為吟他人詩如出自己肺腑，也為人生一大樂趣。旋自編《中國學術思想史論叢》，分時代為八冊，為公平生有關中國思想論文總結。

1973年　79歲

5月，《中國史學名著》由臺北三民書局出版。4日，公在亞聖孟子紀念會上講「孟子學大義述」。

12月26日公在「國大」憲政研究會上講「民族自信心與尊孔」。

1974年　80歲

6月，《理學六家詩抄》由臺北中華書局出版。

7月，公在80歲生辰前，偕夫人南游，寓梨山、武陵農場等地，撰成《八十憶雙親》，後又撰《師友雜憶》。

9月，《孔子與論語》由臺北聯經出版事業公司出版。

1975年　81歲

8月，《孔子傳》由臺北綜合月刊社出版。

9月，《中國學術通義》由臺北學生書局出版。

1976年　82歲

2月，《靈魂與心》由臺北聯經出版事業公司出版。

6月，《中國學術思想史論叢（1）》由臺北東大圖書公司出版。

1977年　83歲

公胃病劇作，幾不治。

5月，《世界局勢與中國文化》由臺北東大圖書公司出版。《中國學術思想史論叢（2）》也由東大圖書公司出版。

7月，《中國學術思想史論叢（3）》由東大圖書公司出版。

1978年　84歲

1月，《中國學術思想史論叢（4）》由臺灣東大圖書公司出版。

5月，當選（臺北）中國歷史學會監事。

是年，公病漸愈，但兩眼已不識人，不見字。適會新亞創設「錢賓四先生學術文化講座」，堅邀公為第一次講演人，情不能卻，講題為「從中國歷史看中國民族性及文化」，凡六講，為時三周。

7月、11月，《中國學術思想史論叢（5）》、《中國學術思想史論叢（6）》由臺北東大圖書公司出版。

1979年　85歲

7月，《中國學術思想史論叢（7）》由東大圖書公司出版。10月，新亞創校30年紀念，公複來香港。首先熱心協助新亞的耶魯大學盧定也來港赴會，兩人回念前塵，感慨不已。

12月，《歷史與文化論叢》由東大圖書公司出版。《從中國歷史來看

中國民族性及中國文化》由香港中文大學出版。

1980年　86歲

3月，《中國學術思想史論叢（8）》由東大圖書公司出版。

夏，公偕夫人重赴香港，得與大陸三子拙、行、遜，一女輝相見。30多年未見面，在香港相聚，前後僅7天，即匆匆別去。

11月，《中國通史參考材料》由臺北東升出版社出版。

1981年　87歲

1月，《雙溪獨語》由臺北學生書局出版。公偕夫人再去香港，與長女易、長侄偉長相見。五子女乃得於兩年內分別見面。

1982年　88歲

7月，《古史地理論叢》由東大圖書公司出版。是年，《八十憶雙親師友雜憶合刊》一書定稿。

秋，公已不能親筆作書。

1983年　89歲

1月，《八十憶雙親師友雜憶合刊》由東大圖書公司出版。

10月，《宋明理學三書隨箚》由東大圖書公司出版。

1984年　90歲

7月，公褆來香港。在香港，門人為公慶祝90壽辰，大陸子女與嫡孫也都來會。其時公精神仍甚健旺。

9月，公在素書樓與弟子嚴耕望論學，談語也最多，精神極好，主要內容為現今史學界。

12月，《現代中國學術論衡》由東大圖書公司出版。

1985年　91歲

6月，嚴耕望、余英時、何佑森拜訪素書樓，與公及胡夫人共進晚

餐。公精神很好。

7月，自中國文化大學退休。

8月，公輕微中風。

1986年　92歲

春，應臺北《聯合月刊》編輯之請，發表對國運和世局之意見，主張統一，並首次為大陸《人民日報》摘載。

6月，公健康已大恢復。9日下午，在素書樓講最後一課，告別杏壇。蔣經國特禮聘公為「總統府」資政。

1987年　93歲

8月，《晚學盲言》由東大圖書公司出版。

1988年　94歲

公精神雖然尚不算壞，但已常生病，體況大不如前。與夫人共同整理有關新亞書院的文稿。

1989年　95歲

3月，《中國史學發微》由東大圖書公司出版。

9月，《新亞遺鐸》由東大圖書公司出版。公去港出席新亞書院創校40年校慶。

1990年　96歲

5月，遷寓臺北市內杭州南路新居。

8月，30日上午9時許，公在臺北寓所逝世。海內外學術界痛悼這位學界泰斗的隕落。

9月26日，《中國文化對人類未來可有的貢獻》載於臺北《聯合報》。

■ 附錄二　主要參考文獻目錄

一、錢穆先生所有著作（從略）

二、研究錢穆思想與生平的論著（先著作、論集，後論文）

1. 余英時：《猶記風吹水上鱗—錢穆與中國現代學術》，臺北：三民書局，1991年10月。

2. 嚴耕望：《錢穆賓四先生與我》，臺灣商務印書館，1992年版。

3. 朱傳譽主編：《錢穆傳記資料》，臺北：天一出版社，1981年。

4. 江蘇省無錫縣政協編：《錢穆紀念文集》，上海人民出版社，1992年4月第1版。

5. 霍韜晦主編：《法言》，《錢穆悼念專輯》，1990年10月號，香港法言出版社。

6. 何佑森：《錢賓四先生的學術》，項維新、劉福增主編：《中國哲學思想論集》，臺北：牧童出版社出版，1978年，第八冊，第63—71頁。

7. 林語堂：《談錢穆先生之經學》，見《錢穆傳記資料》第一冊。

8. 王恢：《錢賓四先生的歷史地理學》，見《錢穆傳記資料》第一冊。

9. 瞿宗沛：《評錢穆先生〈國史大綱〉》，見《錢穆傳記資料》第二冊。

10.蔣義斌：《錢賓四先生之歷史思想》，見《錢穆傳記資料》第三冊。

11.吳相湘：《錢穆闡揚傳統文化》，見《錢穆傳記資料》第一冊，原載臺灣《民國百人傳》第四冊。

12.羅義俊：《錢穆對新文化運動的省察疏要》，方克立、李錦全主

編：《現代新儒學研究論集》（二），中國社會科學出版社，1991年12月第1版。

13.杜維明：《儒學傳統的改建─錢穆〈朱子新學案〉評介》，《孔子研究》，齊魯書社，1987年第1期。

14.錢婉約：《錢穆及其文化學研究》，《武漢大學學報》（哲學社會科學版），1989年第5期。

15.陳勇：《從錢穆的中西文化比較看他的民族文化觀》，《中國文化研究》，1994年春之卷，北京語言學院。

16.霍韜晦：《時代的迷惘─略談錢先生的史學兼悼錢先生》，見《錢穆研究專輯》。

17.唐端正：《中華民族不亡，先生精神不死─敬悼錢師賓四》，見《錢穆研究專輯》。

18.錢遜：《紀念父親，了解父親》，見《錢穆研究專輯》。

19.羅義俊：《夫子故里記遺事，權代誄文寄哀思》，見《錢穆研究專輯》。

20.申儒：《對歷史的「溫情與敬意」之意義略說》，見《錢穆研究專輯》。

21.金耀基：《懷憶賓四先生》，見《錢穆紀念文集》。

22.嚴耕望：《錢穆賓四先生行誼述略》，見《錢穆紀念文集》。

23.余英時：《敬悼錢賓四師》，見《錢穆紀念文集》。

24.余英時：《一生為國故招魂》，見《猶記風吹水上鱗─錢穆與中國現代學術》。

25.余英時：《錢穆與新儒家》，見《猶記風吹水上鱗─錢穆與中國現代學術》。

26. 唐端正：《我所懷念的錢賓四先生》，見《錢穆紀念文集》。

27. 戴景賢：《從學賓四師二十年之回憶》，見《錢穆紀念文集》。

28. 羅義俊：《錢賓四先生傳略》，見《錢穆紀念文集》。

29. 羅義俊：《錢賓四先生簡譜》，見《錢穆紀念文集》。

30. 胡美琦：《錢賓四先生著作（專書）目錄》，見《錢穆紀念文集》。

後　記

錢先生學問淵博如海，著作等身。以我們的學力來為一代國學大師錢先生作評傳，實在是自不量力。承叢書策劃者與組織者錢宏先生看重，命我們寫作此書。我們躊躇再三，終而應命。之所以如此，一來我們十分敬仰錢賓四先生的人品和學問，非常喜愛讀他的書；二來由於40多年的隔離，大陸學界，特別是青年，對錢先生和他的學術思想十分陌生，需要作一些淺近的介紹，因此才有了這部書稿。我們這本書平實地述介了他的生平與學術思想、觀點和著作，目的是說明大陸青年了解錢先生，學習錢先生，並通過熟悉錢先生來熟悉中國的歷史文化和民族精神，為吾中華文化生命的接續和重建而奮鬥終身。

本書的提綱由我擬定，全部初稿由汪學群兄寫成，第一生平章、第八人生章和附錄年表的二稿也是由學群兄修訂的，大部分二稿則是由我修訂的。在修訂過程中，有些章節我作了內容增刪、調整與審訂、標題重擬和文字修改，部分章節則作了大的改寫或重寫。最後由我通修了全稿。本書的寫成，功勞主要是學群兄的。至於書中的謬誤和問題，則應由我來負責。

本書在寫作過程中，承蒙錢賓四先生的哲嗣、清華大學人文學院錢遜教授和賓四先生的孫女、武漢大學歷史系錢婉約副教授與她的丈

夫、武漢大學圖書資訊學院王余光教授的熱情指導、幫助和關心。他們把自己珍藏的圖書資料，有的是錢先生親筆簽名的大著，借給我們，提示我們寫作時應注意的方面。錢遜教授還提供了賓四先生的照片一幀，並審閱了年表。這使我們非常感動。百花洲文藝出版社的同志們為本書的出版作出了辛勤無私的奉獻。武漢大學資深教授、我的導師李德永先生於盛夏撥冗審稿賜序。朱志方兄翻譯了英文提要。學群的父母和我的妻子、侄女在酷暑中擔任了謄抄工作。謹此一併致謝！

我們還要感謝錢先生高足及海內外學者，如余英時先生、嚴耕望先生、羅義俊先生等等，是他們的一些論著把我們引進了錢學之門。本書參考、借鑑了海內外已有的錢先生研究成果，謹向作者們致謝！

高山仰止，景行行止。仰之彌高，鑽之彌堅。我們對於錢賓四先生滿懷敬愛之忱。他不僅屬於他個人、親屬及學生，而且屬於我們的民族和人民，屬於我們悠久的傳統和偉大的文明。對於錢先生的研究，我們才剛剛學步，敬請方家指教。

郭齊勇
甲戌三伏於漢皋珞珈

昌明文庫·悅讀人物　A0603032

錢穆評傳

作　　者	郭奇勇、汪學群
版權策畫	李　鋒
發 行 人	陳滿銘
總 經 理	梁錦興
總 編 輯	陳滿銘
副總編輯	張晏瑞
編 輯 所	萬卷樓圖書股份有限公司
排　　版	菩薩蠻數位文化有限公司
印　　刷	維中科技有限公司
封面設計	菩薩蠻數位文化有限公司

出　　版　昌明文化有限公司

桃園市龜山區中原街 32 號

電話　(02)23216565

發　　行　萬卷樓圖書股份有限公司

臺北市羅斯福路二段 41 號 6 樓之 3

電話　(02)23216565

傳真　(02)23218698

電郵　SERVICE@WANJUAN.COM.TW

大陸經銷

廈門外圖臺灣書店有限公司

電郵　JKB188@188.COM

ISBN 978-986-496-130-6

2019 年 6 月初版二刷

2018 年 1 月初版一刷

定價：新臺幣 520 元

如何購買本書：

1. 劃撥購書，請透過以下郵政劃撥帳號：

　帳號：15624015

　戶名：萬卷樓圖書股份有限公司

2. 轉帳購書，請透過以下帳戶

　合作金庫銀行 古亭分行

　戶名：萬卷樓圖書股份有限公司

　帳號：0877717092596

3. 網路購書，請透過萬卷樓網站

　網址 WWW.WANJUAN.COM.TW

大量購書，請直接聯繫我們，將有專人為您

服務。客服：(02)23216565 分機 610

如有缺頁、破損或裝訂錯誤，請寄回更換

版權所有·翻印必究

Copyright©2016 by WanJuanLou Books CO.,

Ltd.All Right Reserved　　**Printed in Taiwan**

國家圖書館出版品預行編目資料

錢穆評傳 / 郭奇勇, 汪學群作.-- 初版.-- 桃
園市：昌明文化出版；臺北市：萬卷樓發
行, 2018.01

　面；　　公分.--(昌明文庫. 悅讀人物)

ISBN 978-986-496-130-6(平裝)

1.錢穆 2.臺灣傳記

783.3886　　　　　　　　　　107001501

本著作物經廈門墨客知識產權代理有限公司代理，由百花洲文藝出版社授權萬卷樓圖
書股份有限公司出版、發行中文繁體字版版權。